墨香财经学术文库

"十二五"辽宁省重点图书出版规划项目

U0674551

Research for Local Government Debt Risk

Management under the Background of New Budget Law

新预算法背景下地方政府债务风险管理研究

关颖哲 ◎ 著

东北财经大学出版社
Dongbei University of Finance & Economics Press

大连

图书在版编目（CIP）数据

新预算法背景下地方政府债务风险管理研究 / 关颖哲著．一大连：东北财经大学
出版社，2019.12
（墨香财经学术文库）
ISBN 978-7-5654-3529-4

Ⅰ．新⋯　Ⅱ．关⋯　Ⅲ．地方财政-债务管理-风险管理-研究-中国　Ⅳ．F812.7

中国版本图书馆CIP数据核字（2019）第095165号

东北财经大学出版社出版发行

　大连市黑石礁尖山街217号　邮政编码　116025

　网　　址：http：//www.dufep.cn

　读者信箱：dufep @ dufe.edu.cn

大连永盛印业有限公司印刷

幅面尺寸：170mm×240mm　字数：219千字　印张：15.25　插页：1
2019年12月第1版　　　　　2019年12月第1次印刷
责任编辑：时　博　王　斌　责任校对：惠恩乐
封面设计：张智波　　　　　版式设计：钟福建
定价：52.00元

前言

　　2015年1月1日，新《预算法》开始在我国正式实施，新《预算法》的修订与颁布不仅标志着我国预算管理体系的进一步深化，也为解决地方政府债务管理问题提供了法律依据。相比于1994年的旧法，新法结合当下实际，对是否允许地方政府进行发债与如何将地方政府债务预算纳入预算管理体系的问题进行了全新的阐述。从目前的情况来看，经过几年的施行，新《预算法》在解决地方政府债务管理问题、化解地方政府债务风险方面已经起到了一定的作用。据财政部的最新统计数据，截至2017年12月末，全国地方政府债务余额164 706亿元，地方政府债务风险总体可控，但一些地方政府通过融资平台公司、政府和社会资本合作（PPP）、政府投资基金、政府购买服务等方式违法违规或变相举债，形成的隐性债务风险依旧不容忽视，地方政府债务问题仍然是举国关注的核心问题。

　　本书在新预算法背景下全面分析我国的地方政府债务问题，及时反馈地方债务状况，并为政府决策提供有价值的对策建议，有利于完善地方政府治理体系和提高地方政府治理能力。

　　本书共分为八章，主要内容如下：

第一章，地方政府债务管理基本理论。主要梳理地方政府债务风险管理理论及预算管理相关理论，并阐述政府债务风险管理和预算的关系。

第二章，新《预算法》对地方政府债务管理的要求。主要从举债规模、预算管理、资金用途、收支方式以及风险防范制度建设五个方面阐述新法对地方债务管理提出的新要求。

第三章，地方政府债务状况分析。本章是本书的重点内容。主要分析地方政府债务的基本概念、发展历程、现状和问题。

第四章，地方政府债务适度规模及其决定因素。本章内容包括地方政府债务适度规模的理论探讨和地方政府债务适度规模的决定因素。

第五章，地方政府债务的影响及成因。本章也是本书的重点内容，主要介绍政府债务对宏观经济、金融体系、政府信用、社会环境等方面的影响，并从体制和政策等方面介绍地方政务债务产生的原因。

第六章，地方政府性债务国际比较。对国内外地方政府债务管理的成功经验进行分析讨论，为我国防范和化解地方政府债务提供参考。

第七章，防范和化解地方政府债务风险的原则与思路。介绍防范和化解地方政府债务风险的基本目标、总体原则和技术路线。

第八章，新《预算法》背景下化解地方政府债务风险的具体建议。本章包括地方政府性债务规模控制和结构优化，地方政府债券的发行管理和信用评级制度，改进预算管理，地方政府性债务清偿管理，建立地方政府债务风险预警和应急处置，加快地方政府融资平台转型升级，积极推进公共服务领域政府和社会资本合作，地方政府性债务管理的配套制度建设。

地方政府债务风险不单纯是政府债务或财政运行本身存在的问题，还受到政治、经济、历史等诸多因素的影响，由于作者的研究能力有限，本书还存在许多不足的地方，有些问题还需进一步深入研究，敬请理论界和实务界人士给予批评指正。

本书的完成得到了于秋华教授的帮助，在出版过程中得到辽东学院经济学院的资助，特此致谢。

作　者

2019年4月

▌目录

第一章　地方政府债务管理基本理论／1

第一节　地方政府债务风险基本理论／1

第二节　预算管理相关理论／9

第三节　政府债务风险管理和预算的关系／15

第二章　新《预算法》对地方政府债务管理的要求／19

第一节　对债务规模实行限额管理／19

第二节　预算管理受到限制／21

第三节　明确举债资金的用途／22

第四节　举债、偿债方式更加科学／23

第五节　完善风险防范制度／25

第三章　地方政府债务状况分析／27

第一节　地方政府债务基本概念／27

第二节　我国地方政府债务的发展历程／40

第三节　我国地方政府债务的基本现状／46

第四章　地方政府债务适度规模及其决定因素／59
　　第一节　地方政府债务适度规模的理论探讨／59
　　第二节　地方政府债务适度规模的决定因素／65

第五章　地方政府债务的影响及成因／73
　　第一节　地方政府债务的影响／73
　　第二节　地方政府债务的成因／82

第六章　地方政府性债务国际比较／114
　　第一节　地方政府债务管理体制／114
　　第二节　发达国家政府债务管理经验／121
　　第三节　发展中国家政府债务管理经验／146
　　第四节　对我国地方债务管理的启示与借鉴／157

第七章　防范和化解地方政府债务风险的原则与思路／163
　　第一节　防范和化解地方政府债务风险的基本目标／164
　　第二节　防范和化解地方政府债务风险的总体原则／165
　　第三节　防范和化解地方政府债务风险的技术路线／169

第八章　新《预算法》背景下化解地方政府债务风险的具体建议／175
　　第一节　地方政府性债务规模控制和结构优化／175
　　第二节　地方政府债券的发行管理和信用评级制度／183
　　第三节　改进预算管理／197
　　第四节　地方政府性债务清偿管理／205
　　第五节　建立地方政府债务风险预警机制和应急处置制度／208
　　第六节　加快地方政府融资平台转型升级／213
　　第七节　积极推进公共服务领域政府和社会资本合作／219
　　第八节　地方政府性债务管理的配套制度建设／226

主要参考文献／233

第一章　地方政府债务管理基本理论

第一节　地方政府债务风险基本理论

一、财政分权理论

对于如何实现中央政府效率与公平的目标，财政界长期以来存在两种主要理论：集权理论和分权理论。财政集权和分权理论所研究的核心问题就是如何对配置资源本身的权力进行配置使其达到最优。我们认为，财政分权理论在地方政府债务分析中具有广泛的运用基础。财政分权是指中央政府赋予地方政府一定的税收权力，同时地方政府拥有税收管辖、预算执行等方面的自主权，以促进地方政府更好地提供公共产品和服务。1994年分税制改革以前，我国地方政府对中央政府高度依赖。分税制改革之后，财政分权的存在使地方政府拥有了较为独立的财政支配能力，同时也具备了同中央政府博弈以及与其他地方政府竞争的能力。财政分权的存在，产生了以下结果：首先，导致了地方政府收入的减少以及需要承担更多的职责，但也赋予了地方政府更多的预算软约束。地方政府为了增强自身竞争力，追求自身利益最大化，会通过借债或融资等负债方式来发展地方经济。在实行新《预算法》之前，地方政府负债的最后承担者是中央政府。因此，预算软约束越强，地方政府越具有发债冲动。其次，将 GDP 作为主要政绩考核指标会加剧地方政府融资意愿。为追求政绩最大化，地方政府在税收收入不足以支付经济发展成本时，就会选择负债方式去争夺人才、资本等稀缺性生产要素。综上所述，现行财政分权体制加剧了地方政府融资行为，导致地方政府不断扩大债务规模，进而负债融资成为地方政府资金的重要来源途径之一。

二、公债陷阱

根据利维坦假说，地方政府的行为产生是基于自身利益最大化，包括财政收入最大化与政府规模的无限膨胀。因此，地方政府将会选择一个既可实现自身利益最大化又不至于伤害地方政府短期税基的做法，即发行公债。公债是指由地方政府统一发行的政府债务，它是国家公债制度的重要组成部分。在地方政府发行公债的过程中，容易产生"公债陷阱"。首先，由于地方政府名正言顺地具有发行公债的权力，无形中增大了地方政府的自主权，加之地方政府负债可以看作后移征税时间，未来纳税人也并不能参与到当期的政府决策，在地方政府只顾眼前利益的情况下，其结果可能是地方政府不切实际地乱发债，带来债务规模的不断扩张，进而加大了地方政府的债务风险。其次，地方政府负债的主要使用方向是进行基础建设，当期望突出当期"政绩"时，地方政府倾向于多发公债与过度负债，如果地方政府决策者缺乏专业知识或分析预测能力，有可能导致项目投资失败，进而形成潜在的债务风险。此外，如果某些地方政府官员非法寻租，则主观上的腐败问题也会加剧地方政府债务风险。当下级政府遇到债务危机时，中央政府则承担了最终的清偿责任。在这种情况下，地方政府逐渐陷入债务风险与债务危机中。

三、公共产品理论

（一）公共产品的含义

所谓公共产品，是相对于私人产品而言的。虽然公共产品理论在经济学领域已经被广泛认知和运用，但是想要准确界定公共产品并不是太容易。其主要原因在于：第一，经济学家对公共产品有各自不同的理解；第二，公共产品涵盖的范围极其广泛，并且不同的公共产品在供需方面存在极大的不同。

对于公共产品的定义，本书主要借鉴以下几位学者的观点：

1.萨缪尔森的定义

根据萨缪尔森（Paul A. Samuelson，1954）的观点，公共产品是所有成员集体享用的消费品，社会全体成员可以同时享用该产品，每个成员的消费都不会减少社会其他成员对该产品的消费。

2.奥尔森的定义

奥尔森在《集体行动的逻辑》一书中指出："任何物品，如果一个集团中的任何个人能够消费它，它就不能适当地排斥其他人对该产品的消费，该产品就是公共产品。"换句话说，该集团或社会是不能将那些没有付费的人排除在公共产品的消费之外的，而对于非公共产品，这种排斥是能够做到的。

3.布坎南的定义

布坎南在《民主财政论》一书中指出："任何集团或社团因为任何原因通过集体组织提供的商品或服务，都将被定义为公共产品。"按照这一定义，凡是由团体提供的产品都是公共产品。"某一种公共产品只可以使很小的团体（如两个人的小团体）受益，而另外一些公共产品却可以使很大的团体甚至全世界的人受益。"

虽然不同的学者对公共产品的定义不同，但是所体现的内容具有共同特性，即消费的非排他性、非竞争性以及效用的不可分割性。基于上述特征，公共产品的私人供给是低效率的，主要表现在两个方面：一是供给不足，主要原因是无法将其他消费者排除在外，具有正的外部效应的公共产品并不能够从外溢的受益者那里收取任何费用，因此也就影响了私人供给该产品的积极性；二是利用不足，主要原因是私人提供产品追求的是经济效益，那么一定是通过收费来限制一部分人对公共产品的消费，而收费则会限制公共产品的利用效率，进而损失社会福利。

（二）公共产品的分类

借鉴黄恒（2009）《公共经济学》的分类方法，本书将公共产品分为三类：

1.纯公共产品和准公共产品

纯公共产品是具有完全非竞争性和非排他性的产品，如国防、司法、治安等。准公共产品是仅在一定程度上具有非排他性和非竞争性的产品，如俱乐部产品和共同资源。俱乐部产品是指消费时具有非竞争性，但可以轻易地做到非排他性，如收费的高速公路等。共同资源是指消费时具有竞争性，但无法做到有效排他性，如公共牧场。

2.混合产品和公共中间产品

混合产品是指具有较大范围的正外部效应的私人产品，或者说是同时具有公共产品性质和私人产品性质的产品，具有不完全的非竞争性和非排他性，如教育、卫生等。公共中间产品是指未被最终消费，而是被用作投入，进入生产过程的公共产品。这类产品不在本书讨论范围内。

3.全国性公共产品和地方性公共产品

全国性公共产品是指整个社会共同消费的公共产品，如国防等。地方性公共产品是指只有居住在特定地区的人才能消费的公共产品，个人可以通过选择移居来选择个人所需要的公共产品。

由于免费搭车者的存在，通过市场行为是很难或者说无法有效提供公共产品的（Pindyck and Rubinfeld，1995），因此，只有通过政府行为介入市场，才能解决免费搭车问题，从而改变公共产品或准公共产品的供给不足问题。我们认为，公共产品理论在地方政府债务中也有着广泛的运用基础。一方面，地方政府在一定时期内提供了超出财力范围的地方公共产品，而导致地方债务的产生；另一方面，地方政府在提供地方公共产品时，没有合理划分市场与政府的分工，导致大包大揽，政府行为越位，也导致了地方政府债务产生。这对合理界定地方政府职能以及发挥政府与市场的作用提供了理论依据。

（三）信息不对称理论

信息不对称理论是指在市场经济活动中，各类人员对有关信息的了解是有差异的。掌握信息比较充分的人员，往往处于比较有利的地位，而信息贫乏的人员，则处于比较不利的地位。该理论认为：市场中卖方比买方更了解有关商品的各种信息；掌握更多信息的一方可以通过向信息贫乏的一方传递可靠信息而在市场中获益；买卖双方中拥有信息较少的一方会努力从另一方获取信息；市场信号显示在一定程度上可以解决信息不对称的问题。

信息不对称这一现象早在20世纪70年代便受到三位美国经济学家的关注和研究，他们分别从商品交易、劳动力和金融市场三个不同领域研究了这个课题，最后殊途同归。阿克尔洛夫在1970年发表的论文《柠檬市场：质量不确定性和市场机制》是研究信息不对称理论的经典文献之一，它开创了逆向选择理论的先河。他认为在旧车市场上，只有卖者知道车的真实质量，买者只知道车的平均质量，因而只愿意根据平均质量支付价格。而在一辆旧车的任一价格上，那些最差的次品车的主人最急于将他们的车出手。当买主把这些次品买回家后，才会逐渐发现它的缺陷。一段时间后，卖主能够接受的旧车的平均价格会下降，那些持有缺陷最轻的车的车主这时会认为还是将车留着自己用更为合算。这意味着，那些还留在市场上出售的汽车的平均质量又进一步降低了。因此说，随着价格的下降，存在着逆向选择效应：质量高于平均水平的卖者会退出交易，只有质量低的卖者才会进入市场。斯宾塞则以其博士论文《劳动力市场的信号传递》，对人才市场存在用人单位与应聘者之间信息不对称的根源进行了深入的挖掘。他认为在劳动力市场上，对于雇主来说，应聘者的受教育水平起着筛选和指示的作用。一个有大学文凭的人可以向雇主提供一种能够证明其有能力的信号。正是凭着"文凭"这个信号，雇主会按平均水平所做的决策来取舍雇员，并决定其应得到的报酬。所以，人们待在学校里被认为可能主要不是为了获得更多的知识、生产技术，而是为了使潜在的雇主相信他们能创造较高的生产效率，应拿较高的工资。正是由于劳动力市场上雇主和雇员之间的信息不对称，要求必须靠一种市场信号来帮助信息缺少的一方进行识别。斯蒂格利茨分析了保险市场、信贷市场上的道德风险问题。他认为在保险市场上，道德风险来自保险公司不能观察到投保人在投保后的个人行为：如果投保人不按常规履行合同或故意遭险，往往会使保险公司承担正常概率之上的赔付率。这时的逆向选择来自保险公司事前不知道投保人的风险程度，从而使保险水平不能达到对称信息情况下的最优水平。当保险金处于一般水平时，低风险类型的消费者投保后得到的效用可能低于他们不参加保险时的效用，因而这类消费者会退出保险市场，只有高风险类型的消费者才会愿意投保。当低风险类型消费者退出后，如果保险金和赔偿金不变，保险公司将亏损。为了不出现亏损，保险公司将不得不提高保险金。这样，那些不大可能碰到事故的顾客认为支付这笔费用不值得，从而不再投保，高风险类型消费者就会把低风险类型消费者"驱逐"出保险市场。这就是保险市场的逆向选择问题。为了解决这一问题，保险公司可以通过提供不同类型的合同，将不同风险的投保人区分开，让买保险者在高自赔率加低保险费和低自赔率加高保险费两种投保方式之间选择，以防止被保人的欺诈行为。基于上述研究，信息不对称理论认为信息对市场经济具有重要影响，政府应加强监管来纠正市场失灵。

我们认为，信息不对称理论可以运用到地方政府债务的分析中。第一，在地方政府债务信息上，地方政府比中央政府有信息优势。在自身的债务规模、债务期限、债务主体、债务用途等方面，地方政府相对于中央政府来说往往掌握的信息更为全面和准确，所以即使中央政府对地方政府具有法律上的监督和约束等权力，但是因为掌握的信息相对有限，故难以对地方政府所提出的预算请求的真伪进行有效的识别。加上我国目前对地方政府的评价考核仍以 GDP 为主要指标，这就使得我国地方政府为了美化政绩，往往会最大限度地扩大地方预算规模，加大投资力度，增加财政支出，举债的冲动也会更加强烈。第二，在举借债务上，地方政府比金融机构具有信息优势，它们对自己的财务状况、担保品、债务情况等方面更具有信息优势，在举债过程中可以应金融机构要求提供相关信息，而有些信息金融机构难辨真伪。第三，在地方政府与公众的关系上，地方政府也处于信息优势，社会公众难以获得及时、准确的地方政府债务信息，地方政府也没有压力向社会公众披露相关信息。信息不对称的存在为今后披露地方政府债务相关信息、规范地方政府举债行为提供了科学依据。

（四）代际公平理论

代际公平又称'隔代公平'，是可持续发展原则的一项重要内容，主要是指当代人为后代人的利益保存自然资源的需求。这一理论最早由美国国际法学者爱迪·B.维丝提出。代际公平中有一个重要的"托管"的概念，认为人类每一代人都是后代人的受托人，在后代人的委托之下，当代人有责任保护地球环境并将它完好地交给后代人。

我们认为，该理论也能适用于地方政府债务研究。现有的地方政府债务既包括上届政府举债的存量，又包括本届政府举债的增量。本届政府既要偿还上一届政府遗留的债务，也将本届政府的债务留给了下一届。如果本届政府举债过多就会给下届政府带来较大的还债负担，进而影响其举借新债而发展经济社会事业的能力。当前，每一届政府为了政绩需要都倾向于在任期内大规模举债，导致地方政府债务大规模增长。因此，如何在政府届别间科学合理地分配债务规模，实现地方政府届别间的代际公平，对防范地方政府债务风险、实现可持续发展有重要的意义。

（五）社会制约权力理论

社会制约权力理论，由19世纪法国自由主义思想家托克维尔创立，并由20世纪著名的民主理论家罗伯特·达尔发扬光大。社会制约权力理论的核心思想在于：现代社会是一个高度利益分化的社会，而利益分化形成若干社会团体，权力与各种社会功能应当由这些相对独立的社团、组织和群体，以一种分散化的方式来行使和承担。达尔指出，一个由各种独立的、自主的社团组成的多元社会，可以对权力构成一种"社会的制衡"。如果没有社会的制衡作用，在政府内部对官员的制约能否有效地防止专制则很值得怀疑；相反，如果充分发挥社会的制衡作用，政府内对官员的制约和政府机关之间的制衡则能够有效地防止专制。

我们认为，社会制约权力理论也适用于对地方政府债务的研究。因为缺乏对地方政府举债行为的严格有效的监督和约束，地方政府债务过度增长，因此，充分发挥社会群体的监督力量，对规范和制约地方政府举债行为，控制债务增量、债务使用具有重要的意义。

（六）公共选择理论

公共选择理论产生于20世纪60年代的美国。它是以现代经济学的基本假设（即所有人都追求自身利益的最大化）为前提，依据自由的市场交换能使双方都获利的经济学原理分析政府的决策行为、民众的公共选择行为及两者关系的一种理论流派。公共选择理论表现出如下特点：政治过程可视为某种特殊的"经济活动"；"生产者是政府"；"消费者是选民"；"货币"是选票；"市场制度"是选举制度。公共选择理论的基本特征是经济人假设和方法论上的个人主义。

1.经济人假设

公共选择理论作为政治的经济理论是就其分析的方法而言的，它把经济学中的经济人（或理性人）假设移植到政治领域，认为政治领域中的个人也是自利的、以自己的利益最大化为行为准则的经济人，并将经济市场上的交易分析扩展到政治领域（或称为"政治市场"），把人们在政治领域的相互作用过程视作"政治上的交易"。公共选择理论认为应当承认政治家、官僚、选民的经济人行为，他们都存在追求自身利益的动机，关键问题是要建立一套有效制度，使得政治市场中的经济人在追求自我利益的同时也保证社会利益的实现。

2.方法论上的个人主义

公共选择理论从决策的角度探究政治问题，探究由不同的个体形成的社会如何进行选择，做出社会决策。公共选择理论对社会选择的一个基本观点是，所谓社会选择不过是个人选择的集结，只有个人才具有理性分析和思考的能力，个人是基本的分析单位，个人的有目的行动和选择是一切社会选择的起因。

从公共选择理论的角度来说，政府中的官员同样是"经济人"，他们追求利益最大化。当然他们的利益既包括公共利益，也包括小集团利益和个人利益。换言之，政府并不一定只代表公共利益，即使政府基本代表公共利益，由于公共利益也有不同层次之分，因此，中央政府与地方政府作为利益主体，除了有自身利益之外，在公共利益方面也有着不同的价值取向。在现有制度环境存在缺陷的情况下，地方官员的政治导向、风险转移、设租与寻租行为将导致政府支出的不断扩大，进而使地方政府债务规模不断膨胀。

（七）委托代理理论

委托代理理论作为西方新兴的公共管理理论的重要组成部分，在现代西方被广泛应用于政府财政赤字研究。委托代理关系是指一个或多个行为主体根据一种明示或隐含的契约，指定、雇用另一些行为主体为其服务，同时授予后者一定的决策权力，并根据后者提供的服务数量和质量对其支付相应的报酬。

我们认为，委托代理理论也可运用于对地方政府债务的研究中。原因有二：一方面，地方政府和中央政府之间存在委托代理关系。中央政府作为委托人，委托各级地方政府治理各自辖区，地方政府作为代理人治理各自辖区。另一方面，地方政府与其辖区内的公众之间存在委托代理关系。各辖区内的社会公众作为委托人，委托该辖区的政府治理辖区。我们从中不难看出，在上述两对委托代理关系中，地方政府扮演着双重代理人的角色。这一双重代理人身份为地方政府举债逃避责任和寻租打开了方便之门。

第二节　预算管理相关理论

一、关于预算

1.预算及其功能

在爱伦·鲁宾（Rubin，2001）看来，政府预算通过列出政府收支描述政府行为，"公共预算涉及公共资源的配置，以及如何支出公共资金的选择。它有一些技术性的方面，也有许多政治性的方面，所以预算反映了国家和地方的优先选择，也反映了政治过程"，"预算的本质是政治性的"，"预算的重要性在于特定的决策问题都反映在其中，包括：政府的范围、财富的分配、政治利益集团的开放程度、政府对于公众的责任。其独特性在于这些决定必须在预算过程中做出，它们必须满足预算平衡的需要，预算对于外界环境的开放性，预算决策必须及时做出以使政府行动保持连续性"。预算的实质在于配置稀缺资源，这一实质要求预算在潜在的支出目标之间进行选择。预算的平衡是跨时间的平衡。政府预算涉及在众多支出项目之间权衡的程序，和家庭和商业预算相比，有如下特征：政府预算中对预算结果有不同的优先偏好和不同权力的预算行动者；政府预算中民选官员花费的不是自己的金钱；政府预算面对更多约束（通常是关于花费收入的目的、支出的时间期限的规则，以及平衡的要求和借债的限制）。

在艾伦·希克（Allen Schick）看来，预算的基本作用在于控制资源、制订未来资源配置计划和管理资源，最终实现调控宏观经济运行、优化配置资源、提高资源的使用效果和有效性。

2.国家预算、政府预算与公共预算

在我国，"国家预算"、"政府预算"和"公共预算"三个概念有时被混用，界限模糊。在国外译本中，对于"政府预算"与"公共预算"的概念有时也是混用的。国内一般认为，国家预算是与计划经济相对应的范畴，在计划经济背景下，国家与政府的概念涵盖的范围基本一致；政府预算与市场经济相对应，突出政府与公民之间的委托代理关系；公共预算则是公民社会理念的复兴，从满足社会公共需要出发，将第三部门公益性预算纳入研究的公共预算格局。马蔡琛（2007）尝试对政府预算、国家预算和公共预算的关系进行说明（如图1-1所示）。因为更关注的是对"预算过程"的理解和应用，所以必须承认，本书中出现的"政府预算"与"公共预算"的说法是模糊的。

3.公共预算和预算过程

预算过程的最初概念包括预算的编制、审批、执行、监督和决算。但是爱伦·鲁宾认为，这一概念的外延在扩大，因为：

（1）在预算中起作用的主体的范围在扩大。"我们现在可以清晰地将利益集团、内阁成员、高级官员、立法会以及拨款委员会包括进来……将来，家庭成员、各种协会也可能以某种方式在预算过程中发挥作用。"

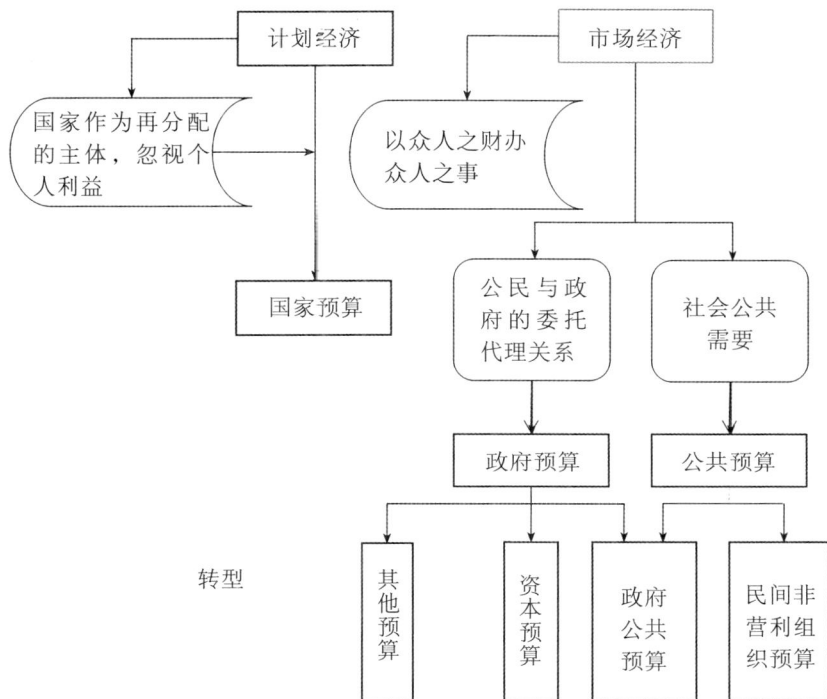

图1-1 政府预算、国家预算和公共预算的关系

资料来源：马蔡琛. 政府预算［M］. 大连：东北财经大学出版社，2007：19.

（2）预算过程的概念已扩大了。例如，收入预算可能更系统地包括在预算过程之中，这样收入的决定、收入的约束以及收入的测算，就正式地包括在预算过程之中。

（3）预算过程的范围也扩大了。预算过程的范围包括各种不同的支出形式，如信托基金、贷款、人员定额、管制、实物收入等。

爱伦·鲁宾（2001）认为，"公共预算的特点有助于解释预算过程的功能和设计"。预算过程将预算决策工作分为若干部分，将特定的决策分配给特定的角色或角色集团，并对它们的决策进行协调。预算过程规定谁对预算决策有多大程度的控制，通过预算过程要求的公开听证会、计划程序和报告要求，至少可以部分弥合纳税者和决策者之间的鸿沟。预算过程通常在预算开始就对预算支出与预算收入设限，迫使预算决策在这些限制中做出。

二、公共支出管理

1.公共支出管理基本要素

"公共支出管理"是较"预算"更晚出现的术语。按照艾伦·希克（2000）的解释，公共支出管理（Public Expenditure Management）"是一个解决老问题的新方法，这个方法就是如何通过集体选择对公共财富进行分配"。在王卫星（2005）的《政府预算管理程序与方法研究》一书中，公共支出管理被定义为一组旨在提升预算效率的机制、程序和规则，这样的机制、程序和规则通过努力谋求建立财政约束、按照战略目标或者政策意图分配预算资源，强化公共机构的成本控制（运行成本与服务的单位成本控制）实现提升预算效率的中心目标。公共支出管理比政府预算这一概念具有更宽泛的外延，公共支出管理分配和控制公共支出的方法对于传统预算管理程序做出了补充，对于现代预算管理理论和实践具有借鉴意义。现代预算管理理论与实践的发展充分汲取了公共支出管理理论的精华，广义的预算管理已经把公共支出管理涵括在内。公共支出管理的基本要素见表1-1。

表1-1　　　　　　　　　　　**公共支出管理的基本要素**

财政总额控制	预算总额应该是明确的、得到强制执行的决议结果；其不应该仅仅适应支出的需要。这些总额应该在做出个别的支出决议之前就确定下来，而且应该能够在中期时间跨度以及更长的时间内维持下去
分配效率	支出应该以政府的优先项目和公共计划的有效性为基础。预算制度应该促进使资源从较低的优先级转向较高优先级、从效率较低的计划转向效率较高计划的再分配
运作效率	生产机构制造产出与服务的成本应该可以获得当前的效率收益，（在适当的程度内）产出与服务投放市场的价格应该有竞争力

资料来源：希克．当代公共支出管理方法 [M]．王卫星，译．北京：经济管理出版社，2000：2.

2.传统预算与支出管理的比较

艾伦·希克（2002）对传统预算与支出管理进行了比较。他认为，传统预算与现代支出管理有两点重要区别。

区别一：传统预算通过公认的程序规则实现，公共支出管理强调实际执行结果。这些结果涉及支出总额，部门和项目之间的资源分配情况，以及政府机构的运行效率。也就是说，传统的政府预算追求正常（法定）的程序规则分配财政资源，至于按照这些正常程序规则能否或者是否产生有利的结果，并不是一个值得关注的问题；支出管理强烈关注预算的过程特别是实际结果（包括结果与政策意图的偏差），致力于追求那些能够达到最佳结果——高预算效率——的预算程序和规则。

区别二：传统预算注重预算的组织过程，公共支出管理包括财政预算支出管理，还包括各公共部门支出的预算管理。

尽管传统预算与支出管理有所区别，但是公共支出管理和现代预算管理在追求资源分配效率和使用效率的目标上并无二致。预算管理最根本的课题是取得资源配置的效率。王卫星认为，提高预算效率是中国财政改革面临的最大挑战。预算管理的制度缺陷是造成预算低效率的重要原因，良好的支出管理是提高预算效率的关键；改革预算管理，提高预算效率是各国财政改革的共同话题。

理论上讲，只有按照公共物品消费者（纳税人与选民）的偏好配置财政资源时，预算过程的配置效率才能实现。公共物品的成本表现为税收价格，即个人为公共物品缴纳的税收；效用评价反映公共物品或者支出带给个人的福利，公共物品的消费者的偏好受到公共物品的成本（税收价格）和效用评价（公共物品或者支出带给个人的福利）的影响。成本与效益的观察与计量对于私人产品可行，对于公共物品则较难做到。实现配置效率需要对各个支出项目进行仔细的成本效益分析，按照分析结果进行优先等级排序，以此为依据配置资源，实现资源的配置效率。现代预算管理应该积极汲取支出管理的理论营养。

3.预算过程与公共支出管理

艾伦·希克（2000）认为："当代公共支出管理关注的是预算过程，主要是因为预算程序规则会对财政支出结果产生有力的影响。"影响预算支出结果的关键方面包括：第一，制度上的规定、各种有关预算执行安排和执行的信息类型；第二，支出者和控制者为提高支出效果所采取的动机；第三，独立存在的实现制定的预算规则的发布和实施；第四，事后对预算结果的责任。公共支出管理理论的一个重要前提是预算管理并不是独立的，是整个经济管理制度的一部分。因此，为使公共支出的结果更加理想，有必要将相关信息、预算目标与其他制度性规定保持一致。

王雍君（2007）强调，预算的重心在于公共支出管理。"与私人部门不同，公共部门的开支受制于许多约束才能最终实现。这些约束首先来自预算授权和依据授权进行的预算拨款。一般来讲，在民主与法治社会中，如果没有明确的预算授权，就不可能有实际的公共支出。预算授权不仅赋予政府和支出机构合法开支公款的权力，而且也是公共支出控制（合规性控制）的强有力的法律武器。除了明确的授权和拨款外，公共支出必须受承诺（支出决定）的约束——没有承诺（无论是显性的还是隐性的）便不可能发生后续的支出。承诺之后尚需经历核实（对供应者交付的商品与服务进行核实）的阶段，公款才能最终流向商品与服务供应者，形成付现（Payment）意义上的公共支出。"

三、中国公共支出管理改革内容与成效

1998 年，中国正式提出建立公共财政体系的目标。通过推进部门预算、国库集中收付、"收支两条线"管理、政府采购制度、政府收支分类等改革，以及金财工程的建设，取得了显著成效。同时，与市场经济国家成熟的公共支出管理相比差距仍存，"公共支出管理的范围有待扩展，公共支出的法治化、完整性、公开性与透明度仍需改进，公共支出效率有待提高"。

王雍君（2007）认为，部门预算、国库集中收付制度等改革的推出，取得了不同程度的发展，但是"改革的出发点在于加强预算准备和预算执行过程，也就是在制度预算的框架内进行改革，并没有考虑引入 MTBF 方法与技术，以及与之相应的预算程序与机制改革。结果，一直困扰中国各级政府预算管理的两大难题——财政纪律（松弛）和优先性配置——无法得到妥善解决。发达国家的实践一再证明，在缺乏 MTBF 框架下，要在年度预算的框架下形成预算与政策之间的直接联结机制，如果不是不可能的也是十分困难的。由于通常需要考虑预算年度

之后3~5年的支出安排和政策筹划，MTBF比年度预算更有前瞻性，而前瞻性是良好预算系统最重要的特征之一"。

王卫星（2005）认为，中国从中央到地方的部门预算改革意义深远，最基本的课题就是取得配置效率。但无论是部门的预算准备、开支的标准统一、程序的明晰规范、分类的完整透明、配套的到位程度还是立法的控制方式等，都还有大量后续工作要做。

第三节　政府债务风险管理和预算的关系

一、完善的预算法律制度框架是政府债务风险预算管理的前提

风险厌恶的决策主体会选择有利于财政持续性的财政政策，而不是选择财政机会主义行为加剧财政脆弱性，最终加剧政府债务风险。这意味着，现实生活中要使公共选择下的预算过程尽可能接近并反映消费者偏好，决策过程和预算过程应该紧密联系而不是互相分离。现实生活中这一任务的完成，主要是通过预算过程中民意表达机构（立法机构）与行政部门的参与及相互作用完成的，这种"次优"的替代方法需要相应的法律体制保障。预算编制组织机构及其主体与法律的约束关系在这一法律体系内予以规定，使使用公共资金不仅仅是权力，也是一种责任，并使使用公共资金的权力和责任追究框架都在相应法律体制内得以确立。完善的预算法律制度框架提供了政府债务风险预算管理的基本前提。

西方国家的法律体制中规定了对公共资源的责任章程，包括预算编制、预算执行和预算报告的程序和预算权力的分配。立法者希望执行者行使权力时遵循的原则和程序，立法机构监督预算执行和报告的方式，权力被滥用时的责任和应接受的惩罚，这些内容在法律体制中均有体现。

法律体制在具体国家的表现形式各不相同。在宪法、组织预算法或者相关法律里应该清楚地定义政府预算资金；确定所有公共资金在法律管理范围之内；建立政府与预算事宜执行机关的联系；界定政府机构之

间财政的规则和程序；确保预算的全面性；对不同类别的预算部门、企业和代理机构进行界定，并确立这些部门与预算的联系；为预算的制定和执行以及财政部门的角色、责任和权力提供法律基础。职责分明，是融入现代预算控制管理过程的一种基本理念，所谓"规范的程序"处处体现出对主体职责、行为的规范。预算管理法律体制的建立，在许多国家伴随着的是复杂的国家治理结构的改变。

一部好的法律可以确保行政机关代表人民，在确保立法机构地位的同时有充分的权力管理公共资金的使用。为确保立法机关能够保证财政操作的整体性，法律体制中应包括如下基本原则：公共资金的使用只能由法律决定；预算应该全面，应包括政府的所有事务；预算事务应反映在一般条款中；政府应享有预算管理方面的有效权力；每个代表机构应对资金的征收或者使用负责；例外或者保留条款应对资金的使用规定明确或者严格的条件；应为立法机构和公众编制明确地表明公共资金使用状况的独立审计报告。

二、预算过程中的问题对债务风险管理有启示作用

（一）预算编制阶段即注意支出的控制与资源分配的效率

1.总额控制问题与启示

（1）发展中国家面临的财政总额控制问题

艾伦·希克（2000）针对发展中国家的研究发现，某些发展中国家财政总额控制的不力形成了"不现实的预算""隐藏的预算""逃避现实的预算""调整的预算"等。其中，不现实的预算是指批准的预算无法实施，而无法实施的原因是因为批准的支出超过了政府的支付能力；隐藏的预算是指政府的实际收入和实际支出只有"内部人士"或者财政年度结束后才能了解；逃避现实的预算是指政府有意批准明知无法实现的重要支出项目；调整的预算是指年度预算在执行中被频繁地调整。

（2）总额控制问题发生的债务风险因素

总额控制不力与政府短期行为、不正规管理、预算环境的不确定性有关，对政府的短期行为的纵容与不正规的管理进一步导致政府未

来支出与收入的不确定性，成为引致政府债务风险的因素之一，也导致政府风险的管理变得困难。理想的预算编制应该是反映政府的政策意图，表现出政府在未来支出方面的真实意图，而不仅是一张愿望的列表。

2.分配效率问题与启示

（1）发展中国家面临的分配效率问题

发展中国家面临的分配效率问题主要是"短期预算行为"、"逃避现实的预算"、"预算资源优先性排序的破坏"以及"切块预算"等。"短期预算行为"是指政府每次制定一个财政年度的预算，而不考虑其在中期时间跨度内的意义，如新工程运作的成本。"逃避现实的预算"是指虽然从政治角度出发，计划是很重要的，但是政府在计划中做出的承诺无法在预算中兑现。"预算资源优先性排序的破坏"是指不足的资源被花在歌功颂德、哗众取宠却没有多少社会回报的项目上，而预算在人力资本（健康、教育）方面的投入不足。"切块预算"是指通过建立特别基金、独立的投资预算、社会（或者实物）投资计划及其他形式这种"切块"之间的墙，用将其与预算的其余都分隔开来的手段来保护某些优先项目（通常由国际组织来完成）。

（2）分配效率问题的启示

政府债务风险是当前或者过去发生的预算支出积累而形成的，控制债务风险必须考虑过去预算年度决策对当前的影响，同时关注当期预算对未来的影响，避免财政短期行为和财政机会主义。政府短期主义行为妨碍财政资源分配效率目标的实现。在所有国家，对财政项目进行优先性的排序需要在中期规划内进行，这个中期规划应该将目前的预算决议对未来财政和预算项目的影响考虑在内。如艾伦·希克（2000）所言，"值得注意的是，中期计划对穷国来说是很重要的，在某些情况下，中期计划甚至比年度预算还重要"。

（二）预算执行阶段注意运作效率

1.运作效率问题的表现

对于发展中国家面临的运作效率问题，艾伦·希克（2000）做出了很好的总结，见表1-2。

表1-2 某些发展中国家面临的运作效率问题

方法	问题
补偿性支出	为改善失业状况，公务人员队伍逐渐膨胀，但是公务人员的实际工资下降了
下降的生产率	大量的兼职人员，在职工培训和信息技术方面的投资不足，不良的投资环境和其他实践方法降低了运作效率
消失的预算	可以获得的用于运作的支援金极度不稳定，在预算得到批准而且财政年度已经开始运行之后，实际开展运作的管理者也只能勉强维持，不知道下个月或下个季度他们将会获得多少资源
详细、僵化的预算	在名义上，支出控制是由高度的中央集权用详细的、与行政事务（众多的分类和等级）有关的规则以及对采购和其他支出项目的外部控制来管理的，但是这些正规的控制在实践中经常被违反
不正规的管理	不正规的规定与正式的规则并存。缺乏法律规范影响了政府的运作，影响了公务人员的工作获得和晋升、工资等级的确定等
腐败	在正式规则行不通、政府无法律规范的方式开展工作的情况下，腐败现象就会增加。贪污腐化的机会很多，而且（尽管很普遍）常常未被查出或者没有人报告

资料来源：希克. 当代公共支出管理方法 [M]. 王卫星，译. 北京：经济管理出版社，2000：41.

2.运作效率问题的启示

威尔达夫斯基（Aaron Wildavsky，2009）认为在预算决策问题上，穷国比富国面临更多不确定性，因而在预算运作效率问题上，穷国差于富国。由于贫穷国家（发展中国家）负责实际操作的管理者掌控的预算不确定，预算的制定者和执行者都会被之前提到的问题困扰：不现实的预算、钱箱预算等。缺乏长期的考虑导致机会主义行为，加剧财政脆弱性，政府债务风险在运作中加剧并积累。政府债务风险预算控制的任何努力，都应该综合考虑资源的配置效率与运作效率。

第二章　新《预算法》对地方政府债务管理的要求

2014年8月31日，全国人大常委会通过了《关于修改〈中华人民共和国预算法〉的决定》，而新《预算法》已于2015年1月1日起正式施行。自从全国人大常委会做出对《预算法》进行修订的决定以来，学术界、各级政府及广大民众纷纷将目光投向这部代表新时期财政预算管理体制的法律，而最终新法也不负众望，在全口径预算管理、地方债务预算管理以及政府预算透明度管理等方面做出了新的阐述。其中，新法中对地方政府债务预算管理提出了5点新的要求，这些要求将在一定程度上规范与缓解当前我国所面临的地方政府债务管理的相关问题，并对今后地方债务的合理发展有着重要的现实意义。

第一节　对债务规模实行限额管理

新《预算法》中规定各级人大根据宏观经济、债务风险、财力状况、投资需求等因素，对地方政府债务规模实行限额管理。这个"限额"不仅指全国各个地方政府债务的总和有限度，每个省、市、县级地方政府债务也都有相应的限度。

在新《预算法》的相关规定下，2015 年 8 月第十二届全国人大常委会第十六次会议通过了关于批准《国务院关于提请审议批准 2015 年地方政府债务限额的议案》的决议，该决议在新法的基础之上，进一步明确了中国将依法实行对地方政府债务的限额管理，并将 2015 年中国地方政府债务限额锁定在 16 万亿元人民币这一规模上①，同时，该议案也强调今后每年的地方政府债务余额将由中央进行限额管理，纳入整体统筹。可见，2015 年这份限额议案就是对新法中举债规模受到限制这一要求的具体体现，2013 年我国的地方政府债务总规模为 17.89 万亿元，而 2014 年这一数字为 24 万亿元，相比于 2013 年，其增长率较高，并且其中政府负有偿还责任的债务为 15.4 万亿元，同比增长约 40%。为了使我国今后的地方政府债务规模得到进一步的限制，2015 年全国人大常委会在 2014 年数据的基础上，按照新《预算法》的规定，并结合全口径预算理论对预算管理中范围、模式、会计核算等要素的要求，将 2015 年的地方政府债务限额锁定在了 16 万亿元这一规模上（不考虑或有债务），从中可以看出，我国的地方政府债务规模将在一定程度上逐步受到限制。

举债规模上的限制在很大程度上体现出了预算管理中的约束机制。预算约束机制，指的是一国年度预算的相关安排能否对各级政府，特别是地方政府形成强有力的制约。一般来说，如果年度预算安排不足以对地方政府形成制约或者地方政府的预算安排会获得来自国家的转移支付时，称之为政府的预算具有软约束，反之则为硬约束。

在新《预算法》实施之前，我国各级地方政府的债务预算大多是处于软约束状态下的，这不仅体现在地方举债过程没有形成相关的预算管理体系，也体现在地方政府的债务很大一部分是要通过中央的财政拨款来进行偿还的。总而言之，这种处在没有预算约束机制下的预算软约束状态正是造成现今地方债务问题愈演愈烈的根源所在。

---

① 这里 16 万亿元限额指政府负有明确偿还责任的债务与即将偿还的地方债券，不包括或有债务。

因此，新《预算法》在数量上对地方政府债务管理加强约束的举措表明了今后的地方债务将实行限额管理，这就将地方政府可举借的债务规模约束在了一个科学、可控的范围之内，而随着限额管理体制的建立，我国的地方债务规模预计将在今后保持在良性的态势之内，这对于近几年居高不下的负债增长率来说无疑是一剂良药。

第二节　预算管理受到限制

新《预算法》中明确规定了地方政府举债的主体为经国务院批准的省、自治区与直辖市，并在管理上要求上述政府将债务列入本级的预算调整方案当中，由本级的人大常委会进行批准，这些举措都体现了新《预算法》使地方政府债务在预算管理上得到了控制。

今后，省、自治区、直辖市以下的各级政府将在新《预算法》的要求下，将本级政府年度内需要进行举债的项目上报给上级政府，经其人大常委会批准后再提交国务院进行审核。上述举措在一定程度上规范了地方政府在债务管理上的行为，由于之前不少地方政府为了追求政绩，纷纷采取地方性融资平台的方式进行地方政府债务的举借，而这一过程并没有得到上级政府的审查与监管，由此导致了现今地方政府债务规模大、不可控的局面。而如今，地级市及以下政府想要举债，就必须遵循省、自治区、直辖市的限额规模与相关审核，这无疑使得地方政府在债务举借这一环节上的盲目性与自发性大大下降。

另外，新《预算法》口还要求省、自治区、直辖市将年度地方政府债务的详细情况列入本级的预算调整方案中，虽然地方政府债务没有被编制成独立的预算，但仅是被列入预算调整方案当中也体现出了我国在新时期对于地方政府债务预算管理的目的性，即地方债务应当纳入年度预算的编制体系当中，并在全口径预算理论的指导下逐步独立成账，保障地方政府举债资金在收支上更加透明、公正，以此进一步控制与完善地方债务的预算管理模式。

这种允许地方政府进行举债，并逐步将地方政府债务纳入预算管理的要求有助于缓解地方政府财力与支出责任不匹配的问题。地方政府由于在地方经济建设中处于主导地位，因此绝大部分的基础设施建设都由地方财政进行支持，而自1994年分税制施行以来，地方政府不得不面临经济建设较快发展所带来的资金缺口与地方财政收入十分有限的矛盾，而旧法有明确规定地方不得发行债券，因此地方政府不得不纷纷通过其他途径进行资金的筹集，其中最为主要的方式就是举债融资。而新法中放开了这一限制，允许地方政府在国务院制定的限额内进行债券发行以便对经济建设进行融资，这样一来，地方政府收支责任不明确、财力与支出责任不相匹配的问题就得到了极大的缓解。

此外，新《预算法》中要求地方债务纳入预算调整方案的举措也有助于加强地方政府债务管理的风险控制。近年来，地方政府为了发展当地经济，纷纷采取地方融资平台的方式进行举债，而这种方式固有的缺陷加之官员不负责任的心态导致整个举借、偿还过程十分不规范，并因此产生了相当大的地方债务风险。而新《预算法》及与之配套的《关于加强地方政府性债务管理的意见》《地方政府存量债务纳入预算管理清理甄别办法》等条例的颁布将会对地方融资平台进行相关整顿，以达到加强地方政府债务管理风险控制的目的。

第三节　明确举债资金的用途

新《预算法》对地方政府举债资金的用途也有明确规定，即资金"只能用于公益性资本支出，不得用于经常性支出"，此要求在极大程度上规范了举债资金的用途，突出了地方政府债务资金的目的性。

公益性资本支出，也就是通常所说的公益性项目投资，指的是政府对满足社会公众公共需要的项目进行的相关投资，这种投资支出与一般的基础性项目投资有着明显的不同。首先，公益性资本支出的主体主要是政府，是政府解决市场失灵的一种手段，包含着一国政府应当"有所作为"的意义；其次，公益性资本支出的投资领域大多为非生产经营领域，其提供的公共产品大部分也是纯公共物品，有着较强的非营利性；再次，公益性资本支出在使用上具有无偿性，即大部分资本投资项目完成后，都是免费向全体的社会成员提供相应的服务，不收取报酬；最后，公益性资本支出在投资循环上具有间接性，这一点主要是指该类资金的使用一般不存在经济效益，而更为重视社会效益，其投资目的是为整个社会的经济发展提供一系列的相关设施支持，从而改善社会的生产经营环境，起到从长远上扩大税基等作用，因而体现出间接性的特征，同时，该特征也是政府愿意投入财政资金的重要目的。

经常性支出主要是指财政为了维持政府公共部门的正常运行或者是保障个人基本生活所必需的支出，主要涵盖人员经费、公用经费以及社会保障支出等领域，最具有代表性的即为通常所说的"三公经费"。该类支出的特点主要是社会公益性较低，一般无法创造出可观的社会效益。此外，经常性支出领域也易引发政府官员不合理使用经费或相关机构人员贪腐等问题，故而一直以来是社会所关注的焦点。

新《预算法》中对于举债资金在使用上的这一明确规定，也是参照世界各国政府债务在公共预算领域的应用规则与地方债务预算管理情况而进行修订的，其目的就在于保障地方政府债务资金在用途上的明确性，即地方政府债务的资金用途只有公益性资本支出一项，并且资金的使用过程由国务院财政部门负责实施监督。这样一来，地方政府就只能按照举债时的项目意向使用债务资金，从而形成了预算上的一种制约，杜绝资金使用过程中可能会出现的一系列诸如贪腐等社会问题。

第四节　举债、偿债方式更加科学

新《预算法》中对于地方政府债务资金的举借与偿还方式是这样规定的，即涉及的举债主体应当"通过发行地方政府债券举借债务的方式筹措""地方政府及其所属部门不得以任何方式举借债务""除法律另有规定外，地方政府及其所属部门不得为任何单位和个人的债务以任何方式提供担保";而在偿还上,也应保证"有偿还计划",并确保有"稳定的偿还资金来源"。

首先,从举债方式上来说,新《预算法》中明确规定政府发债的方式只能是发行地方政府债券,除此之外,地方政府及其部门不得以任何方式举借债务,也不得为任何单位和个人的债务以任何方式提供担保。这样就在法律上否定了地方融资平台等常见的地方债务筹措方式。由于旧《预算法》中明确规定了"地方政府不得发行地方政府债券",而分税制改革又使得地方政府的收支责任不明确,因此各级地方政府为了当地经济社会发展的需要,纷纷采取地方融资平台的方式,即地方政府通过其公共权力设立符合融资标准的公司(企事业单位)进行债务举借,其具体表现形式为地方城市建设投资公司,也就是通常所说的"城投公司"。鉴于这种方式的畸形特质及其所带来的严重问题,2014 年 10 月 2 日,国务院为了配合即将实施的新《预算法》,颁布了《关于加强地方政府性债务管理的意见》(以下称《地方债管理意见》),该意见中明确规定了"政府债务只能通过政府及其部门举借,不得通过企事业单位等举借",但是正所谓"堵不如疏",在切断地方融资平台这一举债方式之后,中央政府考虑到各级地方政府在经济建设上仍然存在巨大缺口的实际情况,因此便在新《预算法》中明确表示地方政府可以通过发行债券的方式进行资金筹措,从而满足其经济发展的需求。

其次,在偿债方式层面,举借的债务需要有偿还计划和稳定的偿还资金来源。这就与之前的地方融资平台方式有明显的差别。之前各级地方政府采取的融资平台方式,其融资规模、融资用途基本上完全由相应的地方政府决定,在融资过程中一般以"多多益善"为准则,不去权衡成本与收益,也就更忽视了未来的偿还问题。加之部分债务的偿还期限与相关政府官员的任职期限存在不一致性,故而产生出一种"无赖借债"的心理,即不考虑相关债务的偿还。新《预算法》中则强调了地方政府债务的偿还计划与资金来源,即要求各级地方政府在表明债务举借的意向时,也应当将所涉及项目的债务资金偿还因素考虑进来,并在意向中进行明确的说明,再经省、自治区、直辖市乃至全国人大进行审批。这样一来，地方政府债务的偿还责任就得到了明确的落实，愈发体现了相关预算管理上的科学性。

第五节 完善风险防范制度

为了保证地方政府债务管理工作的顺利开展，新《预算法》还配套设计了一系列的风险防范制度，如国务院应当"建立地方政府债务风险评估和预警机制、应急处置机制以及责任追究制度""国务院财政部门对地方政府债务实施监督"。

1994 年颁布的旧《预算法》明确规定：除法律和国务院另有规定外，地方政府不得发行地方政府债券，因此国家也没有相对应地建立起有关地方政府债务管理的制度体系。而在面对近年来愈发严重的地方政府债务危机时，各级地方政府由于缺乏相关机制进行约束与调控，致使地方债务问题愈演愈烈，并使之成为较为严重的经济社会问题。匡小平、蔡芳宏（2014）指出，现阶段我国的地方政府债务危机指的不是总规模上的不可控，而是管理上的不规范。因为从目前的状况来看，我国地方政府债务总量占国内生产总值的比重并不大，即负债率低于世界上通用的政府债务风险控制标准参考值，但是由于国家缺乏规范、透明的预算管理制度，使得各地的债务负担率增长明显较快，因此，如何建立相应的地方政府债务预算管理制度，就成为当前我国解决地方债务问题的重中之重。

为此，在新《预算法》的修订过程中，全国人大常务委员会听取各方的意见，在全文的最后对地方政府债务的风险控制建立了制度上的约束机制。首先，建立地方政府债务风险评估和预警机制、应急处置机制，是为了对地方政府债务进行精准的识别，从而规避潜在的债务风险。2014 年 10 月 28 日，财政部根据同年国务院颁布的《地方债管理意见》，制定并颁布了《地方政府存量债务纳入预算管理清理甄别办法》，该办法旨在对当前各地政府面临的地方融资平台问题进行整顿，其核心就是对地方政府债务进行风险评估与预警处置。其次，责任追究制度主要针对的是各级地方官员透支政府信用、"无赖举债"、"吃子孙饭"等问题，一旦有了这种制度约束，任期内的官员将改正其短视行为，充分考虑政府借债所带来的一系列长远问题，从而规避相关风险。因此，新《预算法》对于政府信誉的建立与维护提供了法律上的支持，这将进一步改进地方政府在今后债务资金使用上的效率与未来信用。最后，财政部门自上而下地对地方政府债务实施监督。这一系列的风险防范措施，全方位地体现了新《预算法》对地方政府债务监督与管理的公开透明原则，体现了立法科学性，有利于化解地方政府债务风险。

第三章　地方政府债务状况分析

第一节　地方政府债务基本概念

一、地方政府债务概念及分类

（一）我国地方政府债务的界定

1.债务

依据债的法律定义，债是指按照约定的条件，在当事人之间产生的特定的权利和义务关系，享有权利的人是债权人，负有义务的人是债务人。所以，债务是指在债的关系中，一方（债务人）按约定的条件向另一方（债权人）承担一定行为的义务。目前，法律上确认的债的关系，内容非常广泛，债的发生最主要或较为普遍的根据如图3-1所示。

2.政府债务

政府债务（亦称公债）是指政府凭借其信誉，作为债务人与债权人之间按照有偿原则发生信用关系来筹集财政资金的一种信用方式，也是

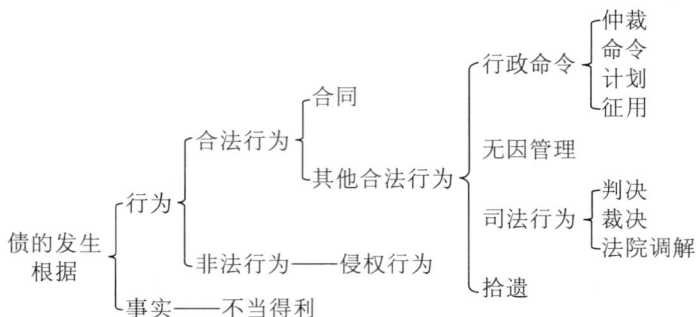

图 3-1　债的发生根据

资料来源：黄达，等. 中国金融百科全书（上）[M]. 北京：经济科学出版社，1990.

政府调度社会资金、弥补财政赤字，并借以调控经济运行的一种特殊分配方式。由于政府作为公共主体，不同于其他债务主体，因此，其债务需要从会计学意义和经济社会视角分别予以考察。

（1）会计学意义上的政府债务。国际会计师联合会公共部门委员会在其发布的《2006年公共部门会计准则第1号——财务报告的表述》中，对政府债务做了如下定义：政府债务是指政府由于过去事项引起的现时义务，该义务的履行预期会导致政府资源的流出，这种流出既可以体现为经济利益，也可以体现为服务的形式。国际货币基金组织（IMF）在其编写的《2001年政府财政统计手册》中认为，当创生一项财务要求权的时候，一项等值的债务也作为其对应方同时产生。也就是说，债权人根据合同要求得到的金额，恰恰是债务人根据合同有义务支付的金额。因此，债务是向财务要求权持有人提供经济利益的某种义务。显然，IMF是从政府债务与政府资产互相对应的角度来定义政府债务的。

我国目前还没有从会计学的角度对政府债务的明确定义，但是我们可以通过考察《企业会计准则》的相关规定来获得一些启示。2007年1月1日起实施的《企业会计准则——基本准则》第二十三条规定："负债是指企业过去的交易或者事项形成的、预期会导致经济利益流出企业的现时义务。现时义务是指企业在现行条件下已承担的义务。未来发生的交易或者事项形成的义务，不属于现时义务，不应当确认为债务。"

第二十四条规定："符合第二十三条规定的负债定义的义务同时满足以下条件时，确认为负债：与该义务有关的经济利益很可能流出企业，未来流出的经济利益的金额能够可靠地计量。"

综上所述，第一，政府债务是过去的交易或者事项（以下简称事项）形成的，与过去事项无关的，不属于政府债务。换言之，如果某项义务需要由未来发生的事项引起，则不属于政府债务的范畴。第二，政府债务是现时义务，即现行条件下政府已经承担的义务。这一特征实际上是和第一个特征一脉相承的，正因为政府债务是由过去事项引起的，所以它必须是现时确定的义务，而不是未来义务或者不确定的义务。第三，政府债务的履行，预期会导致政府资源的流出，并且流出的金额能够可靠地计量。这里的"预期"，其含义可以从概率意义上理解为"发生的可能性比较大"。第四，政府资源既可以表现为经济利益，也可以表现为服务。如果再进一步加以提炼，那么会计学意义上的政府债务本质上具有两个特点：第一，过去事项引起的现时义务；第二，义务的履行很可能导致政府经济资源的流出。

（2）经济社会视角下的政府债务。如果从更为广泛的经济社会视角考察政府债务，将政府作为公共风险的承担者来看待，就会大大突破会计学意义上的政府债务概念，进而大大丰富政府债务的内涵和外延。

一般来说，一个社会所面临的风险，可划分为私人风险和公共风险两个基本类别。私人风险是由单个主体（包括个人、家庭和企业）所承担的风险。公共风险是由社会公众共同承担的风险。从经济学的角度解释，也可把私人风险理解为基本没有外部性的风险，而公共风险则是外部性较强的风险。

这两种风险的性质不同，决定了它们的化解方式也迥然不同。私人风险可以通过市场机制加以化解，如保险公司提供的各种商业保险、企业的风险管理、个人的风险投资组合等。其原因在于，由于私人风险不具有外部性，其风险收益和成本基本由私人承担，因此单个主体会诚实地表达自己的风险偏好，进而选择合适的市场价格去化解风险。私人风险的固有特性，决定了其主要通过市场机制加以化解，或者可以认为，私人风险的化解属于私人产品的范畴。

公共风险的情况则完全不同，化解公共风险无异于提供公共产品。其原因在于：第一，化解公共风险具有收益上的非排他性，如向问题银行注资增强银行体系的稳定性，所有的企业和居民都可以从稳定的金融环境中获益，没有办法将谁排除在外。第二，化解公共风险具有消费上的非竞争性，即增加一个消费者不会影响既有消费者的效用，其所带来的边际成本为零。仍以前面向问题银行注资为例，不仅国内市场的外国企业和居民可以享受到稳定的金融环境所带来的好处，进入本国市场的外国企业和居民也可以享受到这一好处，并且后来者的享用不会影响到既有者的效用水平。

化解公共风险属于公共产品范畴，一般不能通过市场机制来实现，而应当由政府这只"看得见的手"来承担。政府承担和化解公共风险，必然导致财政资源的流出，不管这种流出是现时还是将来可能产生的义务，作为承担和化解公共风险的必然结果，政府债务得以产生。

政府承担的现时义务体现为政府的直接债务，这种债务在其得到履行之前，在任何情况下都存在，不会因为将来某个事项发生与否而改变。根据政府的现时义务是否得到法律或者合同的确认，又可将其区分为显性直接债务和隐性直接债务。政府承担的未来义务体现为政府的间接债务，或者称为或有债务，这种债务是否会转化为现实，取决于将来某个事项发生与否。同样，根据政府的未来义务是否得到合同或者法律的确认，又将其区分为显性或有债务和隐性或有债务。

基于上述分析，从政府作为公共风险承担者和化解者的角度出发，政府债务可以区分为显性直接债务、隐性直接债务、显性或有债务和隐性或有债务等四类。

概括而言，会计学意义上的政府债务概念，基本上等同于经济社会视角下的政府显性直接债务，因此也可以认为，经济社会视角下的政府债务不仅包括了会计学意义上的政府债务，还包含更为丰富的内容。

3.地方政府债务

地方政府债务是指在某个时点上，地方政府作为债务人，由于以往支出大于收入所形成的赤字总和，是一个存量概念，包括建立在某一法律或合同基础之上的显性负债和道义上政府负有偿付责任的隐性负债。

（二）地方政府债务的分类

1.会计学意义上的债务分类

会计学意义上的地方政府债务，实际上对应着地方政府的显性直接债务。

（1）内债与外债。按照债务资金来源的不同，可将地方政府债务划分为内债与外债。内债是指地方政府向所在国的自然人和法人举借的债务。外债是指地方政府向外国政府、外国金融机构、国际金融机构以及其他非所在国的自然人或法人举借的债务。需要指出的是，从发行地域角度分为内债和外债虽然有一定道理，而且也被广泛接受，但从本质上讲，内债和外债的区别还应当从是否增加一国可支配的资金总量角度予以界定：形成内债收入的资金实际上是在一国政府部门与私人部门之间进行再分配，地方政府借债一般不会增加国内的资金总量；而外债的资金来源于国外，因此一般会增加本国可支配的资金总量。

（2）经常性债务与资本性债务。按用途划分，地方政府债务可分为经常性债务和资本性债务。前者主要用于弥补地方政府经常性赤字，这种情况比较少见，并且各国对此有比较严格的约束；后者用于地方资本性项目融资，它是地方政府债务的主要形式。资本性债务还可以具体分为特种债务与一般债务。特种债务主要指地方政府为特殊支出项目而专门举借的债务（一般附带一个特定的名称以标明用途），或者指那些对认购对象和发行方式有特殊规定的债务；一般债务则不对支出目的进行特殊限制，对认购对象和发行方式也没有特别规定。

（3）直接借款与地方债券。按照地方政府债务的依托形式，可将其划分为直接借款和地方债券。直接借款是地方政府向上级政府、中央银行、商业银行等协议借款；地方债券也称地方公债，是指地方政府以发行公债的形式举借债务。地方债券按流通性划分，还可分为上市（可流通）公债与非上市（不可流通）公债。上市公债是指可以在证券市场上自由买卖和转让的公债；非上市公债则不能在证券市场上流通转让。

（4）短期、中期与长期债务。按照从发行到偿还的期限不同，地方政府债务可分为短期债务、中期债务和长期债务。短期债务通常指1年期以内的政府债务，其存续时间一般以周为单位，主要包括地方政府向上级政府、金融机构的借款，以及发放短期债券等。中期债务一般指1年以上10年以内的地方政府借款。长期债务的期限通常在10年以上，有的可长达二三十年。中长期债务一般多用于地方政府资本性支出的需要。需要指出的是，虽然理论上地方政府债务可以包括短期、中期与长期三个系列，但出于风险控制等方面的需要，地方政府债务通常还是采取中长期债务的形式，用于满足地方资本性支出的需要。这一点与中央政府债务是有很大区别的。

（5）固定利率债务与浮动利率债务。按债务利率的特点，可分为固定利率债务与浮动利率债务。固定利率债务的利息率在发行时就确定下来，无论以后物价水平怎样变化也不做调整。浮动利率债务的利息率则可以根据物价指数或参考基准利率的变动适时调整。一般来说，短期债务采用固定利率，中长期债务可以考虑浮动利率，在通货膨胀比较严重或公众的通胀预期较高时，更应如此。

（6）省（州）、市、县级债务。按债务发生的政府级次划分，地方政府债务可分为省（州）、市、县级债务。省（州）、市、县级债务是由省（州）、市、县级政府作为债务人借入或发行债券并承担偿还责任的债务。值得注意的是，除中国以外，世界各国乡镇级政府几乎没有举借债务的先例。

2.经济社会意义上的债务分类

从经济社会意义上来说，政府作为公共风险的主要承担者和管理者，其承担的现时义务体现为一种直接债务，其承担的未来义务体现为一种间接债务（或者称为或有债务）。而且，根据政府的义务是否得到法律或者合同的确认，又将其区分为显性债务和隐性债务。

世界银行专家白海娜（Hana Polackova Brixi，1998）创建的政府财政风险矩阵较早地对政府债务从经济社会意义上进行了分类，见表3-1。

在表3-1所示的政府财政风险矩阵中，政府债务按照两个标准区分为四种类型：显性直接债务、隐性直接债务、显性或有债务和隐性或有债务。

表 3-1 政府财政风险矩阵

债务来源	直接 （在任何情况下 都存在的责务）	或有 （在特定事件发生时 才存在的债务）
显性（为一项法律或合同所确认的债务）	➤ 主权债务（中央政府签署合同的借款和发行的证券） ➤ 法定支出 ➤ 法定公务员养老金	➤ 中央政府对非主权债务及由次国家级政府、公共和私营部门实体（如开发银行）所发行债务的担保 ➤ 对不同类型（抵押、学生、农业以及小型商业等）贷款的保护性中央担保 ➤ 中央政府提供的贸易和汇率担保 ➤ 中央政府对私人提供的担保 ➤ 中央保险体系（存款保险、来自私人养老基金的收入保险、作物收成保险、洪灾保险、战争风险保险等）
隐性（政府出于公共或利益集团压力而承担的道义债务）	➤ 公共投资项目未来的维护成本 ➤ 非法定的未来公共养老金（与公务员养老金相对） ➤ 非法定的其他社会保障计划 ➤ 非法定的未来医疗保健融资	➤ 次国家级政府以及公共或私人实体对非担保债务的违约 ➤ 实行私有化企事业的债务清理 ➤ 非中央保险体系的银行破产的成本 ➤ 非担保的养老基金、失业基金、社会保险基金的投资失误 ➤ 中央银行不能履行其职责（外汇合约、保卫货币、国际收支平衡） ➤ 私人资本外逃带来的救助要求 ➤ 突发性环境破坏、灾害救济和军事支出等

根据发生的原因是否确定，政府债务划分为直接债务和或有债务。直接债务是在任何情况下都存在的可预测的债务；而或有债务则是由一

项个别的但不确定的事件（或有事件）所引起的债务。或有事件发生的概率和相应的公共支出规模既可能是外生的（如自然灾害的发生），也可能是内生的（如政府提供的保险计划）。按照发生的根据是否得到法律或合同的明确规定，政府债务区分为显性债务和隐性债务。显性债务是为法律或合同所确认的特定债务，政府负有法律义务在到期时予以偿还。隐性债务不是从法律意义上，而是建立在公众或者政治压力等基础上的政府道义负担。因此，也可以把政府的显性债务理解为法定债务，而把隐性债务理解为推定债务。

显性直接债务即会计学意义上的政府债务，它构成了传统财政分析的主体，其主要内容包括主权债务、法定支出、法定的公务员养老金支出等。

隐性直接债务主要涉及法律没有规定的社会保障计划和未来公共项目再融资，它常常作为对政府支出政策的推定结果而长期发生。

显性或有债务主要产生于政府提供的显性担保或者政府保险项目。如果把政府保险也视为一种担保的话，就可以认为政府的显性担保构成了其显性或有债务的基本载体。除非要求兑付，显性或有债务的财政成本都不会在传统现金流量预算中得到反映，所以它们代表了一种隐蔽的财政补贴。

作为社会管理者，政府不得不对各种公共风险承担最后兜底的责任，这种隐性担保机制成为政府隐性或有债务的主要来源。实践证明，在大多数国家，金融体系隐藏了最为严重的隐性或有负债。银行危机导致的财政成本通常十分巨大，而且，历史经验表明，如果金融系统的稳定性受到威胁，市场对政府援助的期望通常会远远超过法律认可的范围。此外，上级政府对下级政府的隐性担保、政府对中央银行的隐性担保、政府对突发公共事件承担的最后支付人角色等，也成为隐性或有债务的重要来源。

应当说，白海娜按照直接与或有、显性与隐性两个标准，首次从经济社会的角度对政府债务进行了较为完整的分类和概括，对于分析研究政府债务风险、加强政府债务管理具有一定的借鉴意义。然而，该矩阵也存在一些明显的不足：（1）单纯将政府债务定义为财政风险是值得商权的。风险来自于资产负债财务属性的不匹配，它只有在资产负债双方动态博弈中才能产生并得以运动，仅仅从债务方或者资产方来认识财政风险都是片面的。（2）白海娜实际上分析的是中央政府债务，对于地方政府债务的特点没有述及。（3）某些债务项目的分类不够清晰，容易产生歧义。

因此，需要对白海娜的财政风险矩阵进行修正和发展，以构建同时适用于中央和地方政府债务的分类体系。

3.对财政风险矩阵的发展：政府债务矩阵

结合我国的实际情况，本书提出政府债务矩阵，如表3-2所示。该债务矩阵既适合中央政府，也适合地方政府。

就显性直接债务和隐性直接债务而言，政府债务矩阵的内容与财政风险矩阵基本相同。

显性或有债务主要包括以下几个方面：（1）上级政府对下级政府债务提供的担保。（2）政府对公共或私人部门提供的担保，如政府对开发银行、国际金融组织贷款提供担保等。（3）政府对某些特定种类贷款提供的担保，这些贷款一般都体现了明确的政策目标，如住房抵押贷款有助于政府实现住房政策的公平目标，学生贷款反映了政府对教育公平性的干预，农业贷款体现了政府的产业导向，中小企业贷款反映了政府扶持中小企业发展的目标。（4）政府对贸易和汇率的担保，以及对私人投资的担保，主要目的是吸引私人投资尤其是外国资本的进入。（5）政府保险体系，主要反映保护公共利益和应对突发公共事件的需要。政府隐性担保与显性担保在对象方面有很大的重叠，不同之处在于，针对相同的对象，如金融部门，如果担保有法律规定，则构成显性债务，而超过法律规定的担保要求，则构成政府的隐性负担。此外，还有两项隐性或有债务需要提及：一是针对国有部门私有化过程中的债务清理。在政府推动对有偿付能力的国有部门私有化或资不抵债的国有部门进行破产清算的过程中，国有部门债务有可能转化为财政部门的或有债务。二是中央财政对中央银行的隐性担保。理论上，中央银行不存在破产的可能性，但是，如果中央银行不能履行其基本职责，或者其净值变为负数，此时就很可能产生动用公共资源的要求。

表 3-2 政府债务矩阵

债务来源	直接债务（源于政府承担的现时义务，在任何情况下都存在）	或有债务（源于政府承担的未来义务，只有当特定事件发生时才存在）
显性/法定债务（为法律或合同所确认的债务）	➤ 各级政府的协议借款和发行的债券 ➤ 应支未支的法定支出 ➤ 法定公务员养老金	➤ 对下级政府债务的担保 ➤ 对公共或私人部门实体所发行的债务担保 ➤ 对政策性贷款（住房抵押贷款、学生贷款、农业贷款以及中小企业贷款等）的担保 ➤ 对政府提供的贸易和汇率担保 ➤ 对私人部门投资的政府担保 ➤ 政府保险体系（存款保险、证券投资基金保险、私人养老基金收益保险、农作物收成保险、洪灾保险等）
隐性/推定债务（政府出于公共或利益集团压力而承担的债务）	➤ 公共投资项目未来的资本性和经常性支出 ➤ 非法定的未来公共养老金（与公务员养老金相对） ➤ 非法定的社会保障计划 ➤ 非法定的未来医疗保健融资	➤ 下级政府对于非担保债务的违约 ➤ 公共或私人部门对非担保债务的违约 ➤ 政府保险体系以外的金融危机成本 ➤ 国有部门在私有化过程中的债务清理 ➤ 非担保社会保障基金的破产 ➤ 中央银行可能出现的负的净值或者不能履行其职责 ➤ 自然灾害等突发公共事件

（三）地方政府性债务的举借方式

从目前的实践情况来看，我国地方政府性债务举借方式很广泛，既有传统金融机构表内产品，又有金融机构表外标准及非标产品，既有交易商协会的非公开定向债务融资工具、中票、永续债等产品，又有地方政府债券等债务产品。从具体产品及举借方式来看，包括融资平台贷款、城投债、地方政府债券、资产证券化、券商资管计划、信托以及上级财政借款、其他借款等。

2015年前，我国地方政府举债方式主要是通过政府注资设立的平台公司向金融机构借款，补充地方政府可用财力，以解决地方政府财力不足的问题，借款资金用于基础设施、社会民生、产业招引培育等方面支出。2015年起，中央政府允许地方政府以省级政府名义公开发行或定向发行地方债券，用于置换被甄别确认的、以平台名义举借的各类金融机构借款以及公开市场发行的各项债券，还可以用于新的地方政府基础设施投入，但是除置换存量负有偿还责任的政府性债务外，新增发行地方债券用于建设等支出的，必须满足负债率、债务率等相关指标规定。地方政府性债务类型主要包括平台贷款、城投债、BT融资模式以及地方政府债券。

1.地方政府融资平台贷款

根据媒体报道，截至2011年9月末，全国共有地方政府融资平台10 468家。这些融资平台名称五花八门，名称中涉及城市投资、城市发展、经济发展、投资开发、开发建设等。通过这些平台进行表内表外贷款融资，是地方政府性债务举借的主要方式，具体产品包括固定资产贷款、土地收储专项贷款、流动资金贷款、经营性物业贷款、信托计划、资管计划、融资租赁、明股实债等。

2.公开市场发债

公开市场的发债产品，是由地方融资平台作为发行主体发行的，债券产品类型多样，具体包括发改委主管的企业债与项目收益债，银行间交易商协会的短期融资券，非公开定向债务融资工具、中期票据与永续债，证券交易所主管的非上市企业公司债等。城投债相对于产业债，是根据发债用途不同而界定的，通过私募或公募所募集的资金主要用于城市基础设施的建设。

3.BT融资模式

BOT是建设-拥有-转让和建设-经营-转让的简称，现在通常指后一种含义。而BT是BOT的一种历史演变，即建设后移交转让，是指政府通过特许协议，引入社会资金进行政府基础设施建设，约定基础设施建设完工后一定时期内，该项目的权属或使用权利由政府回购，并支付对价。该种情况下，基础设施的施工方由非政府的外部资金方确定。

4. 省级政府发行或代发的地方政府债券

2014 年 10 月，国务院发布的《关于加强地方政府性债务管理的意见》，明确省级以下地方政府不能发行政府债券，省级政府可以自发自用或代下级政府发行债券。2014 年 8 月，新《预算法》赋予了地方政府直接举债的权力，确立了地方政府直接发行债券的法律依据，在此之前地方政府并无此权力，但很多地方政府都在通过投资工具以及影子银行借贷等方式来规避这项禁令。这一机制的建立为地方政府提供了另一融资渠道，从长期来看将有利于解决地方政府的债务问题。

二、地方政府性债务风险的定义及构成

（一）地方政府性债务风险的定义

从理论上讲，地方政府性债务风险是指地方政府债务与资产在规模和结构上不匹配，以至于地方政府的债务可持续性和经济社会发展受到损害的可能性。通俗地讲，地方政府性债务风险是指地方政府因无力偿还到期债务而给地方财政乃至整个地方经济带来损失的可能性。

（二）地方政府性债务风险的构成

1. 规模风险

所谓规模风险，是指地方政府性债务总量不断累积，余额过大，致使债务到期不能及时归还本金，无法按时支付利息，由此所产生的风险。2014 年年底，财政部对地方政府性债务进行了清理确认工作，各地财政部专员办对地方申报的债务进行甄别，经媒体披露，全国人大批准的全国 2015 年地方政府性债务余额限额为 16 万亿元。尽管财政部公布我国债务率低于 100% 风险预警线，大致为 86%，认为我国政府性债务风险总体可控，但是由于受经济增长放缓等因素影响，财政收入形势严峻，财政收支矛盾突出，一些地区债务规模较大，个别地区存在发生局部风险的可能性。

2.结构风险

结构风险包括很多方面．顾名思义，是指因为地方政府性债务的产品、期限、成本等结构不合理而产生的风险。具体来说，包括区域内融资平台实力差异悬殊，负债规模不合理，表内外债务产品没有合理的比例，债务产品期限单一，债务资金成本过高，债务资金使用没有绩效，这些都有可能产生结构风险．就层级较低的基层政府来说，政府进行兜底，负有直接偿还责任的债务规模较大，而基层政府的财政实力有限，其中很大一部分是依靠土地出让收入，存量债务的还本付息来源，都是后续的国有土地使用权出让款。县区级政府性债务中，较大比例的债务是通过国控平台公司对外借贷的，约占 95% 以上。目前，利用融资平台举借的债务，都是金融机构的表外产品，一旦融资形势发生变化，最先进行清理的就是这些"影子银行"的非标产品，结构风险就会发生，从而影响当地经济的健康发展。

3.收益风险

收益风险是指曰于地方政府性债务资金效率低下、所投项目收益较低的风险，债务本息的偿还资金无法确定，或者是项目的收益率远低于债务的资金成本，造成地方政府性债务资金的使用效率不高，加之部分地方政府缺乏相关的管理制度和优秀的懂经济、会管理的人才，为了提前规避融资风险，债务资金到位后，普遍存在长时间停留在平台公司账户上的现象，而且大部分以活期形式存在，而这些资金都是通过付出资金成本借贷而来的。目前地方政府性债务资金主要投向基础设施建设项目，基础设施项目完工后不能形成有效资金，只能通过未来的税收收入、土地出让收入等财力来归还，这些项目建设期长，债务期限相对较短，形成债务期限错配．短贷长用，极易酿成兑付风险。

4.外在风险

外在风险是指由于地方政府无法清偿到期债务所引发的其他风险。当地方政府不能偿还到期债务时，其可能挪用其他财政支出资金、增加税费或进一步举债、向上级政府转嫁债务等，从而引发其他财政支出项目资金缺口，增加社会不稳定因素。

第二节　我国地方政府债务的发展历程

任何制度形成与发展都是在特定历史背景中进行的，任何现实情况与特征也是历史制度不断变迁的结果。分析我国地方政府债务风险，需要对地方政府债务制度演进进行梳理，并以此作为挖掘地方政府债务发展规律与影响因素的重要依据。

中华人民共和国成立至今，我国地方政府债务发展历程大致可以归纳为五个阶段（如图3-2所示）：第一阶段是1949—1958年，主要特点是地方政府通过发行债券的形式举借债务；第二阶段是1959—1978年，属于地方政府债务停滞阶段，既不允许债券发行，也没有通过其他途径融资；第三阶段是1979—1993年，地方政府恢复举借债务；第四阶段是1994—2014年，在旧《预算法》不允许举债的背景下通过中央发行地方认购、中央发行地方转贷、投融资平台筹集等多种形式筹资；第五阶段是2015年至今，2015年新《预算法》实施，拉开了地方政府债券发行的新篇章。

一、地方政府债务起步阶段（1949—1958年）

中华人民共和国成立后，面临着价格飞涨、经济社会重建任务艰巨的局面，为了回笼货币，抑制通货膨胀，充实财政实力，扩大建设资金，确保重点项目的投入，建立起国家的基本工业基础，尤其是重工业，在中央的批准下地方政府发行了两次公债：一是1950年东北人民政府发行的"东北生产建设折实公债"。东北人民政府为了迅速筹集生产建设资金，恢复与发展东北经济，经中央人民政府批准，1949年3月6日，东北行政委员会发布了《发行生产建设实物有奖公债的命令》，该公债共发行1 200万份，分为上、下两期，其中：1950年2月15日，东北人民政府颁布《1950年东北生产建设折实公债条例》，从3月份开始发行1950年东北生产建设折实公债（第一期）；1950年11月3日，东北人民政府决定发行本年第二期生产建设折实公债，该期地方公债计划发行人民币3 543.64万元，实际发行4 204.6万元，超额完成18.69%，发行对象是职工、农民、工商界人士、市民等。二是1958年各地发行

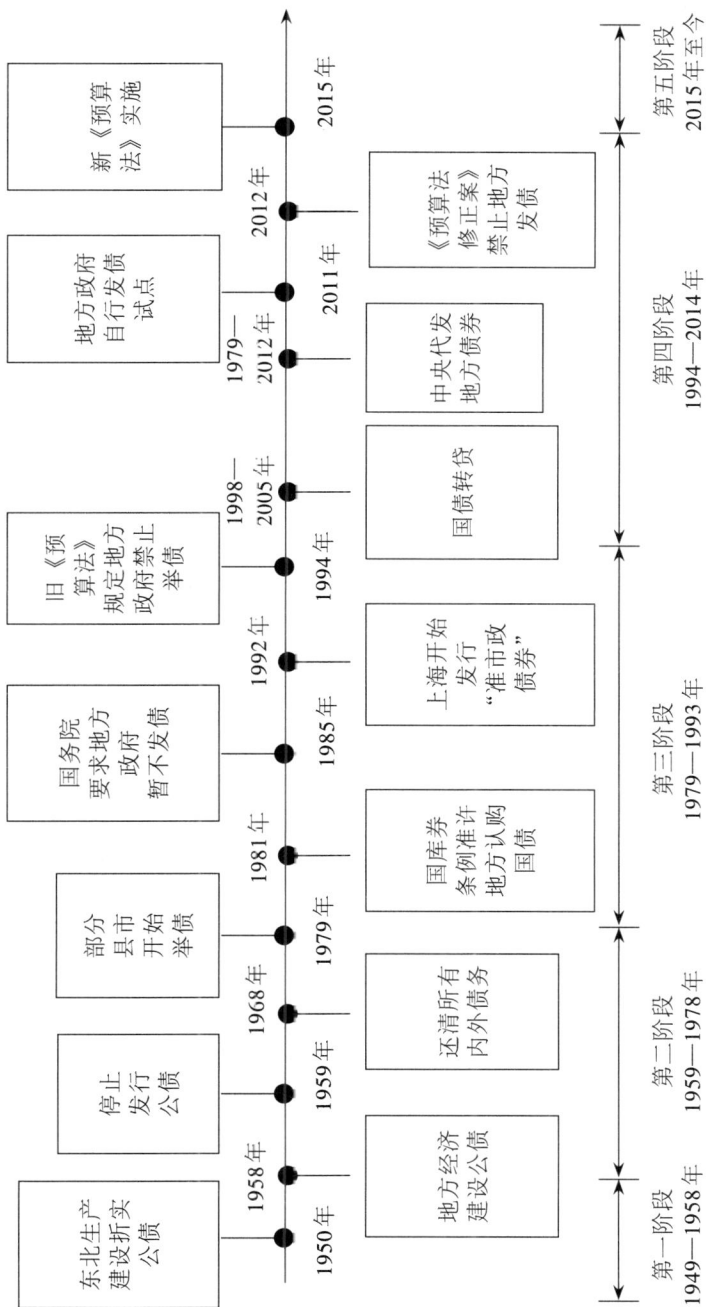

图 3-2 我国地方政府债务发展历程

的"地方经济建设公债"。我国地方公债的发行，主要集中在20世纪50年代末和60年代初。1958年4月12日，中共中央做出了《关于发行地方公债的决定》，并从1960年开始不再发行国家经济建设公债，允许各省（自治区、直辖市）在有必要时，发行地方经济建设公债。同年6月5日，第一届全国人民代表大会常务委员会第九十七次会议通过《中华人民共和国地方经济建设公债条例》并正式公布，该条例共8条，对债券发行的目的、发行主体、收入归属、管理机构、发行方式、发行数量、利率水平、期限和偿还方式、流通、备案制度等管理制度作了原则性规定。在此之后，安徽、江西、东北等省区根据本地实际情况，都不同程度地发行地方经济建设公债，黑龙江省人民委员会还先后颁布了《黑龙江省1959年地方经济建设公债条约》和《黑龙江省1960年地方经济建设公债条例》。

二、地方政府债务停滞阶段（1959—1978年）

从1959年开始，我国政府停止了公债的发行，截至1968年还清了所有的内债和外债，进入了长达近20年的"既无内债，又无外债"时期。根据相关理论解释，主要有三个方面的原因：一是中国和苏联关系已经恶化，整个国际环境不允许我国政府举借外债；二是当时认为"既无内债，又无外债"是社会主义优越性的根本体现；三是由于第一个五年计划胜利完成，并高估了未来财政收入，认为根本不需要举借债务。但关键原因在于统收统支的财政体制，具体而言，从1959年开始，我国实行了高度集中的计划经济体制，与之相伴随的是统收统支的财政管理体制。在这种财政管理体制下，国家将财政管理和收支权限集中在中央，具体包括：1959—1970年实行的"收支下放、计划包干、地区调剂、总额分成、一年一变"财政管理体制；1971—1973年实行的"定收定支、收支包干、保证上缴、结余留用、一年一定"财政管理体制；1974—1975年实行的"收入按固定比例留成、超收另定分成比例、支出按指标包干"财政管理体制；1976—1979年实行的"定收定支、收支挂钩、总额分成、一年一变、部分省（市）试行'收支挂钩、增收分成'"财政管理体制。正是由于中央政府集中了地方主要财政收支权限，作为地方政府而言，无论收支多少，都不涉及自身利益，因此地方政府并没有通过举借债务来发展经济而增加财政收入的动机。因此，在此阶段的地方政府债务完全处于空白，主要与统收统支的财政体制具有高度相关性。

三、地方政府债务恢复阶段（1979—1993年）

随着中国财政制度的多次变化，地方政府开始打开融资闸门。1978年改革开放后，1979—1980年中央财政出现赤字。为平衡预算与改变财政困难的局面，政府决定重新利用债务工具来筹集资金。1979—1981年恢复举借外债和内债，随之各地开始陆续举债，据审计署统计，1979—1980年，全国共有4个市级政府和51个县级政府开始举借债务。伴随着地方政府财权的扩大，地方政府发展经济的积极性也得到了较大提高，许多地方政府向央行提出基本建设资金不足，要求发行地方政府债券，以此筹集社会经济发展资金。但是1985年国务院办公厅下发的《关于暂不发行地方政府债券的通知》（国办发〔1985〕63号）明确指出"国务院要求各地方政府不要发行地方政府债券，望严格执行"。尽管如此，地方政府并没有止住举借债务的步伐，1992年7月22日，经上海市人民政府授权，成立了上海市城市建设投资开发总公司（上海城投），它是主要从事城市建设资金筹措、使用、管理的专业投资控股公司，上海率先通过融资平台的模式进行了"准市政债券"的发行，此后，其他各级地方政府也纷纷成立投融资平台进行债务融资。

四、地方政府债务泛滥阶段（1994—2014年）

分税制改革推动了地方政府融资行为的转变。在实行分税制之初，地方政府没有举债权和税收立法权，导致地方财政困难。为完成事权，地方政府开始探索获取资金的渠道。举债初期，宏观经济需求旺盛，举债对财源培植、投资环境改善、经济社会发展起到了极大的推动作用。1997年席卷亚洲的金融危机爆发以后，通货膨胀、消费不足成为地方经济发展的主要障碍，由于举债的惯性和中央积极财政政策的实施，地方政府的债务问题开始凸显出来，同时隐性债务也逐渐显现。1998年下半年，为应对金融危机和增加有效需求，中央政府决定实施以国债投资为主的积极财政政策，并通过与地方政府签订国债转贷协议，将国债转贷给地方政府使用，转贷的这部分资金的还本付息任务交给地方政府。随着中央积极财政政策的实施，地方政府开始大量投资于基础设施建设，改善经济发展环境，加强经济建设，与此同时，形象工程和盲目投资激增。当财政预算内资金难以支持时，地方政府开始运用收费工具来补充建设资金的不足。中央政府转贷给地方政府使用的资金往往要求地方政府实行一定程度的配套措施，地方政府为了得到中央政府的转贷资金，采取了包括举债在内的多种方式来筹措相应的配套资金，这也在一定程度上诱发了地方政府自行举债或变相融资等问题。

为应对 1997 年亚洲金融危机后地方金融机构日益暴露的风险问题，国务院于 2000 年特别设立了解决地方金融风险专项贷款、专户管理、专款专用的原则，要求省级政府必须承诺如期偿还专项贷款本息，否则将由财政部在中央向该省（自治区、直辖市）的转移支付资金和税收返还资金中扣还。2008 年美国金融危机爆发，中央政府推出了 4 万亿元经济刺激计划，商业银行被要求在对地方融资平台贷款时做到"尽职免责"，所以产生了过度负债。2008—2011 年，地方政府负债增加了 5 万多亿元。

在地方政府负债不断膨胀的情况下，中央政府陆续出台了一系列规范文件控制地方政府债务规模，规范地方政府融资平台的融资行为。自 2011 年以来，各地地方政府融资平台按照国务院要求清理和规范了地方政府融资项目，提高了一些融资平台公司的资产质量、收入水平和盈利能力。随着国家对地方政府债务管理的加强和银行对地方政府及其融资平台的规范管理，一些地方政府开始通过信托贷款、融资租赁、售后回租、发行理财产品、BT（建设–移交）、垫资施工和违规集资等方式来变相举债融资。

五、新《预算法》的实施拉开政府举债的新篇章（2015年至今）

2015 年之前，地方政府债券发行受到严格控制，每年增长较慢。2014 年发行量为 4 000 亿元，占本年度利率债总供给量的 9.2%。截至

2015年4月，存量地方政府债券规模为1.16万亿元，占未偿还利率债存量的5.63%。其中财政部代发代还债务为9 476亿元，自发自还中广东省、上海市和江苏省分别为390亿元、362亿元和327亿元。87%的存量地方债为5年以下，其中3～5年期占30%。自2015年起，随着新《预算法》的实施和《国务院关于加强地方政府性债务管理的意见》（国发〔2014〕43号）的全面落实，我国地方债发行建立一般债券和专项债券并存的发行机制，全部按照市场化原则自发自还，发行和偿债主体均为地方政府，正式建立了我国地方政府债券制度。

在地方债的类型上，对于省级地方政府（包括计划单列市）为没有收益的公益性项目发行一般债券，约定一定期限内以一般公共预算收入来还本付息，期限可以为1年、3年、7年和10年，由各地确定，但单一期限占比不超过当年发行额的30%；为有一定收益的公益项目发行专项债券，一定期限内以公益性项目对应的政府性基金或专项收入还本付息，期限可以为1年、2年、3年、5年、7年和10年，但是7年和10年期发行规模不得超过全年发行量的50%。截至2015年10月，已经确定的2015年地方政府债券规模为5 000亿元一般债券和1 000亿元专项债券，以及3万亿元地方政府债务置换额度。

我国地方政府债券发展沿革见表3-3。

表3-3　　　　　　　　　　我国地方政府债券发展沿革

地方政府债券方式	发行工作范围	发行事宜组织	还本付息主体	信用评级
国债转贷	中央政府	财政部	财政部（地方政府向财政部还本付息）	否
代发代还	省级地方政府（含计划单列市）	财政部代理发行	财政部代办	否
自发代还	上海、广东、浙江、深圳、江苏和山东	试点地区自行组织	财政部	否
自发自还	6+江西、宁夏、北京、青岛	试点地区自行组织	试点地区	是
一般债券、专项债券	省级地方政府（含计划单列市）	自发自还	省级地方政府（含计划单列市）	是

第三节　我国地方政府债务的基本现状

一、地方政府债务的存量规模

（一）全国整体债务规模

我们目前说的地方债，一般包括两项：地方政府发行的债券、地方政府或有债务（政府负有担保责任的债务、政府可能承担一部分救助责任的债务）。截至 2017 年年末，全国存续地方政府债券规模为 14.74 万亿元，为全市场规模最大的债券品种；随着债券余额基数不断扩增及置换工作接近尾声，2017 年地方债存续余额增长速度为 38.73%，相较 2015 年和 2016 年 315% 和 120% 的增速，增速进一步下降。从债务结构看，截至 2017 年 11 月末，全国地方政府债务余额为 16.59 万亿元，其中地方政府债券 14.70 万亿元，占比 88.6%，地方政府债务逐步公开化、显性化（如图 3-3 所示）。

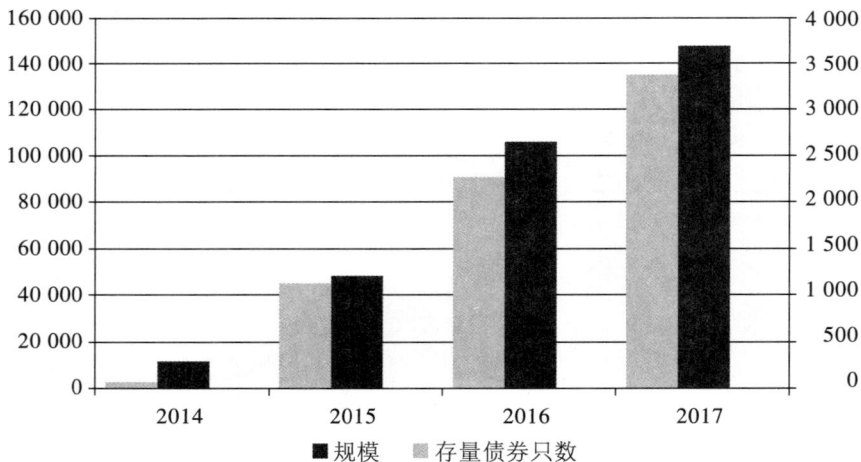

图 3-3　2014—2017 年地方政府债券存量余额及债券只数情况

注：纵坐标左侧单位为亿元，右侧单位为只。

数据来源：Wind 资讯。

（二）分区域债务规模

分区域来看，目前各省份以及计划单列市地方政府债务规模存在较大差距。经济发展好的省份，其基建投资规模也相对较高，政府债务自然也较高。如表3-4所示，无论是债务余额还是新增债券，江苏都是第一，2017年年末债务余额12 092亿元，也是唯一破万亿元的省份。广东和山东债务余额都超过了9 000亿元，是第二集团。贵州和四川债务余额都超过了8 000亿元，是第三集团。2016年西藏的政府债务规模最小，不足百亿元，但到2017年暴增80%。

表3-4　　　　　　　各发行主体剩余地方债置换规模　　　　　　单位：亿元

发行主体	2016年年底债务余额	2017年新增信券规模	2017年到期地方债规模	2017年年底债务余额（测算数）	2017年年底债券余额	剩余需置换的债务余额
北京	3 743.46	525.00	34.00	4 234.46	3 566.42	668.04
天津	2 912.74	507.00	37.00	3 382.74	3 135.03	247.71
河北	5 691.30	734.90	105.00	6 321.20	5 422.45	898.75
山西	2 290.93	334.42	74.00	2 551.35	2 287.12	264.23
内蒙古	5 677.36	394.40	93.00	5 978.76	5 418.85	559.91
辽宁	6 571.55	0.00	70.00	6 501.55	5 757.34	744.21
大连	1 954.69	0.00	17.00	1 937.69	1 373.41	564.28
吉林	2 896.08	371.64	89.00	3 178.72	2 948.58	230.13
黑龙江	3 120.30	381.06	92.00	3 409.36	2 993.14	416.22
上海	4 485.48	583.00	44.50	5 023.98	4 477.60	546.38
江苏	10 915.35	1 232.00	55.00	12 092.35	10 911.19	1 181.16
浙江	6 994.19	751.00	43.50	7 701.69	7 684.08	17.61
宁波	1 395.71	52.00	20.00	1 427.71	1 497.41	−69.70
安徽	5 319.22	855.04	124.00	6 050.26	4 611.28	1 438.98
福建	4 487.34	485.80	76.00	4 897.14	4 601.55	295.60
厦门	478.91	97.00	11.00	564.91	553.14	11.77
江西	3 956.78	512.10	46.00	4 422.88	3 455.03	967.85

续表

发行主体	2016年年底债务余额	2017年新增债券规模	2017年到期地方债规模	2017年年底债务余额（测算数）	2017年年底债券余额	剩余需置换的债务余额
山东	8 493.83	822.00	40.00	39 275.83	8 340.04	935.79
青岛	950.55	150.70	8.00	1 093.25	964.33	128.92
河南	5 524.94	762.47	126.00	6 161.41	5 488.16	673.25
湖北	5 103.67	741.00	113.00	5 731.67	5 514.00	217.67
湖南	6 827.80	623.40	132.00	7 319.20	7 037.40	281.80
广东	8 402.83	940.80	43.00	9 300.63	7 245.53	2 055.10
深圳	127.95	20.00	13.50	134.45	111.50	22.95
广西	4 566.59	491.60	79.00	4 979.19	4 194.13	785.06
海南	1 560.00	194.00	44.00	1 710.00	1 376.42	333.58
重庆	3 737.10	439.00	71.00	4 105.10	3 808.33	296.77
四川	7 812.45	734.36	148.00	8 398.81	7 709.56	689.25
贵州	8 709.79	70.44	82.00	8 698.23	7 155.65	1 542.58
云南	6 353.22	507.30	126.00	6 734.52	5 776.00	958.52
西藏	57.86	56.05	10.00	103.91	86.81	17.10
陕西	4 917.55	443.70	98.00	5 263.25	4 733.44	529.81
甘肃	1 779.10	326.00	80.00	2 025.10	1 851.03	174.07
青海	1 339.09	190.20	73.00	1 456.29	1 366.87	89.42
宁夏	1 171.37	133.20	17.00	1 287.57	1 053.86	233.71
新疆	2 836.93	464.00	80.00	3 220.93	2 941.57	279.36
全国	153 164.01	15 926.58	2 414.50	166 676.09	147 448.25	19 227.84

注：2017年年底债务余额（测算数）=2016年年底债务余额+2017年新增债券规模−2017年到期地方债规模

数据来源：Wind资讯。

（三）全国各省份的债务余额和债务率、负债率情况

负债率=债务余额/GDP，一般以60%为警戒线。债务率=债务余额/综合财力，一般以100%为警戒线，超过100%存在债务风险；70%~100%为预警区间，还有一定举债空间；70%以下债务风险较低。

从表3-5可知，目前省份间地方政府性债务规模存在较大差异：

表3-5　　全国各省份的债务余额和债务率、负债率情况

地区	2016年债务余额及排名		2016年债务率及排名		2016年负债率及排名	
	债务余额（亿元）	全国排名	债务率	全国排名	负债率	全国排名
贵州	8 709.8	3	178.9%	1	74.2%	1
辽宁	8 526.2	5	160.2%	2	38.7%	4
内蒙古	5 677.4	11	121.7%	3	30.5%	7
云南	6 353.2	9	116.0%	4	42.7%	3
陕西	4 917.6	16	104.5%	5	25.7%	9
青海	1 399.1	29	97.4%	6	52.1%	2
宁夏	1 171.4	30	92.6%	7	37.2%	6
河北	5 691.3	10	92.3%	8	17.9%	20
黑龙江	3 120.3	22	91.4%	9	20.3%	17
湖南	6 827.8	8	89.0%	10	21.9%	15
四川	7 812	7	88.7%	11	23.9%	12
广西	4 566.6	17	86.4%	12	25%	10
海南	1 560	28	84.4%	13	38.6%	5
山东	9 444.4	2	83.3%	14	14.1%	28
福建	4 966.3	15	82.7%	15	17.4%	22
浙江	8 389.9	6	76.4%	16	18%	19
江西	3 956.8	19	76.3%	17	23.7%	13
河南	5 524.9	12	73.1%	18	13.8%	29

续表

地区	2016年债务余额及排名		2016年债务率及排名		2016年负债率及排名	
	债务余额（亿元）	全国排名	债务率	全国排名	负债率	全国排名
吉林	2 896.1	24	70.3%	19	19.5%	18
新疆	2 836.9	25	69.0%	20	29.5%	8
安徽	5 319.2	13	68.4%	21	22.1%	14
重庆	3 737.1	21	66.0%	22	15.8%	16
湖北	5 103.7	14	64.9%	23	17.7%	25
山西	2 290.9	26	64.0%	24	16.3%	24
天津	2 912.7	23	63.2%	25	16.3%	27
江苏	10 915.4	1	62.9%	26	14.3%	11
甘肃	1 779.1	27	55.4%	27	24.9%	26
北京	3 743.5	20	51.9%	28	15%	30
广东	8 530.8	4	47.4%	29	10.7%	23
上海	4 485.5	18	38.8%	30	16.3%	23
西藏	57.9	31	3.5%	31	5%	31

数据来源：Wind资讯。

（1）贵州、辽宁、内蒙古、云南、陕西债务率超警戒线，存在债务风险。其中，贵州最高，为178.9%。14个省份债务率在70%～100%之间，12个省份债务率低于70%。贵州近几年经济增速都在全国前列，但背后是最高的债务率。

（2）虽然江苏债务余额超过万亿元，但由于其财力雄厚，债务率并不高（低于70%）。

（3）债务率高的省份，以西部省份为主，加上东北地区经济不景气的辽宁，经济实力都较弱。

（4）从负债率来看，仅有贵州的负债率超过60%，其余省份负债率均低于60%。

（四）政府性债务的变动趋势

我国地方政府性债务整体增速过快。2012年以不变价计算的人均实际地方政府性债务余额首次超过万元，达到11 961.14元，表3-6显示债务规模近年来出现持续快速增长的状况，增速高于GDP和地方财政收入的增长率。负债率（债务余额占GDP的比重）从1998年的5.15%增加到2014年的37.73%[①]。2015年开始负债率有明显下降；债务余额占地方财政收入的比重从1998年的87.66%增加到2014年的316.37%，2015年开始有明显的下降，但是仍高于警戒线。2008—2009年，债务余额占GDP以及地方财政收入的比重均出现跳跃式变化。这意味着，在应对金融危机时，地方政府普遍采取了债务融资方式来实施扩张性的财政政策，大幅度刺激了债务规模的增加，同时也表明随着经济增长进入"新常态"，经济增速趋缓，地方财政收入增速也相应下降，导致这一比率快速上升。

表3-6　　地方政府性债务情况（1998—2017年）

年份	实际债务余额（亿元）	实际人均债务余额（元）	债务余额占GDP比重（%）	债务余额占财政收入比重（%）
1998	5 342.657	430.2011	5.15	87.66
1999	7 225.318	576.7432	6.46	104.11
2000	9 591.743	759.6189	7.78	121.21
2001	12 700.79	998.5981	9.39	132.67
2002	17 086.63	1 333.024	11.41	162.09
2003	21 305.91	1 653.742	12.77	177.01
2004	25 904.05	1 998.64	13.70	185.18
2005	32 144.05	2 465.585	14.97	184.24
2006	40 000.34	3 051.071	16.15	192.00
2007	48 215.33	3 658.523	16.56	188.32
2008	56 221.27	4 244.217	17.31	191.33
2009	91 682.4	6 887.005	25.68	272.24

① 因为地方综合财力数据不可得，在分析中直接采用地方财政收入数据。

续表

年份	实际债务余额（亿元）	实际人均债务余额（元）	债务余额占GDP比重（%）	债务余额占财政收入比重（%）
2010	107 175	8 011.725	26.21	263.89
2011	126 212.8	9 390.27	27.48	253.14
2012	146 910.4	10 876.57	29.74	260.09
2013	179 324	13 211	33.84	288.30
2014	212 071.9	15 544.88	37.73	316.37
2015	160 000	11 649.16	23.6	192.81
2016	153 164.01	11 798.58	20.5	175.66
2017	147 448.24	11 934.56	20.05	181.41

数据来源：根据历年《中国统计年鉴》整理。

从表3-6可知，我国人均实际地方政府性债务余额从1998年的430.2元增加到2014年的15 545元，这意味着即使控制了通货膨胀和人口因素后，地方政府债务在17年间仍然出现大幅上升，如图3-4所示。图3-4显示，我国人均实际地方政府性债务余额出现两次较大幅度的变化：一次是2009年的债务超高速增长导致人均实际债务余额出现跳跃式增长，而其余年份人均实际地方政府性债务增速出现前高后低的趋势。第二次是从2015年年底开始，我国对地方政府性债务余额实行限额管理，地方政府债务出现了一个急速的下降。

二、债务结构

（一）债务类型结构

从债务类型结构分析（见表3-7），中央政府的偿还债务在各年占较大比例，2012年、2013年占比均达到79%左右；地方政府债务也以直接偿还债务为主，达到60%多，但或有债务占比高于中央政府，而且与2010年相比呈上升趋势，这可能是地方政府承担了一定的救助责任，特别是在当前构建和谐社会、社会保障覆盖面广泛与精准扶贫政策指导下，地方政府的或有负债风险敞口明显扩大。

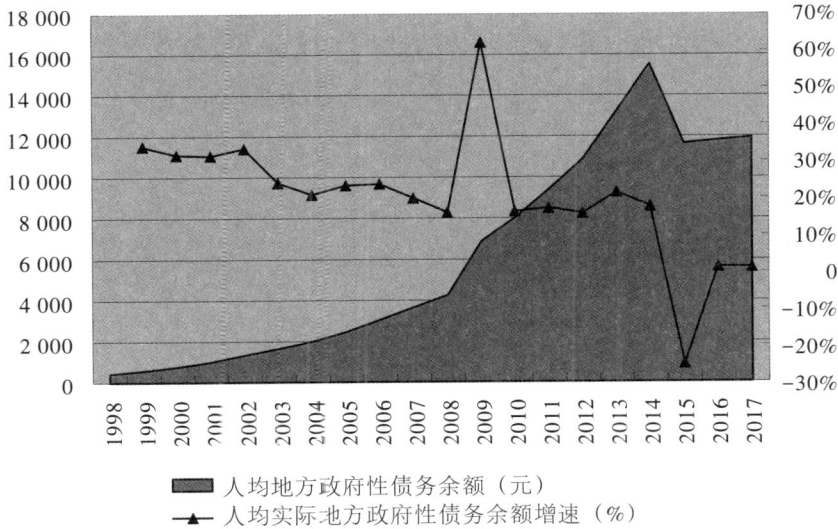

人均地方政府性债务余额（元）

人均实际地方政府性债务余额增速（%）

图 3-4　人均实际地方政府性债务余额及增速（1998—2017 年）

数据来源：根据历年《中国统计年鉴》整理。

表 3-7　　　　　　2010—2013 年各级政府各类债务规模对比　　　　　单位：亿元

政府层级	债务类型	2010年		2012年		2013年6月	
		金额	占比（%）	金额	占比（%）	金额	占比（%）
中央	偿还债务	67 548.11	100.00	94 376.72	79.42	98 129.48	79.24
	担保债务	—	—	2 835.71	2.39	2 600.72	2.10
	救助债务	—	—	21 621.16	18.19	23 110.84	18.66
	合计	67 548.11	100.00	118 833.59	100.00	123 814.04	100.00
地方	偿还债务	67 109.51	62.62	96 281.87	60.61	108 859.17	60.85
	担保债务	23 369.74	21.81	24 871.29	15.66	26 655.77	14.90
	救助债务	16 695.66	15.58	37 705.16	23.74	43 393.72	24.25
	合计	107 174.91	100.00	158 858.32	100.00	178 908.66	100.00
全国	偿还债务	134 657.62	77.07	190 658.59	68.66	206 988.65	68.37
	担保债务	23 369.74	13.38	27 707.00	9.98	29 256.49	9.66
	救助债务	16 695.65	9.56	59 326.32	21.36	66 504.56	21.97
	合计	174 723.02	100.00	277 691.91	100.00	302 749.70	100.00

数据来源：审计署公告。

而在各级地方政府债务中，偿还债务所占比重较大，以湖南省为例，2015—2017年偿还债务占到50%以上（见表3-8），其次是救助债务，最后是担保债务，所以各级地方政府的偿债压力依然较大。

表3-8   2015—2017年湖南省政府各类债务规模对比   单位：亿元

政府层级	债务类型	2015年		2016年		2017年	
		金额	占比（%）	金额	占比（%）	金额	占比（%）
全省	偿还债务	6 152.22	55.81	6 752.80	62.67	7 755.70	75.98
	担保债务	529.79	4.81	447.27	4.15	316.99	3.11
	救助债务	4 341.42	39.38	3 576.80	33.18	2 134.91	20.91
	合计	11 032.43	100	10 773.87	100	10 207.60	100
省本级	偿还债务	782.69	27.48	1 178.19	40.04	1 999.38	66.77
	担保债务	8.78	0.31	8.87	0.30	8.87	0.31
	救助债务	2 056.23	72.21	1 755.24	59.66	985.88	32.92
	合计	2 847.7	100	2 942.30	100	2 994.13	100
市级	偿还债务	2 391.92	57.50	2 420.72	64.03	2 549.23	76.08
	担保债务	313.12	7.53	261.91	6.92	168.15	5.02
	救助债务	1 454.53	34.97	1 104.26	29.05	633.46	18.9
	合计	4 159.57	100	3 786.89	100	3 350.84	100
县级	偿还债务	2 977.61	74.14	3 153.89	77.98	3 207.09	83.03
	担保债务	207.89	5.18	173.49	4.29	139.97	3.62
	救助债务	830.66	20.68	717.30	17.73	515.57	13.35
	合计	4 016.16	100	4 044.68	100	3 862.63	100

数据来源：《湖南省全省政府性债务综合报告》。

（二）资金来源

全国地方政府性债务总体上以政府债券为主，其次是银行贷款。以湖南省为例，如图3-5所示，2017年政府债券占比为70%，银行贷款占比为17%。

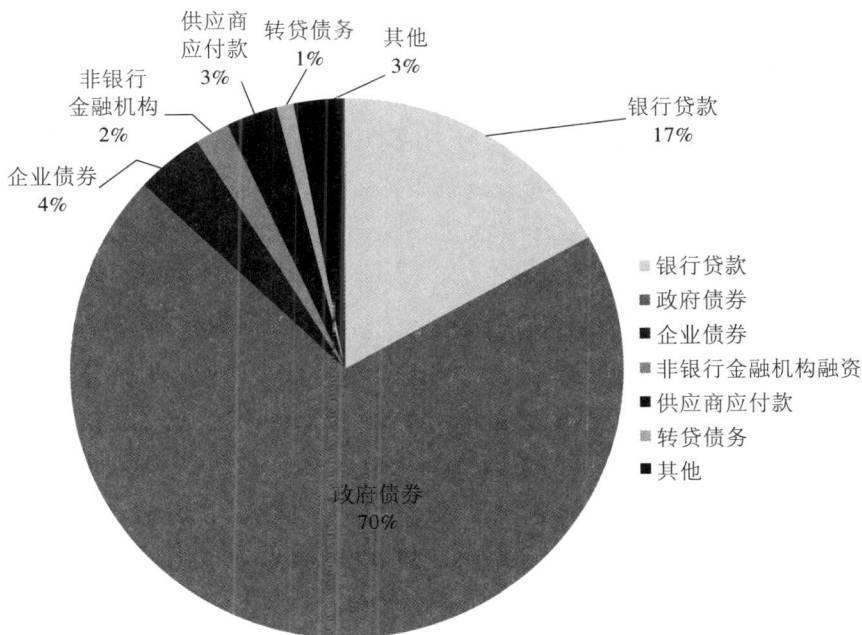

图3-5　2017年湖南省政府性债务分资金来源统计表

数据来源：《湖南省全省政府性债务综合报告》。

（三）资金投向

大部分省份的地方政府性债务主要投向市政建设、交通运输、土地收储、教科文卫及保障性住房。以湖南省为例，其超过半数资金投入到市政建设和交通运输，其中投入到市政建设的资金占比为 **29%**，投入到公路交通的资金占比为 **25%**，如图3-6所示。

三、当前地方政府性债务存在的问题

目前，我国地方政府性债务呈现以下新特点：

（一）地方债务规模仍然比较大，形势严峻

根据财政部数据，截至 2017 年年末，我国地方政府债务 16.47 万亿元，债务率（债务余额/综合财力）为 76.5%，加上纳入预算管理的中央政府债务 13.48 万亿元，我国政府债务大概为 29.95 万亿元。加之我国地方政府债务中有很多未被公开的隐性债务，地方政府所背负的债务负担实际更大，整体形势较为严峻，偿债压力较大。

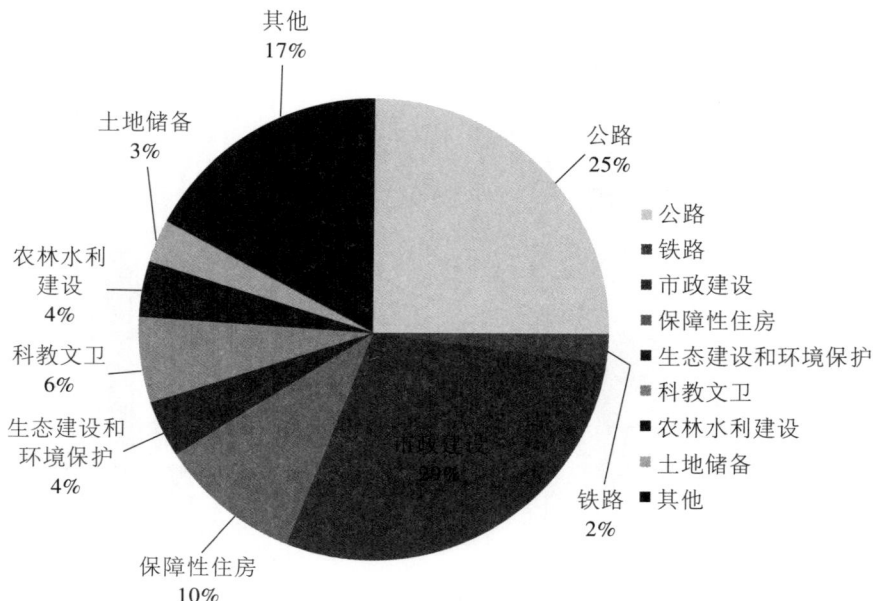

图3-6 2017年湖南省政府性债务分资金投向统计表

数据来源:《湖南省全省政府性债务综合报告》。

(二)举债主体复杂多样

地方政府性债务的举债主体,除了政府部门和机构,还包括融资平台公司、经费补助事业单位、公用事业单位等。例如,2017年年初财政部公布的山东省邹城市则是通过总工会向全市企事业单位职工发行信托产品集资,违法违规举债。

(三)基础设施建设债务比重大

资金投向基础设施建设债务比重较大,根据统计,我国地方政府基础设施建设债务约占直接显性债务的50%以上。城投债作为基础设施建设和公共服务项目的重要资金来源,2015年城投债总供给量为17 193.5亿元,总偿还量为8 164.88亿元,净融资额为9 628.62亿元;2016年城投债总供给量为24 318.95亿元,总偿还量为11 039.62亿元,净融资额为13 279.33亿元;2017年城投债总偿还量为12 482亿元,城投债偿还量达到高峰。

（四）违规举债现象严重

违法违规举债，就是在法律和政策规定之外，变相举债、违法违规担保，常见方式有融资平台公司融资、政府或者本级人大担保，内部集资举债、财政承诺还款，通过抵押政府公益资产用于举债等，其变相举债的手法与金融创新、融资创新、模式创新相互交织，隐蔽性强，手法多样，与复杂的金融市场密切联系，监管难度大。

目前，地方政府违法违规举债主要表现为：

1. 利用融资平台违规举债

国发〔2014〕43号文作发布后，融资平台债也就是城投债发行短期出现过低谷。但随着2015年2月底银行间交易商协会放松对城投企业债务融资工具的发行条件，国家发改委于当年4、5月推出专项债券，放松对部分企业债的发行条件，城投债再次高位发行。2015年城投债共计发行1 750只，发行规模17 193.5亿元，仅略少于2014年。2016年监管部门对城投公司再融资政策陆续加以较大幅度的放松，令市场以为城投债继续享有政府隐性担保，且因当年信用债违约影响，城投债再次受到市场热捧，而且规模不断扩大，城投债总发行量达24 318.95亿元。不仅如此，越来越多的城投公司进一步选择在境外发债。地方政府及其所属部门干预融资平台日常运营和市场融资，或将公益性资产或储备土地注入融资平台公司，在境外举债融资未向债权人声明不承担政府融资职能，向融资的金融机构提供担保函、承诺函、安慰函等形式的担保，因违法违规举债可能形成政府债务。

2. PPP模式、政府购买服务、政府基金等形成新的政府性债务

一些地方政府通过设立城镇化基金、产业基金、PPP基金等方式违法违规变相举债，通过对股权投资方式额外附加条款变相举债。

一些地方政府PPP项目，通过保底承诺、回购安排、明股实债等方式进行变相融资，将项目包装成PPP项目，实则是拉长版的BT，变相负债融资。

一些地方政府购买服务，异化成了购买建设工程，而且在PPP项目中将当期政府购买服务支出代替PPP项目中长期的支出责任等，违法操作，新增政府债务。

3.违规担保及其他违规举债

地方政府及其所属部门以文件、会议纪要、领导批示等形式要求企业为政府举债或变相举债，有的金融机构在进行PPP项目融资时，仍要求政府提供担保或兜底。

第四章 地方政府债务适度规模及其决定因素

债务风险是与债务规模密切相关的,债务风险大的根本原因是债务规模过大,超过了经济主体的偿还能力。因此,对地方政府来说,确定一个适度的债务规模是控制债务风险的最主要途径。

第一节 地方政府债务适度规模的理论探讨

一、地方政府债务是否有一个适度规模

改革开放30多年来,我国经济社会快速发展,与此同时,各地方政府也累积了大量的债务(即要由政府最后兜底的债务)。从现实来看,由于地方政府债务的渠道、种类、形式比较复杂,统计口径不统一,特别是地方政府融资平台的债务对政府性债务和企业性债务的划分不明确,加之地方政府债务信息不透明、不公开,因此,我国地方政府债务的规模一直以来没有统一的数据。但从各方给出的数据来看,现阶

段中国地方政府债务规模已经十分庞大。国内外经济学家也纷纷就中国地方政府债务的规模、结构、风险、成因和对策等问题进行深入探讨。为摸清地方政府性债务的增长变化情况，及时防范债务管理中出现的风险隐患，2013年6月，审计署公开了对省、自治区和直辖市本级政府的债务审计。审计结果显示：截至2013年6月底，全国地方债余额为178 908.65亿元。但这个债务规模是一个动态的量，它还会不断变化。

地方政府债务是缓解地方政府财政压力和执行经济政策的一种手段，它的井喷式增长具有特定的时代背景。在近年地方政府性债务规模日益扩大的情况下，如何客观准确地分析政府债务的规模、结构，以便有效防范和化解地方债务风险显得尤为重要。关于地方政府性债务规模是否过高，理论界一直存在着争议。一种源于凯恩斯主义"国债非债"观点的学派认为既然国债不是债，地方政府债务也不能被称为债务，可以不断通过举借新债来偿还旧债，那么就不必考虑债务是否适度规模的问题了。但是根据古今中外的理论和实践经验，我们可以知道运用债务解决经济和社会问题既可以产生积极的影响，同时也可能带来消极影响。

近年来，尤其是2008年国际金融危机爆发后，地方政府融资平台作为地方政府性债务的主要渠道，其在拉动内需、促进经济稳定增长方面发挥了巨大的作用。地方政府财权与事权的不对等造成了地方政府的财政资金缺口，加上我国官员任职体制的绩效观，只有通过举债的形式才可能有效实现地方政府的职能。因此，地方政府举债是现有体制框架下的一种必然选择。但是，地方政府债务过多所带来的负面影响也不容忽视。为建设形象工程，各地方政府争相举债，滥用地方政府职能，以政绩观为导向的官员任职体制使地方政府纷纷建立面子工程，不利于民生财政的建设，同时也会忽视大规模的债务给地方政府带来的风险，加上更多的隐性债务的存在，最终有可能导致整个财政体制的崩溃。如果地方政府举债规模过小，一方面其并不能起到调节经济的作用，丧失了其存在的意义；另一方面不利于地方政府在其事权的范围内行使权力，造成地方公共产品供给短缺，地方经济增长不均衡。因此，我国地方政府债务无论在理论上还是在经济实践中，都应该有一个适度的范围和区间，即在这个区间内的债务不仅仅能够保证政府职能的有效发挥和满足经济增长的需求，也不会因为过高的债务规模而导致一系列的财政及金融风险。而且，这个适度规模在不同国家及同一国家的不同发展阶段，甚至不同的经济发展程度、不同的地区都会有所不同。

二、确定地方政府适度债务规模研究的理论模型

（一）负债规模与经济增长模型

负债规模与经济增长模型是从政府偿债能力方面来测算债务的适度规模。如果负债规模超过了政府偿债能力，就必然会带来地方财政风险，从而影响政府部门的政策运转，甚至影响地方经济的稳定发展，无法实现债务对经济的促进作用。因此，债务的规模应该适度，要找到政府偿还能力和负债需求的均衡点，从而最大限度地利用资源。

该模型假设经济增长和负债是递增关系，随着负债规模增加，能够最大限度地调动社会资源，从而促进经济增长。偿还能力则与负债规模呈反比关系，即负债规模越大，还本付息的成本就越高，债务的偿还能力则变小。负债规模、偿还能力与经济发展的关系可以用图4-1来表示。

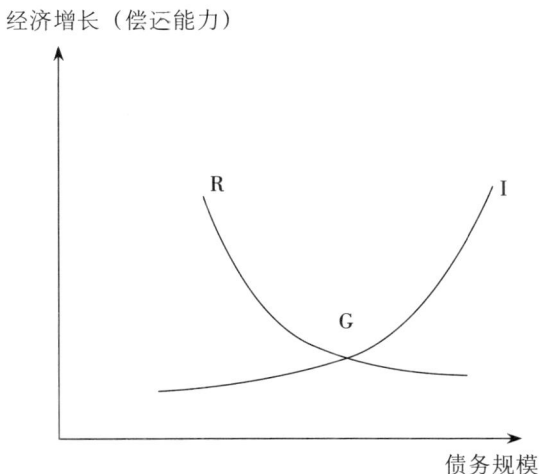

图4-1　负债规模与经济增长模型

曲线R表示债务规模与偿还能力的关系，向右下方倾斜，代表着反向关系，即随着负债规模的扩大，政府的偿债能力呈现逐步下降的趋

势。曲线I表示债务规模与经济增长的关系，向右上方倾斜，代表着正向的关系，即随着负债规模的扩大，其对经济增长的贡献增大。两条曲线的交点G则为最适度规模点。

在G点左侧，债务规模带来的经济增长大于其偿债能力，因此，随着债务规模的扩大，政府可以通过经济增长的回报来实现债务的偿还。在G点右侧，随着债务规模的扩大，经济增长速度放缓，偿还的压力却不断加大，导致政府无力偿还债务，从而出现债务危机。只有在G点，经济增长的速度与债务偿还能力达到一致，在此程度上的债务规模则为地方政府债务的最适度规模。

（二）边际成本与边际收益模型

由于债务负担的大小往往直接取决于债务的规模，因此，衡量债务规模就成为分析债务负担限度问题的重要前提。债务对政府和社会都会产生负担，而任何负担都存在一个限度或适度性问题。因此，理论上必然存在一个最优或最适度的债务规模。债务的适度规模主要是指在保证政府按期还本付息的同时，又能促进社会经济发展的债务规模。从经济学的角度来说，即当债务的边际收益与边际成本相等时，债务规模达到最优。

根据这个模型来看，决定债务适度规模的因素是举债的成本和举债收益两方面。我们用MC代表边际成本，即政府每多举借一个单位的债务所需要支付的各项成本；用MB代表边际收益，表示政府每多举借一个单位的债务所产生的各项收益，这种收益既包括直接的经济效益，也包括各项间接的社会效益。根据经济学原理我们知道，边际成本具有边际递增的特性，而边际收益具有边际递减的特性，由此可以得出基于成本和效益模型的债务适度规模（如图4-2所示）。

从图4-2可以看出，当债务规模小于Q_1时，政府举债规模的总收益大于总成本，政府举债规模净收益为正，即扩大债务规模可以增加总的社会效益。当债务规模大于Q_1时，政府举债的总成本大于总收益，政府不能再扩大债务规模，否则会导致社会总体收益的损失。从图4-2中可以看出，当政府债务规模达到Q_0时，债务总收益与总成本之间的差最大，也即社会净收益达到最大值，实现了债务的最优规模。Q_0为理论上的政府债务最优规模点。

总收益（总成本）

债务边际收益曲线（MB）

债务边际成本曲线（MC）

Q₀　　　　Q₁　债务规模

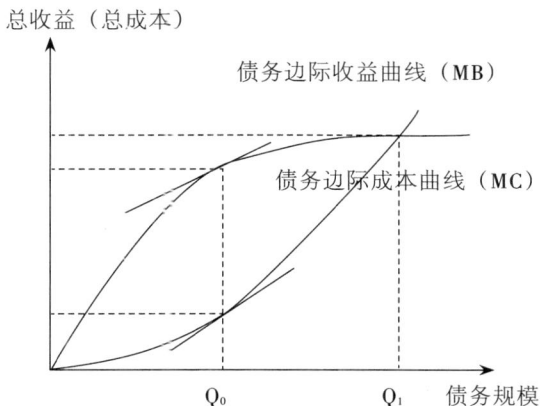

图 4-2　边际收益与边际成本模型

（三）债务规模净效应模型

从理论上来说，债务的适度规模，或者说是最佳规模，是指债务规模处于这样一种状态，即在这种状态下债务带来的正效应达到最大，也就是说，债务所带来的积极影响在抵消了其带来的消极影响之后的净效应达到最大。在这样的债务规模下，债务带来的经济效应才会达到最大化，也就是债务的适度规模。债务规模净效应模型实质上是从以上两种模型演变而来的。债务规模与其带来的净效应之间的关系可以用图 4-3 来表示。

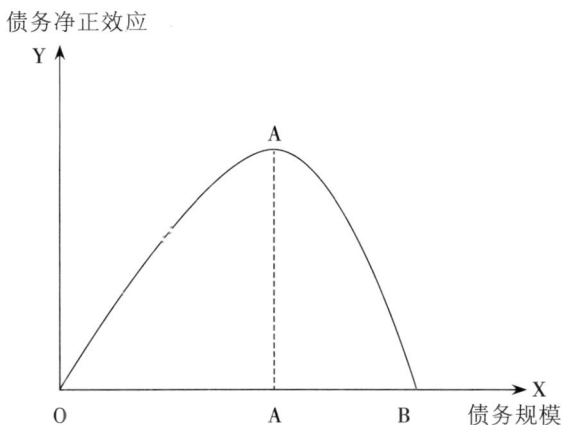

债务净正效应

Y

A

O　　　A　　　B　债务规模

图 4-3　债务规模净效应模型

图 4-3 中的 X 轴表示债务规模，Y 轴表示债务带来的净正效应。在原点 O 上，没有债务的发行，所以也不存在债务带来的影响。沿着 X 轴

往右移动，随着债务规模的增加扩大，其带来的净正效应也呈现出逐渐增加的趋势。但当达到 A 点以后，出现了一个拐点，即在 A 点之前，债务净正效应随着债务规模的扩大而增加，在 A 点之后，债务净正效应随着债务规模的扩大呈现下降趋势。在 A 点净正效应达到最大。从图 4-2 中可以看出，A 点的债务规模是最佳的债务规模，或者是适度债务规模区间的中点。在 A 点之前，每增加一个单位的债务，正效应的增加快于负效应的增加，因此总的正效应是增加的；在 A 点之后，曲线呈下滑趋势，如果超出过多的话，则带来的总效应为负值，有可能造成经济较大的波动。

从图 4-1 至图 4-3 中可以明显地看出债务的适度规模是债务净正效应最大化时的债务规模，而不是数量最大时的债务规模。债务可能的最大规模是政府信用崩溃的临界点所对应的规模。因此，探讨地方政府债务的适度规模是解决债务风险问题的根本途径。

（四）对已有模型的评价

上述三个模型均采用定性与定量相结合的分析方法来衡量地方政府债务的适度规模，对于适度规模的估计和趋势预测比较合理。从实质上来看，三种模型要表达的意思是一样的，只是换作不同的指标，使其在经济学上更具有合理性。但是这三种模型存在的一个共同的问题是，若要进行精确的规模区间的预测，则会比较模糊，对于实际中预测债务规模的实践意义不大。经济发展与负债规模模型讨论的是经济发展直接影响地方债务规模，债务规模与经济增长曲线相交的位置即为最优规模，但是我们需要考虑的是经济增长和负债增长是否会按照我们预想的曲线路径发展，因此得出的结论并不可靠。边际收益与边际成本模型主要从经济学的角度，认为当收入与成本相等时，达到帕累托最优，但是对于债务的边际成本和边际收益确实很难全方位地量化，比如影响边际成本的一个重要因素是财政风险，很难准确地进行量化。债务净收益模型是在边际收益与边际成本的基础上发展而来的，本质和边际收益与边际成本模型是一样的，因此也存在净收益难以量化的问题，从而在实践中缺乏指导意义。

三、地方政府债务存在一个适度规模

根据前面的理论探讨和对相关模型的介绍可以知道，我国地方政府债务是存在一个适度规模的，这个适度规模的测算直接关系到地方政府债务风险的控制，同时也对地方经济发展起着关键作用。问题的关键在于我们如何对该规模进行测量，是否能够测算出一个具体的数值或者区间范围，作为各地方政府举债时参考的依据。传统研究政府债务风险主要从债务依存度、负债率以及偿债率等指标来评价债务风险，从而对风险进行控制。已有的模型可以在理论上更好地定性分析债务存在适度规模以及确定适度规模的意义，但是在定量方面显得模糊，因此迫切需要利用新的计量方法，定量测量出适度规模。

第二节　地方政府债务适度规模的决定因素

自 2008 年下半年以来，到 2017 年年底，我国地方政府债务已经达到 16.59 万亿元。作为债务管理的核心问题，地方政府融资规模是一个动态指标，举债规模的失控可能会加大地方政府财政风险，造成债务危机与信用危机。要确定地方政府债务规模的首要问题是确定其影响因素，只有在影响因素确定的情况下才能通过这些影响因素贡献率大小，确定每个地方政府情况的差异，测算出适合当地政府的适度规模。

影响地方政府债务适度规模的因素很多，这些因素是多方面和多层次的，在实际的操作过程中，由于时间和资源的限制，我们无法全面地考虑到所有的方面，因此，根据现有的相关研究和我们的分析主要将经济体制、财政体制、土地财政制度、贷款利息、人口规模与结构和债务管理体制六个方面作为影响地方政府债务适度规模的主要因素。

一、经济体制

（一）地方经济发展水平

经济发展水平与债务规模之间的影响是相互的，发展水平是影响债务规模的主要因素，发展水平的高低决定了债务规模的大小，地方政府

债务反过来也可以影响地方经济的发展，这些影响可能是正面的，也可能是负面的。因此，只有适当运用地方债务规模和经济发展水平之间的关系才能起到正向的作用。

经济发展水平影响地方政府适度债务规模的原因主要有以下几个方面：第一，一个地方经济规模越大，发展水平越高，则债务发行规模的潜力就越大，其偿债能力也相应较强。彭玉华（2011）通过对安徽省H市的个案分析，测算出地方举债规模与当地生产总值之间存在正相关的关系，认为经济发展水平决定举债规模。因此，从偿债能力和可承受债务规模来说，经济发达地区的适度规模大于经济欠发达地区。第二，地方基础设施项目建设需要大量融资。在地方政府加快工业化和城镇化的进程中，地方财力严重不足，地方政府不得不通过举债进行融资，由此形成了大量与政府相关的债务。经济欠发达地区的基础设施更加落后，从而需要更多的资金来完善基础设施建设，以保证经济更好地发展。所以，从需要程度来讲，经济欠发达地区实际上需要更多的债务来弥补地方财力的不足。但是由于欠发达地区经济增长缓慢，很可能导致大量的债务无法偿还，从而形成财政风险。

综上所述，经济发展水平与债务之间的关系分析，在确定地方政府债务适度规模时不能采取一刀切的方式，要考虑每个地区经济发展程度的不同、债务需求的不同以及偿债能力的不同，再具体对每个地方进行债务最佳规模的衡量。由于不同地区每年的经济状况都会有所不同，动态的最适度规模控制也是必要的。这种多样化的债务最适度规模的控制有助于促进地方经济发展，更加有利于经济政策最大效用的发挥，同时不产生大的财政风险。

（二）体制转轨

改革开放30多年来，从计划经济到市场经济，我国经济一直在逐步转变和适应，虽然体制转轨已经进行了30多年，但是体制转轨过程中带来的一系列问题依然存在，包括体制转轨对地方政府职能的影响。在计划经济时期，我国国有企业承担了职工养老、医疗保险等，这些基本的社会保障应该是由政府或社会承担的职能，而计划经济时期的国有企业集经济功能和社会功能于一身，大大减少了地方政府的资金支出。

但在体制转轨后，社会与财政都没有这方面的资金积累来建立相应的多层次社会保障体系。因此，政府既要为没有积累的老职工弥补保障资金缺口，也要满足社会大众的要求为市场化运作的社会保障基金提供担保。政府为确保其履行担保义务，形成了部分政府或有债务。

因此，在确定地方政府债务适度规模的时候，要考虑由于体制转轨过程中形成的或有债务，也要将其纳入债务管理的范围中。当然，对于或有债务，其测算和控制相对于现行债务来讲都要困难得多，但是要彻底控制债务规模，防范债务风险，为地方政府确定最佳的债务规模，就必须考虑到或有债务的影响。

二、财政体制

（一）地方财政收入

财政体制因素集中体现为地方政府财权与事权的不匹配，这里我们主要从地方财政状况进行阐述。地方财政收支状况直接决定着地方政府需要举债的规模，中国地方政府举债的根本原因是地方政府财政收入的不足。我国地方财政收入主要包括税收收入、转移支付收入和地方非税收收入三个部分。但是，地方政府真正可以支配的部分只有纯地方税收收入和非税收收入，地方政府对中央政府的依赖程度较大。地方财政收入越少，意味着需要通过举债来弥补的资金缺口就越大，地方财政收入与举债规模呈现负相关的关系。

在地方财政收入的具体构成中，每一部分对债务最适度规模的影响程度不尽相同。李永刚（2011）通过对2009年全国地方政府债务规模及地方财政收入的三个部分建立多元线性回归，从回归结果分析中央转移支付对债务规模的影响非常显著，系数为1，即中央政府一个单位的转移支付将导致地方政府债务规模也增加一个单位，财政收入的增加反而增加了地方政府债务规模；非税收收入对债务规模的影响为负，税收收入对债务规模的影响则因税种的差别而产生不同程度和方向的影响。

（二）地方财政支出

我国地方财政支出主要包括地方行政管理和各项事业费、地方统筹基本建设支出、技术改造支出、支援农村生产支出、城市维护和建设经费、价格补贴支出等。地方财政支出越大，则需要通过举债来弥补的资金缺口也就越大，地方政府财政支出与举债规模呈现正相关的关系。

1994年分税制体制改革后，财权上移，地方政府财政收入大幅度减少，但与此同时，事权却没有上移，中央政府与地方政府事权划分不合理，导致地方政府收入减少的同时，支出却丝毫没有减少，使得地方经济发展受到阻碍，地方财政资金缺口越来越大。《中华人民共和国预算法》第二十八条规定："地方各级预算按照量入为出、支出平衡的原则编制，不列赤字。除法律和国务院另有规定外，地方政府不得发行地方政府债券。"1995年6月颁布的《中华人民共和国担保法》第八条明文规定："国家机关不得为保证人，但经国务院批准为使用外国政府或者国际经济组织贷款进行转贷的除外。"地方政府高额负债是我国分税制改革不彻底所导致的中央与地方事权与财权关系不清的直接后果。

2008年中央政府代地方政府发债的政策开始松动，允许地方政府通过发行地方政府债券公开合法地融资已经成为一种发展趋势。作为地方政府性债务的依托，地方政府融资平台对于推动地区城市化和工业化发展发挥了重要作用。但是由于大规模的发展，积累了巨额债务，成为地方政府信用风险的主要来源。由于规模得不到控制，很多地方债务规模超过本地GDP的增长速度，债务占当地GDP的比重也远远超过国际规定的标准。因此，在制定适度规模时，应该考虑地方财政支出的状况，制定出适合地方特色的最佳债务规模。

（三）政府间转移支付

政府间转移支付是指一个国家的各级政府之间，在既定的职责、支出责任和税收划分框架下财政资金的无偿转移，包括上下之间的纵向转移和地区之间的横向转移，一般以纵向转移为主。实行转移支付的目的是解决各级政府之间的纵向不平衡和地区之间的横向不平衡问题，补偿超出地域的利益外溢和中央政府加强国家凝聚力，其实质是一种财政补助。

我国目前的政府间转移支付制度是以纵向的转移支付为主，即中央政府对地方政府的转移支付。根据支付类型的不同，中央政府对地方政府的转移支付又分为一般性转移支付和专项转移支付。根据地方政府的发展和实际情况来看，我国目前专项转移支付占的比重较高，导致地方使用资金的灵活性减弱，不利于地方的发展。同时，由于专项转移支付通常需要政府大量的资金配套，一些地方政府只有通过举债才能获得配套资金。因此，我国政府纵向转移支付应该加大一般性转移支付的比例，给予地方政府更大的空间，使财政资金得到最有效的运用。

鉴于转移支付对地方政府债务形成产生的影响，在确定债务适度规模时，要考虑中央政府转移支付对各个地方政府支付形式和数量的不同，分别确定不同地区不同的债务规模。

三、土地财政制度

近几年地方政府性债务大规模增长，其中土地抵押融资贷款占了很大比例，形成了土地财政。土地财政是指一些地方政府依靠出让土地使用权的收入来维持地方财政支出，属于预算外收入，又叫第二财政。中国的"土地财政"主要是依靠增量土地创造财政收入，也就是说通过卖地的土地出让金来满足财政需求。

目前地方政府融资平台风险仍然主要是隐性风险，这些风险是否会扩大以及是否有可能转化为显性风险，主要决定因素在于未来的经济发展状况、税收收入的增长情况和土地增值的收入是否能够消化这些债务，地方政府对土地出让金收入依赖度非常高。何杨等（2012）通过实证研究发现土地出让收入对于地方政府融资平台债务规模具有正的显著影响，并且系数为1左右。这个系数说明，融资平台进一步扩大了地方政府土地财政可能出现的风险。[①]

由此可见，我国特有的土地财政制度隐性地扩大了地方政府举债的风险。表面上看，大量的土地出让金收入可以作为偿还债务的保证，从而举债规模扩大。但是，一方面，这种土地出让收入拉动经济

---

① 何杨，满燕云. 地方融资平台债务：规模、风险与治理 [J]. 财政研究，2012（2）.

增长的发展模式使得土地价格不断上涨；另一方面又放缓了经济的增长速度。因此，在考虑地方政府债务适度规模时不能过分依赖土地财政收入，要以地方政府稳定的财政收入作为衡量的基数。同时，也要健全土地市场的管理制度，规范各个地方政府在融资过程中进行的土地抵押担保行为。

四、贷款利息

贷款利息是指贷款人因为贷出货币资金而从借款人手中获得的报酬，也是借款人使用资金必须支付的代价。贷款利率高，则借款方还款金额高；反之，则降低。决定贷款利息的三大因素是：贷款金额、贷款期限、贷款利率。贷款利息的高低也直接决定了地方政府债务的适度规模。贷款利率低，则地方政府偿债压力小，最适度举债规模也相应扩大；相反，若贷款利率高，则地方政府还本付息压力大，最适度举债规模就缩小，大规模的举债会导致地方政府出现财政困难。由此可见，地方政府债务最适度规模与贷款利息呈反向关系。

彭玉华（2011）通过对安徽省 H 市 2005—2010 年的数据进行回归分析，得出贷款利息与最适度债务规模的相关系数为−2.31，即增加一个单位的贷款利息，最适度债务规模应相应减少 2.31 个单位，由此可见贷款利息对最适度规模产生的重大影响。①另外，贷款利息对适度规模的影响也体现了地方政府债务的财政政策调控效应。只要举债规模适当，不仅能够促进地方经济发展，政府也可以通过控制贷款利率对债务规模进行调控，从而取得双重效果。因此，地方政府在确定债务规模的时候，一定要考虑贷款利息的大小，也就是其面临的付息压力的大小，必须将这些因素很好地结合在一起考虑，对举债规模进行衡量。

五、人口规模与结构

地方政府举债规模还与当地的人口规模相关。除了考虑财政收入和

---

① 彭玉华. 地方政府债务适度规模的实证研究 [J]. 赤峰学院学报，2011（5）.

财政支出外，人口规模也是影响举债规模的一个重要因素。地方政府举债是为了促进当地经济发展，使当地居民能够享受到基本的公共服务，这种公共服务成本与人口规模存在直接联系。虽然很多基本的公共服务是公共产品，但仍然存在一定程度的竞争性，即如果过多的人使用这种公共产品，还是会降低每一个人的效用，那么为了保持这种效用，政府不得不继续加大对这方面的投入。因此，我们不难看出一个地方人口规模越大，地方政府的财政支出也相应地要增加，从经济学的角度来说，所需的债务规模和达到效用最大化的最适度债务规模也应该越大，人口规模与最适度债务规模之间呈现正相关关系。

人口规模的扩大必然伴随着人口结构的变化，而人口结构的变化代表着地方政府不同的债务需求。我国已进入人口老龄化阶段，人口老龄化意味着社会保障资金投入的增加，带来巨大的隐性债务，这种风险是不容忽视的。因此，在考虑债务适度规模的同时，要考虑到该地区的人口结构，根据地方具体的特点确定适宜的债务规模。

六、债务管理体制

政府性债务管理体制是指中央和地方各级政府之间划分政府性债务管理职责和权限的规定，是中央和地方政府间财政管理体制的重要组成部分。政府性债务管理体制的核心是债务管理中集权和分权的关系。我国的政府性债务管理体制具有转型时期典型的中国特色。按照市场经济体制与分税制的客观要求，在建立中央政府严格审批和监管制度的前提下，逐步建立规范的地方政府债务制度，在改革和完善现有财政体制、逐步建立公共财政体系和严格划分中央和地方政府财权与事权的基础上，逐步开放地方政府对外举债制度是必然趋势。

为了应对金融危机产生的影响，国务院2009年年初决定发行2 000亿元地方债，由财政部代理发行。这一决定拉开了地方债的帷幕。在短短的两年内，地方债迅速扩张，各地出现大量融资平台公司，债务规模急剧扩大，引发巨大的财政风险。

这种迅速的扩张和带来的风险，主要是由于债务管理体制的不完善和不健全造成的。控制一个地方政府债务的适度规模最主要的目的是控制债务带来的风险，债务管理体制则是影响风险的一个重要因素。在良好的债务管理体制下，最适度规模可以相应提高，从而促进债务资金的运用，带来更多的收益，增加还债来源，形成一个良性循环。由此可以看出，债务管理体制也是债务适度规模的一个决定因素。将地方政府债务管理的完善程度纳入最适度规模考虑，一方面可以提高地方政府进行债务管理的积极性，另一方面也可以从总体上加强对债务风险的控制。

第五章 地方政府债务的影响及成因

第一节 地方政府债务的影响

我国地方政府债务资金绝大部分是用于财政投资，这就意味着政府举债越多，财政投资的规模就越大，对社会总需求的直接影响就越大，"强政府"的特征也越明显。而且政府债务形成的支出还会间接影响社会的总需求，尤其是市政建设、交通运输和保障性住房等由政府投资推动的这些项目，不仅会促进该地区的就业，还可能带动该地区私人部门的投资与消费，这对社会需求产生"挤入效应"。但是地方政府的举债也必将导致该区域可贷资金存量的重新配置，甚至挤占了私人部门的投资，对社会消费也可能产生抑制效应。我们还不能忽视，在具有中国特色的"强政府"这一背景下地方政府举债的经济行为甚至可能导致资源配置的扭曲，其中包含地方政府债务资金投资形成的各种烂尾工程，浪费了社会资金，从而政府举债对社会需求既可能产生积极影响，也可能产生消极影响。

一、地方政府债务对宏观经济的影响

地方政府债务规模的急剧扩大对我国的宏观经济的影响很大。其中影响较大的有以下几个方面：一是对宏观调控政策的影响。地方政府债务规模的扩大，在一定程度上"绑架"了国家的财政货币政策，中央政府财政政策和货币政策的空间受到限制，松不得也紧不得。国家如果实施积极的财政政策，就需要大量的资金，当财政收入不能保证的时候，就只能继续举借债务，这导致地方政府债务的规模继续膨胀。2008年和2012年的财政政策已经给我们警示。国家如果实施紧缩的财政政策，在目前出口和消费增长对国民经济拉动作用较小的情况下，国民经济增长的速度就会放缓甚至下滑，这绝对是国家不愿意看到的。至于货币政策也是同样的道理，在不能偿还债务的时候，实施比较宽松的货币政策来偿还债务，这是很多国家曾经做过的事情，但是导致的通货膨胀对经济的负面影响也是非常恶劣的。所以，地方政府债务规模的扩大使得中央政府的财政和货币政策的实施空间更小。二是对国家投资政策的影响。地方政府债务资金的用途主要是财政投资，债务规模越大，财政投资的规模越大。财政投资规模的扩大对私人投资和消费形成挤出效应。首先，资金形成了地方政府债务，挤占了私人投资和消费。同时，政府投资项目产生的经济效益相对较低甚至没有收益，偿还只能依赖财政收入或土地出让金等，这导致资金的配置不能达到最优。其次，政府债务规模的扩大推高了名义利率。地方政府负债的急剧膨胀形成对资金的强烈需求，增加了市场对资金的需求，资金的供不应求导致利率上升。最后，政府债务规模的扩大加重了企业和家庭的纳税负担。地方政府本身并不能创造财富，政府债务最终还是得由财政收入来进行偿还，而财政收入的来源就是纳税人，地方政府债务规模扩大，企业和家庭在未来就需要承担更重的税收。三是对经济结构调整的影响。经济结构包括产业结构、分配结构、消费结构、技术结构、劳动力结构、交换结构（价格结构、进出口结构等）。改革开放至今，经济结构问题也是非常明显的。从产业结构来说，重工业而轻农业和服务业，导致对资源、能源的高消耗，对环境的高污染。从消费结构来说，外需和内需的比例失调，外需高速增长，内需增长速度较慢。国民收入的分配结构也受到了扭曲，社会消费倾向远远低于发达国家，各阶层的收入差距不断扩大，中低收入阶层收入增长缓慢寻致消费需求不足。而在目前为了刺激经济的增长，主要采用的办法就是以地方政府为主体的投资扩张。地方政府债务规模的扩大也是地方政府投资的结果，这导致中国原有的二元结构不但没有改善，相反城市和农村之间的差距还在不断拉大。从地方政府债务的投向中我们也看到，资金主要投资在市政建设和道路桥梁上。这些项目中，道路桥梁农村可能还能从中获得一些收益，至于城市的市政建设特别是集中于大中城市的市政建设，绝大多数农民是享受不到的。

二、地方政府债务对金融体系的影响

（一）地方政府债务扩张增加银行回收贷款风险

作为曾经地方政府融资的一个重要渠道，地方政府融资平台对于克服地方政府的资金困难、挂动经济基础设施建设、带动地方经济发展具有重大的作用。但是由于相关政策体系不够规范，管理制度不够完善，经营运作不够透明，对平台的监管不够健全，地方融资平台也带来巨大的负面影响。地方政府融资平台举债规模巨大，并且各级地方政府通过对控股或全资的地方金融机构进行行政干预，借款垫付地方政府债务也是转轨时期各地普遍存在的一种现象，地方政府债务向金融机构的转嫁导致了地方金融机构财务状况的恶化，而与这些活动直接产生联系的各商业银行无疑是最重要的利益相关者。同时，地方政府为了获得贷款，大作土地文章，推高了银行放款的杠杆率，一旦土地政策发生变化，房地产市场泡沫破裂，导致银行发放的贷款无法回收，将对银行业造成严重的冲击，对我国的金融安全造成了严重的威胁。因此，防止金融体系的系统性风险是当前中国政府最重要的任务。地方债务扩张增加了银行回收贷款风险。土地政策作为宏观调控的重要手段，往往具有较大的不确定性，这就增加了地方政府收入来源的不确定性，因此，地方政府有无法变现土地的货币价值以清偿债务的可能。特别是在我国特殊的国情下，地价与房价之间存在着互为因果、相互强化的关系，我国房地产行业泡沫化严重，如果中央出重拳调控房地产市场，必然使地方政府的土地市场萎缩。另外，土地作为稀缺资源，也无法给地方政府带来源源不断的收益。因此，即使是作为信用等级最高的债务人，地方政府也有无法清偿债务的可能。地方政府的偿债能力决定了商业银行的信贷风险和信用评级。

（二）地方政府债务扩张增加出现金融危机的可能性

金融危机的起因多种多样，但是最后都会表现为支付危机，也就是无法清偿到期的国外债务，或者银行系统已不能满足国内存款者的普遍提存要求，进一步导致挤提甚至银行破产。国外不少货币金融理论著作基于这种对流动性重要程度的重视，都将最初的系统风险定义为支付链条遭到破坏或因故中断导致的危险现象。地方政府融资平台因为债务不透明，发债主体的资格缺失，发债融资的投向存疑，还款安排无保障、无着落，一旦地方政府债务无法清偿，财政风险就变成金融风险。地方政府通过多种形式向各银行贷款，来支援本地的经济发展，其中房地产方面表现得尤为突出。我国地方政府偿还债务的资金来源，主要是转让国有土地的收入、财政经常性账户结余和基础设施收费。土地出让收入逐渐演变成地方政府财政收入的主要来源，大多数地方政府都严重依赖于"土地财政"。为了获取更高的收入，地方政府希望将地价确定在一个高位上。这最后影响到了土地市场的正常运行，影响到房地产市场，助长了房价的畸升。近几年来，国内大多数城市的房价都脱离了普通百姓的实际支付能力，房价太高已经成为一个严重的社会问题。从我国现在的房地产市场来看，房地产市场泡沫化程度加深，使更多的私人资本和企业资本都陷入房地产市场。这其中有大量资本都是以银行贷款的形式存在的，如果房地产市场泡沫破灭，将导致诸如美国次贷危机的情况发生。根据《巴塞尔协议》对资本监管的要求，银行最多只能将资产运用放大到12.5倍的规模，这个12.5倍就是所谓的杠杆率。银行必须将风险控制在杠杆率以下。而次贷危机发生时，美国的杠杆率居然被放大到60倍，加之其他因素的影响，整个银行系统处于崩溃的边缘。我国的金融体制与美国虽有不同，但行为方式十分相似，也面临同样的风险。如果银行一味追求盈利而忽视了对风险的控制，则极有可能重蹈覆辙，使美国次贷危机的悲剧在中国重演。从银行监管的角度来看，目前我国的金融监管体系尚不健全，这就更加大了银行体系遭遇风险的可能性。地方政府为了规避法律约束合理融资，创造性地建立了地方融资平台。中国香港大学经济金融学院教授许成钢认为，这种创新实际上是将政府自身应该承担的风险外部化了，将本该由自身承担的风险转嫁到了外部。由于我国现有的金融监管的手段相对落后，地方政府融资平台的融资行为实际上已经超出了目前金融监管的权责范围。因此，虽然各商业银行及其管理机构也需要对监管负起责任，但体制上的问题不解决，很难对融资平台带来的金融风险进行真正有效的控制和监督。

三、地方政府债务扩张对政府信用的影响

（一）地方政府过度举债影响政府公信力

债务本身就是与信用相对的一个概念，借债以信用为前提，依靠信用作保障，政府的举债行为，特别是地方政府的举债行为，对国家信用体系也必然产生影响。地方政府举债行为是在特殊的财政体制下的特殊融资行为，是为了满足地区发展需要，提高人民生活水平而采取的必要手段。无论是从目的还是从方式上来讲，它的存在具有相当的合理性，能够在一定程度上促进地方经济的发展，但在具体操作上又无法避免会存在很多不合理、不合法的方面。因此，必须用辩证的观点看待地方政府举债行为对国家信用的这种影响。一方面，举债使地方政府有能力更好地为社会提供公共物品，体现政府责任。地区基础设施建设和社会福利等公共物品和公共服务，由于具有影响范围广、投资量大、见效缓慢以及明显的外部性等特征，私人往往不愿意介入，而只能由政府来提供。对于特定的公共物品应该由哪一级政府来提供，就涉及我国中央与地方政府的权责划分。从计划经济时期的中央高度集权开始，我国中央与地方政府财权与事权的关系调整几经演变，发展到了现在的"事权重心偏低，财权重心偏高"的整体局面。正是由于地方财力不足，才需要地方政府通过举债的方式来拓展预算外和制度外的收入，以保证公共物品的提供。特别是在经济衰退、人口老龄化和收入差距增大的当下，地方政府配合中央政策，大力发展公共经济，提高社会保障水平，体现了一国政府的责任感和使命感，对改善地区经济环境和提高人民生活水平

发挥了巨大的推动作用。从这个角度来说，地方政府举债有利于提高政府的公信力。另一方面，过度举债使地方政府公信力下降，陷入了信任危机。随着我国社会主义市场经济体制的建立，随着信用在社会生产中地位和作用的不断提高，我国对政府信用的建设力度也不断加强。在大多数地区，政府领导和工作人员的信用意识逐步增强，政府在公众中的公信力也在逐步提高。但是各种信用管理制度和地方政府在利益的驱动下，有的地方政府往往弱化了对债务规模和偿还能力的控制，为了追求片面的经济增长而过度举债。有时为了及时获得融资不惜提高举债成本，这就更加大了政府的债务风险。因此，地方政府债务规模巨大，并且举债成本普遍较高。这种情况越到基层政府体现得就越为明显。在部分财政收入能力脆弱、政府债务已积累较多的地方，第一位的支出实际上不是保工资、保运转，而是偿付到期债务。不少基层政府疲于应付债主，筹措资金还债，频频当被告，打债务官司，甚至出现某些地方政府财政账户被查封等情况。地方政府过度举债，使得人民对政府的管理能力和领导人民发展经济建设的能力产生怀疑，认为自身债务问题没有解决好的政府，缺乏提供公共物品和发展经济的能力以及物质条件，这就大大降低了地方政府的公信力。

（二）地方政府偿债不及时影响政府形象

各级地方政府通过举借债务，利用现代信用关系来发挥在资源配置中的积极作用，弥补市场的缺陷，这种做法已经成为世界各国尤其是发达国家地方政府普遍采用的一种方法。但是同所有借贷行为一样，政府举债也是以及时偿还、支付利息作为前提的，并且还要以建立相对完善的筹债、用债和偿债机制作为必要条件。政府信用是社会信用的基石，地方债务的延期、拖欠会严重损害政府的形象。某些地方政府的债务是通过集资等形式产生的，正是因为广大人民对政府的信任才将钱借给政府的，如果出现政府无力偿还或者偿还不及时等现象，地方政府将会失掉在人民心中的良好形象。以四川绵阳市游仙区政府为例，游仙区是1993年1月1日经国务院批准成立的县级行政区，位于绵阳科技城的核心地带。看似区位良好，发展前景广阔的游仙区截至2004年12月底，负债总额竟然高达17亿多元，人均负债3 504.9元；如果当年的财政收入全部用于还债，至少需要 13 年。在游仙区某镇，镇政府三层楼中的第一层、第二层已被用于抵债，只有第三层留作办公，唯一一台公用轿车也被法院查封，许多乡镇的财产基本都拿去抵债了。临近 2004 年底的时候，当地各式各样的债主先后八次围堵区政府"讨债"，每次都有数百人加入，一堵就是几个小时。且不论该政府如何欠下如此巨额债务，单就债主大规模上门讨债来讲，就体现出了人民群众对政府的不信任和不满。游仙区政府仅仅是全国千万个地方政府的缩影，在全国的其他地区，地方政府要么为了解决债务问题抬高地价，要么债台高筑偿还乏力，这些都严重地损害了政府在人民群众心目中的形象。地方债务不能到期清偿还会产生严重扭曲的市场信号，动摇投资者与消费者的信心，使得后续的政府投资项目筹资、经营变得困难，甚至可能阻碍社会主义市场经济体制的完善。

（三）地方政府举债关系到国家声誉和国际地位

在全球化的大背景下，各国开放程度逐渐加深，贸易往来日趋频繁，各国在国际中的经济作用和政治地位正在经历重新洗牌的过程。我国改革开放以来，综合国力逐步提升，在国际上发挥着越来越重要的作用。所以，在这种情况下，地方政府的举债行为所产生的影响已经不仅仅局限于本国范围内，而是关乎国家声誉和我国的国际地位。这种影响首先来自于地方政府所举借的主权外债。所谓地方政府主权外债，就是指由省、市、县三级地方政府授权机构代表（主要是财政部门）分别代表本级政府向上一级政府转贷举借的，或者以地方政府信用保证对外偿还的债务。根据国家外汇管理局公布的数据，截至 2010 年 6 月底，我国外债余额为 5 138.10 亿美元，不包括香港特区、澳门特区和台湾地区对外负债，其中，登记外债余额为 3 072.10 亿美元，贸易信贷余额为 2 066 亿美元。登记外债余额中，国际商业贷款余额为 2 372.50 亿美元，占登记外债余额的 77.23%；外国政府贷款和国际金融组织贷款余额为 699.60 亿美元，占登记外债余额的 22.77%。地方政府所举借的主权外债，作为地方政府债务的重要组成部分，主要用于能源、交通、农业、教育、公共卫生和城市建设等公益事业的建设和发展。虽然这种主权外债有严格的审批手续和监督程序，有相对完善的制度规章约束，但并不能说这种债务就没有风险。这种主权债务也存在着风险，当经济大环境发生变化时，也会对政府财政造成强烈的冲击。特别是 2008 年开始的全球金融危机，暴露出了各国政府债务存在的严重问题。当世界各国频频陷入主权债务危机之时，中国能否独善其身控制好债务风险引起了各方面的广泛关注。2011 年年初开始，国家审计署责令各地审计机关积极开展地方政府主权外债的专项审计调查，意图全面摸清地方政府主权外债的债务规模，并在今后加强管理和监督力度。地方政府对内举债同样会产生国际影响。虽然地方政府举借内债并不与其他国家或经济组织发生直接债务关系，但我国政府的债务状况会影响到外资对我国经济形势甚至是政治走向的判断。因为我国单一制的政体决定了地方政府一旦遇到财政困难，不可避免地会存在向上级转嫁债务风险的倾向，债务的层层转嫁和传导，最终会波及整个债务系统，并威胁到国家的财政安全。当中央财政入不敷出时，其对宏观经济的调控能力就自然而然地减弱了，不仅如此，正如美国次贷危机时面临的状况一样，政府会大量发行货币，这种饮鸩止渴的方式虽然能在短期内缓解财政紧张的困境，但用不了多久，整个经济就会因为货币供应量激增而转向通货膨胀，并引发一系列的社会经济问题。如果地方政府过度举债，外资也会预见由此带来的潜在问题，对我国的国际形象和投资环境产生不良的影响。一方面，我国投资环境的恶化会唱衰我国的经济前景，弱化外资进入的动力，这与我国改革开放、引进外资、加快发展的目标相左；另一方面，经济异常波动会使政府隐性债务风险加大，这也会影响到国际投行对我国政府的信用评级，信用评级的降低不仅使我国今后向国际金融机构融资变得更为困难，也损害了我国作为负责任大国的形象和国际地位。

四、地方政府债务风险对社会稳定的影响

地方政府债务风险一旦形成就会引发地方财政支付危机，就会造成拖欠干部职工工资、国有企业破产，下岗人员生活费和再就业培训的资金就会不足，企业离退休人员养老金等支出形成缺口。这些不仅仅会影

响政权运转、群众生活，甚至影响社会稳定。如果地方政府债务规模扩大到中央财政不能解决的地步，这种债务的风险将会拖垮中央财政，危及整个国家的经济安全和社会稳定。

五、地方政府债务对社会信用环境的影响

地方政府债务的不断扩张，同时也恶化了社会信用环境。政府信用是社会信用的基石，是社会信用的基础。而地方政府债务的展期、拖欠不但会严重损害政府公信力，财政该补未补、该支未支，还直接对很多纳税人的利益产生了损害。地方政府债务如果不能到期清偿的话，会给社会带来不正确的经济信号，并且会动摇投资与消费信心，使后续政府的投资项目筹资、经营变得举步维艰。地方政府债务风险是社会稳定的重要隐患之一。目前很多地方政府财政较为困难，没有财政收入来源，无力偿债，只能通过借新债还旧债的方式来维持，从而财政困难与巨额债务形成了恶性循环，地方债务规模越来越大，财政风险不断增大。现代社会中，政府信用是社会信用的核心。地方政府行为通过人们的预期而影响信誉机制，对整个社会的信用建设具有重要的导向作用。当地方政府债务过度扩张，由此导致地方政府信用出现问题时，就不可避免地会对社会信用建设甚至经济、政治、文化等各个方面产生重要的影响。许多地方政府为了政绩和发展地方经济，没有限度地过度举债，不但损害了政府的公信力和权威性，降低了民众对政府的信任程度，同时也影响了社会信用体系的建设，对市场经济的健康发展起到了阻碍的作用。在一个社会中，作为管理者的地方政府如果频频过度举债、到期无力还债，没有一个良好的信用，则会对整个地方的信用环境产生影响。企业和民众也会效仿政府的做法，举新债还旧债，或者是长期拖欠债务。长此以往，整个社会的信用环境就会逐渐恶化。

第二节 地方政府债务的成因

一、地方经济发展的资金需要

地方政府性债务根源于政府的职责，一般认为，政府的职责主要在于提供国防、教育、交通等公共产品和公共服务、稳定价格和保障就业、促进经济发展。李俊生等认为政府在市场经济资源配置中所起的作用是市场失灵发生时介入而不是参与竞争性的市场活动，地方政府的责任是提供基础设施、教育、卫生等私人资本难以胜任的公共服务，促进地方政绩平稳发展，在一些竞争性项目上即使投资也仅仅是出于培育市场的目的。类承曜在研究代理成本与地方政府过度负债关系时认为，在市场经济条件下，市场机制发挥着资源配置的基础性作用，政府的基本经济职责在于弥补市场失灵。根据经典的财政学理论（Musgrave，1959），财政的三个职能是保持宏观经济稳定（保持高就业和稳定价格总水平）、公平分配和资源配置（纠正市场失灵或提供公共产品）。财政联邦主义理论认为中央政府应该承担公平分配和资源配置两个职能，同时承担提供全国性公共产品的职能。Tiebout（1956）证明了在公众和资源可以在各个地区间自由流动的假设下，由地方政府提供地方性公共产品效率更高。Oates（1972）则论证了地方政府不应该承担经济稳定和公平分配的职能，因此，地方政府唯一的职能就是资源配置职能，即提供地方性公共产品。因此，政府主要在提供经济发展前提、培育市场环境、改善民生等方面应尽其责任。当地方政府做出与之相关的任何承诺却仍未履行时就实际上产生了事实上的负债，只是这种负债还未以拖欠债权人资金的形式表现出来。经济活动的发生是需要成本的，政府职责的履行也不是凭空实现的，财政支出就成为履责的基本保障。

（一）城镇化、工业化进程加速，基础设施建设形成资金需求

改革开放以来伴随着城市化的加速，大量人口涌入城镇，为经济发展提供大规模劳动力的同时，还需要有资本对之进行吸纳。为吸引更多的资本流入该地区，地方政府往往先行将道路、桥梁、通信、电力等基

础设施建好，以期招商引资解决就业和社会稳定问题，获得财政收入，形成经济的良性循环。经济在保持高速发展的同时，原有的生活、生产基础设施已经不再能够满足日益提高的对更高质量公共产品和服务的需求，需要新的投入以形成良好的、舒适的生活环境、生产与投资环境，以期提高居民的生活满意度，降低企业投资的交易成本。

改革开放初期的 1978 年，中国城市化率仅为 17.9%，之后城镇化水平迅速提升，尤其在 1999 年、2011 年形成两次跳跃式发展，对城市基础设施建设提出巨大的资金需求。1990 年我国城市化率为 26.41%，2011 年首次超过 50% 达到 51.3%，平均每年提高 1.19 个百分点，具体如图 5-1 所示。据有关测算，按 2002 年的价格水平，每增加 1 个城市人口，需要基础设施投资 9 万元，按每年增加 1 800 万人计算，我国每年需要新增的城市基础设施建设投资和能源投资为 59 466.89 亿元，占比为 61.86%。在大量的资金投入下，各地方的基础设施相关资产迅速扩大，如铁路、公路、机场等基础设施建设以及城际铁路、轻轨、道路桥梁等市政项目取得巨大发展。根据交通运输部公布的数据，到 2010 年年底，全国已建成通车的公路总里程达到 398.4 万公里，其中高速公路通车里程已达到 7.4 万公里，农村（县、乡、村）公路通车里程达到 345 万公里；铁路达 9.12 万公里。而 1978 年改革开放初期，全国公路总里程只有 89.02 万公里，铁路也只有 5.17 万公里。这些资产的形成都大大加大了居民生活的便利程度，使产品进入流通渠道更加顺畅，跨地区之间交易的进行更为便捷，地区之间的比较优势能够得以发挥，也有利于全国性统一大市场的建立。

《我国国民经济和社会发展十二五规划纲要》提出，要积极稳妥地推进城镇化。"按照统筹规划、合理布局、完善功能、以大代小的原则，遵循城市发展客观规律，以大城市为依托，以中小城市为重点，逐步形成辐射作用大的城市群，促进大中小城市和小城镇协调发展。构建以陆桥通道、沿长江通道为两条横轴，以沿海、京哈京广、包昆通道为三条纵横，以轴线上若干城市群为依托、其他城市化地区和城市为重要组成部分的城市化战略格局，促进经济增长和市场空间由东向西、由南向北拓展。""在东部地区逐步打造更具国际竞争力的城市群，在中西部

城市化率

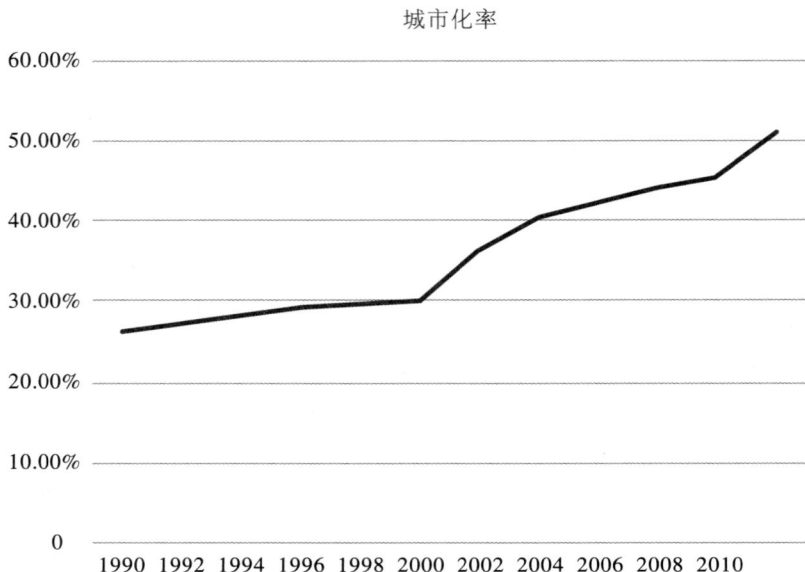

图5-1 中国1999—2010年的城市化率

资料来源：历年《中国统计年鉴》。

有条件的地区培育壮大若干城市群。科学规划城市群内各城市功能定位和产业布局，缓解特大城市中心城区压力，强化中小城市产业功能，增强小城镇公共服务和居住功能，推进大中小城市基础设施一体化建设和网络化发展。积极挖掘现有中小城市发展潜力，优先发展小城镇，把有条件的东部地区中心镇、中西部地区县城和重要边境口岸逐步发展成为中小城市。"统筹地上地下市政公用设施建设，全面提升交通、通信、供电、供热、供气、供排水、污水垃圾处理等基础设施水平，增强消防等防灾能力。扩大城市绿化面积和公共活动空间，加快面向大众的城镇公共文化、体育设施建设。推进'城中村'和城乡接合部改造。加强建筑市场监管，规范建筑市场秩序。"上述相关战略的实现无不需要大量资金的落实。

按资金来源分，目前城镇投资资金最大来源是自筹资金，其次是国内贷款，国家预算内资金仅占到所有资金来源的5%（见表5-1）。因此，以目前的国家预算内资金水平，还难以满足城镇投资的需要。而按资金隶属关系分，可以看到约90%的投资是地方项目（见表5-2），由地方政府解决资金来源。

表5-1 　　　　　　　　　　我国城镇化投资资金来源　　　　　　　　单位：亿元

年份	国家预算	国内贷款	利用外资	自筹资金	其他资金
1995	569.0	3 511.9	2 114.1	7 940.8	2 013.7
1996	576.4	3 903.2	2 475.6	7 748.2	3 308.9
1997	631.7	4 136.7	2 424.7	8 722.3	3 597.7
1998	1 108.7	4 918.0	2 377.9	9 885.5	4 512.1
1999	1 613.8	5 249.8	1 831.2	10 042.9	4 893.1
2000	1 795.0	6 245.8	1 526.2	11 227.5	5 620.0
2001	2 261.7	6 672.5	1 570.5	13 708.5	6 561.4
2002	2 750.8	8 167.5	1 825.8	16 567.7	7 723.9
2003	2 360.1	11 223.9	2 211.7	23 617.4	9 448.2
2004	2 855.6	12 842.9	2 706.6	32 196.1	12 514.5
2005	3 637.9	15 363.9	3 386.4	44 154.5	14 369.7
2006	4 438.7	18 814.8	3 811.0	56 547.5	18 147.0
2007	5 464.1	22 136.1	4 549.0	74 520.9	24 073.3
2008	7 377.0	25 466.0	4 695.8	97 846.5	23 194.4
2009	11 439.6	37 634.1	3 983.5	127 557.7	38 117.7
2010	13 104.7	45 104.7	4 339.6	165 752.0	44 823.6
2011	14 843.3	46 034.8	5 062.0	220 860.2	50 094.8
2012	18 958.7	51 292.4	4 468.8	268 560.2	56 555.0
2013	22 305.3	59 056.3	4 319.4	324 431.5	70 953.3
2014	26 745.4	64 512.2	4 052.9	369 964.7	67 449.6
2015	30 924.3	60 756.6	2 854.4	405 008.7	74 244.9
2016	36 211.7	66 767.1	2 270.3	404 766.8	96 952.7

数据来源：国家统计局。

表5-2　　　　　　　按隶属关系分城市化建设固定投资资金来源　　　　　单位：亿元

年份	中央项目	地方项目	年份	中央项目	地方项目
1995	4 274.5	11 369.2	2006	10 856.5	82 512.2
1996	4 887.7	12 679.5	2007	13 165.3	104 299.2
1997	5 521.6	13 672.7	2008	17 172.5	131 565.8
1998	6 212.6	16 369.7	2009	20 679.4	173 223.0
1999	5 894.6	17 837.3	2010	22 790.6	218 640.2
2000	6 275.6	19 946.2	2011	21 797.2	280 598.8
2001	6 586.6	23 414.6	2012	23 763.8	341 090.4
2002	6 526.7	28 962.0	2013	24 658.1	411 089.4
2003	6 113.6	39 698.1	2014	26 448.6	474 816.2
2004	7 524.6	51 503.6	2015	25 942.3	525 647.8
2005	9 110.979	65 984.12	2016	26 727.9	569 772.9

数据来源：国家统计局。

因而，过去一段时间，为形成经济发展的基础条件而投入大量的资金，产生对资金的极大需求，未来随着城市化、工业化进程的继续推进，仍会在形成公共资产的同时引致资金饥渴。

（二）保障和改善民生需要投入大量资金

政府受民众委托，从居民、企业征收大量的财政收入，民众让渡此部分权利是期望政府能够提供更好的产品和服务，而提高居民生活水平和生活质量则是政府职责的应有之义。按照公共财政的要求，让每一位公民都能分享到经济社会发展的成果，保障和改善民生是其中极为重要的支出部分。与居民生活密切相关的医疗、教育、养老、住房等公益性项目都有赖于政府提供相应的保障服务。推行医疗合作解决居民"看病难、看病贵"的问题、推行义务教育免费制度、在全国广大农村地区推行新型农村社会养老保险以保障老年人的养老问题、保障房的建设（"十二五"规划要建的3 600万套保障房至少要4.8万亿元建筑安装资金，还不算前期开发、拆迁、市政交通配套等成本）等都成为全国各地方政府的硬性政治任务。

（三）其他合理支出

在中国现行的政治体制下，政府拥有公共资源除了用于经济建设、改善民生之外，还承担了公共风险最终化解者和最终支付人的角色。系统性公共风险如经济体外界突发自然灾害、突发公共卫生事件等，一旦发生将对社会的运行造成严重的损害，甚至影响社会稳定。稳定、改革与发展之间存在紧密的关系，动荡的环境下开展改革势必引起社会更大的动荡，发展则产生波动，经济将出现倒退。一般情况下，私人部门并不具备化解公共风险的能力，由于化解公共风险的收益将由全社会共同获得，但是成本由个人承担，因而在一个完善的市场竞争机制下，私人部门难以提供该类服务。事实上，政府出于道义、政治因素考虑，不得不承担最后"兜底"的责任。

经济的运行总是出现阶段性和周期性的特征，当经济处于低谷时政府为应对经济危机而实行积极的财政政策，当经济过热出现通货膨胀时给予社会底层民众一定的补贴补助，这些都形成政府财政支出，需要有相应的资金来源来补偿。

改革开放以来，无论是国企改制、金融改革、住房改革、财政改革，都涉及各方利益的调整和重新分配，而利益受损集团总是处于不断的抗争之中，游说改革推行部门并以实际行动弱化政策的执行。在此种情形下，为减轻改革的阻力，必须采用赎买权利的方式以让渡部分改革的增量收益去弥补对于受损者所承受的损失，因为新的改革成果往往能够促进经济和社会的进一步发展，改革带来的增量收益将大于由此带来的损失，因而当补偿给特定群体以推动改革深入进行的时候，实际上社会主要群体都实现了帕累托改进，在不减少任何人利益的情况下，其他人的利益有所增加。而为实现改革的计划，给予受损者的合理补偿则成为改革应付的成本，这部分也由政府代表社会公众统一支付，诸如国企改制工人失去工作岗位，为买断工龄而支付的一次性费用，这部分费用的支出也是极为必要的。

总而言之，地方政府在经济发展的过程中，由于城市化、工业化进程的加速对于基础设施提出数量和质量上的需求，由于政府为履行保障与改善民生的承诺而产生的大幅支出，由于政府为化解公共风险或推进改革而付出的成本等，这些都形成财政支出，产生对资金的大量需求。当财政收入无法提供此类需求时，必然要求金融部门给予支持，通过信贷的方式满足当期投入的合理需要。但是，出于代际公平考虑以及对地方政府的约束，举债收入必须用于资本性支出，而不能用于经常性支出和竞争性项目，这是地方政府举债的黄金法则和效率法则。

代际公平实际上确立的是"谁受益，谁负担"的理念，体现的是不同时期的成本收益配比原则，当期财政收入用于当期经常性支出，当期借债收入用于建设周期和收益周期相对较长的资本性支出。无论是用当期的财政收入支付未来受益的资本品，还是用当期的借债收入支付当期的经常性支出，都形成代际不公。另外，如果地方政府可以随意举债以满足当期的经常性支出，则极有可能提高政府行政的成本，甚至造成腐败，也不利于服务型政府和公共财政的形成。

公益性支出和竞争性支出划分则是为了合理地规范政府行为与市场行为的边界，行政手段总是掩盖和忽视市场价格信号形成和传递，因为行政手段下交易的另一方并不能完全按照内心的真实想法表示其需求和供给意愿，这种情形下政府替代市场容易产生效率损失，也不利于中国市场经济的进一步发展和完全确立。如前所述，资源配置效率最高的情形一定基于市场各交易主体的自愿行为，通过供给方和资金需求方的竞争、供给方之间的竞争、需求者之间的竞争自发调整决策和行为。当自发的交易行为无法实现资源的最优配置时，政府才有必要介入，而具备这两类不同特征的产品恰好是公益性产品、竞争性产品。政府所要做的是创造良好的发展环境，而不是直接干预经济。政府无法掌握不确定条件下如此之多个体的供给需求情况，也不能知道对于每个个体或者主体而言最有利、最满意的情况，个体的福利只有自己去谋取，才能强化个体的权责利对等的意识，也才能实现个体的成就感，这种成本与收益的匹配，也是社会的运行法则。如果社会运行中普遍存在只有成本而没有收益的情形，将没有人提供产品；只有收益而没有成本，交换则成为不必要的行为。这就是政府在合理支出所形成的对资金合理需求上的两个约束条件。

二、财政保障能力的弱化

地方政府财政收入主要来源于三个方面：地方税收收入、中央财政转移收入和土地出让收入，从财政预算科目上大致分别对应为地方公共财政预算收入、中央税收返还和转移支付、地方政府基金收入。近年来受国内经济增速下滑的影响，地方政府税收和土地出让收入减少，地方政府财政能力被削弱。

（一）经济增速放缓和税制改革

1.经济增速放缓

1978—2013年，我国经济增速平均为9.9%，尤其是1991—2013年，经济增速平均为10.2%。但是，目前我国经济增长速度发生了显著的变化，2014年我国经济增速为7.3%，2015年经济增速为6.9%。很多学者认为，当前的经济增速放缓将是未来很长一段时间的常态。根据陈彦斌（2012）采取的预测方法，对资本、劳动力、人力资本和全要素生产率（TFP）历史运动轨迹的主要决定因素进行分析，预测中国当前经济增速放缓具有长期化趋势，未来经济增速将大幅下降。经济增速放缓有助于缓解高增长带来的环境压力，但是，也要正视其带来的地方政府融资困境。

（1）经济增速明显放缓的趋势将削弱社会稳定性

长期以来，经济的高速增长成为缓解各类社会矛盾与维护社会稳定的主要方式，我国经济与社会已经适应并依赖高速经济增长。经济增速明显放缓的趋势将严重削弱社会的稳定性：一方面，就业问题高度依赖经济高速增长。从经济增长的就业弹性看，1979—1989年为0.34，1990—2000年为0.1，2000—2010年为0.05，呈明显下降态势。究其原因，经济增长模式、产业结构、劳动力结构以及劳动力市场效率等因素是决定就业弹性走势的主要原因，且中短期内这些因素都难以发生根本性改变。因此，就业弹性在未来也将基本保持在低水平上。另一方面，居民生活尤其是低收入居民生活水平依赖高速经济增长。当经济保持低速增长状态时，中低收入群体尤其是社会弱势群体的福利水平和对社会的满意度会下降。中短期内我国的财政压力、产业结构的资本密集化和国有企业的强势市场地位等深层次因素难以有实质性改变，这就意味着难以改变居民在未来收入分配格局中的弱势地位，甚至还有可能进一步恶化。

（2）经济增速的趋势性放缓带来较大社会风险

在未来经济增速处于较低水平的基础上，实际经济增速的进一步下滑可能导致短期经济增速过低的阵痛，这使得我国必须通过宏观调控政策迅速刺激经济恢复。但经济衰退和通胀有可能在宏观调控政策下并存，这将削弱宏观调控政策治理短期经济衰退的能力，意味着经济增速的趋势性放缓将带来较大的社会风险。首先，在未来经济可能长期呈现增长放缓和通胀压力的情况下，劳动力成本、资源环境成本、农产品价格以及国际大宗商品价格可能趋于上涨，依赖过去有效抑制通胀发生的因素、货币深化和房地产市场高速发展的政策措施可能无法奏效，所以，经济放缓和通胀压力高企并存将是未来长期存在的现象。其次，通胀将导致我国居民家庭的财产大量缩水，社会福利大幅降低，而未来我国通胀将可能长期存在，必然会导致中低收入家庭和农村居民的食品支出占比相对较高。由于富人的资产持有结构更为多元化且实际资产占比相对更高，所以，通胀将更严重地侵蚀中低收入家庭的财产，进一步拉大贫富差距。最后，宏观调控政策对短期经济衰退能力的影响将会被削弱。在兼顾"保增长"和"控通胀"两大政策目标时，总需求管理是治理短期经济衰退的主要手段，但这种手段既可能对"保增长"有所裨益，又可能进一步加大居于高位的通胀压力；反之则相反。因此，寻找平衡治理短期经济衰退的能力将会面临被严重削弱的局面。

（3）经济增速放缓将造成物质资本和人力资本的双重流失

人力资本流失的主要原因是我国与发达国家在教育水平、法制环境、医疗体系、环境质量以及食品安全等方面存在显著差距，经济的发展活力是留住和吸引精英群体的关键。当前，我国经济发展活力仍然强于发达国家，但据估计，我国有16%的高净值人士将会移民，原因是为了海外投资和业务发展便利。如果未来我国经济增速显著放缓，同时发达国家逐渐走出金融危机阴霾，我国与发达国家之间经济增速差距将逐渐缩小，其结果将会削弱我国经济对于精英群体的吸引力，加剧精英群体的流失，最终导致物质资本和人力资本的双重流失，将对国家的发展前途造成严重的不利影响。

2. 税制改革

自 2012 年开始，国务院批准上海在交通运输业和现代服务业实行"营改增"试点，上海即成为全国首个"营改增"试点地区。截至 2013 年 2 月底，全国"营改增"试点企业达到 12 万户。据楼继伟预测，全国推开"营改增"后每年预计减税 3 000 亿元。这种"上下互动"型改革，有学者认为，短期内会对地方财政造成巨大压力。

（1）"营改增"对地方收入的影响

2016 年 5 月，在全国范围内推行"营改增"政策，这是继 1994 年的分税制改革以来的第二次大规模税制改革。许多学者最初普遍认为这项改革可以降低相关企业税负，弥补增值税抵扣链条缺失，促进产业升级。但是，在现有财政税收管理体制下，很多地区仍不愿意在上海试点之前成为试点地区。究其原因，长期以来，地方税种一直以营业税作为重要的税收收入来源（见表 5-3）。由于营业税和增值税分别由地方税务局和国家税务局负责征收和管理，在实行"营改增"后，本来就捉襟见肘的地方财政收入很可能变得更加困难。

表 5-3　　2005—2014 年全国地方税分税种所占比重情况（%）

年份	2014	2013	2012	2011	2010	2009	2008	2007	2006	2005
国内增值税	16.49	15.36	14.24	14.57	15.89	17.45	19.35	20.09	20.99	20.78
营业税	29.95	31.83	32.85	32.85	33.65	33.82	31.80	33.14	32.62	32.24
企业所得税	14.93	14.81	16.00	16.41	15.44	14.98	17.21	16.27	17.61	16.81
个人所得税	4.99	4.85	4.92	5.89	5.92	6.05	6.40	6.62	6.45	6.58
资源税	1.76	1.78	1.81	1.45	1.28	1.29	1.30	1.36	1.36	1.12
城市维护建设税	5.85	6.02	6.20	6.35	5.31	5.43	5.75	5.97	6.13	6.22
房产税	3.13	2.93	2.90	2.68	2.73	3.07	2.93	2.99	3.38	3.43
印花税	1.51	1.46	1.46	1.50	1.57	1.54	1.55	1.64	1.33	1.27

年份	2014	2013	2012	2011	2010	2009	2008	2007	2006	2005
城镇土地使用税	3.37	3.19	3.26	2.97	3.07	3.52	3.51	2.00	1.16	1.08
土地增值税	6.62	6.11	5.75	5.02	3.91	2.75	2.31	2.09	1.52	1.10
车船税	0.91	0.88	0.83	0.73	0.74	0.71	0.62	0.35	0.33	0.31
耕地占用税	3.48	3.36	3.43	2.62	2.72	2.42	1.35	0.96	1.12	1.11
契税	6.76	7.13	6.07	6.73	7.54	6.63	5.62	6.27	5.70	5.78
烟叶税	0.24	0.28	0.28	0.22	0.24	0.31	0.29	0.25	0.00	0.00

数据来源：国家统计局。

如图 5-2 所示，增值税和营业税 2015 年第一季度历史数据显示，两税收入占全年比重的平均值约为 25%，按照这一比重和 2015 年第一季度两税收入，预计 2016 年两税合计实现收入 5.5 万亿元。其中，约 3 万亿元营业税原归属地方财政。2014 年两税收入为 4.8 万亿元，按照《全面推行营改增试点后调整中央与地方增值税收入划分过渡方案》，明确"以 2014 年为基数核定中央返还和地方上缴基数"，那么，地方基数应该是 2.4 万亿元，按照营改增后新的中央和地方分成比例计算，2016 年 5.5 万亿元的两税归属地方的收入约为 2.7 万亿元，占比 50%。

（2）"营改增"后地方税收失去主体税种

营业税、企业所得税和个人所得税是我国地税收入的三大主体税种，也是地税收入增长的主力。2014 年，全国三大税种入库共计 2 9492.01 亿元，占全部地税收入的 49.87%，其中营业税 17 712.79 亿元，同比增长 3.15%；企业所得税 8 828.64 亿元，同比增长 10.59%；个人所得税 2 950.58 亿元，同比增长 12.94%。三大主体税种收入合计增收 1 741.55 亿元，占地方税收增收总额的 33.18%。"营改增"全面展开后，地方税收收入中营业税将消失，企业所得税则因新增企业在"营改增"后改由国税征管进而失去新的增长空间，企业所得税与个人所得税由于丧失发票管理权限而未能作为地方税收收入来源，这种结果势必造成地方税收三大主体税种全面削弱。更为重要的是，"营改增"后，原有营

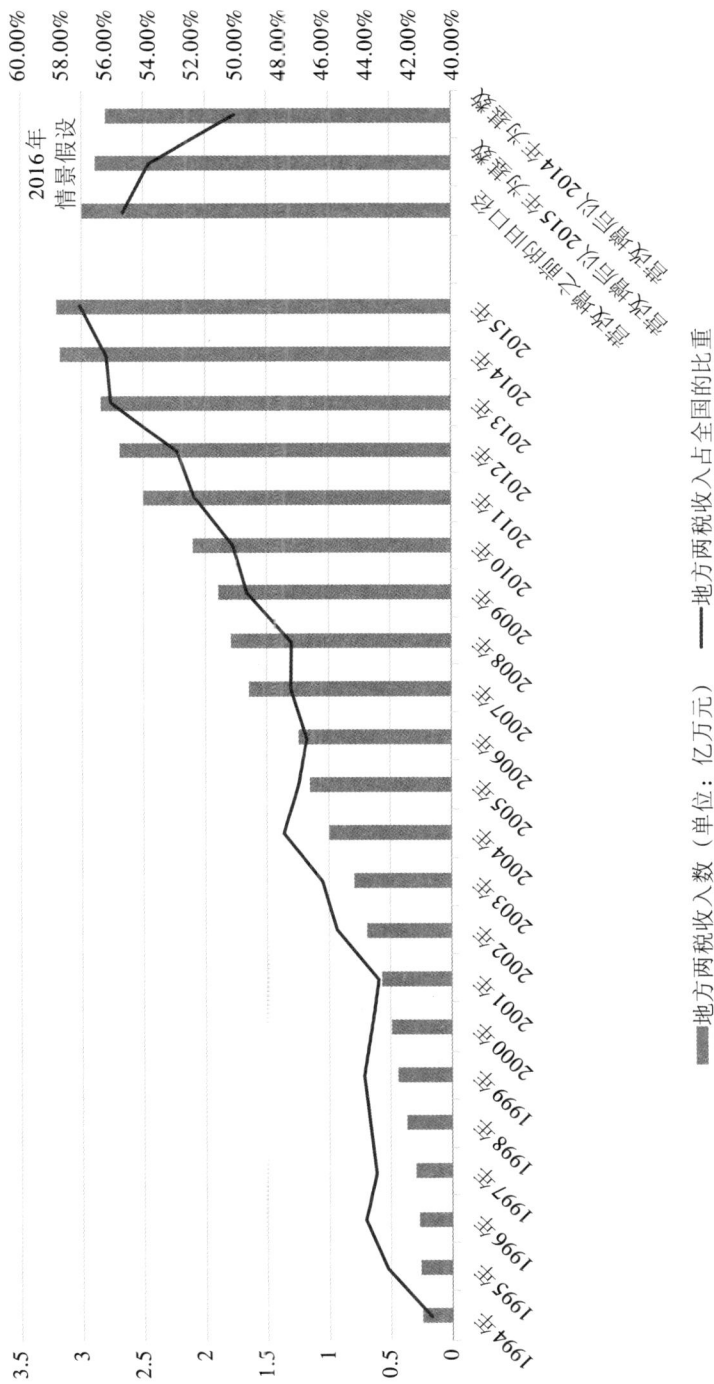

图 5-2　地方两税收入与地方两税收入的比重

地方两税收入数（单位：亿万元）　——地方两税收入占全国税收收入的比重

——地方两税收入占全国的比重

业税纳税人需由地税移交给国税管理，受制于征管信息难以对接以及各自权利、权限博弈的影响，增加了税收征收管理难度。

（3）"营改增"影响不同地区之间的税收缺口

由于我国区域经济发展不平衡，中部、东部和西部经济结构差异明显，各地对营业税的依赖程度有较大差别，这些都将影响"营改增"全面展开后的地方税收缺口大小。以个别地区为例：山西省、四川省等省份主要依靠煤炭资源和电力行业，第二产业占据主导地位，其增值税收入超过了营业税收入；东部沿海地区则以金融业、物流业等现代服务业为主，第二、第三产业如果平分秋色的话，营业税收入大大超过了增值税收入。因此，"营改增"后，以第三产业为主的地区受到影响较小，而那些以煤炭资源和电力行业为主的地区受到的影响较大。

（二）土地出让收入下滑

2015年，我国加快推进供给侧结构性改革，固定资产投资特别是房地产投资增速大幅回落进而带来土地需求不足，全国土地出让收入大幅下滑。2015年，全国缴入国库的土地出让收入为33 657.73亿元，同2014年相比下降了21.6%。其中，招拍挂和协议出让价款29 820.20亿元，下降了22.4%；补缴的土地价款1 455.18亿元，下降23%；划拨土地收入1 103.57亿元，增长17.8%；出租土地等其他收入1 278.78亿元，下降24.4%。从土地出让收益中计提的教育资金、农田水利建设资金分别为436.69亿元和423.51亿元，同比下降33.4%和35.6%。通过对2015年前三季度的土地出让收入进行分析，发现前三季度土地出让收入分别下降34.6%、37.9%、26%，第四季度止跌回升增长9.5%。第四季度增长的主要原因是积极财政政策与稳健的货币政策兼收并蓄，同时，中央和地方政府陆续出台稳定房地产市场的政策。

1.土地出让收入与地方政府融资约束

根据吉瑞（2015）对我国地方政府2002—2010年的279个样本的动态数据分析，地方政府的投资与土地出让收入呈显著正相关关系。这种相关性说明了地方政府投资在一定程度上受到融资约束，即地方政府的资金来源渠道比较有限，地方政府投资过度依赖于土地出让收入。同时，地方政府的"财权""事权"不匹配导致财政缺口，加大了融资约束，财政缺口较大的省份其投资和土地出让收入之间的敏感性更强。由此，地方政府的投资行为导致了严重的债务问题，融资约束是其过度依赖于土地财政的根本原因。

2.土地出让收入继续减少

经济增速放缓导致我国土地市场需求不足，2015年全国国有建设用地面积实际为53.36万平方米，同比下降12.5%，加之供给侧结构性改革，我国在国有建设用地上采取差别化供地政策，房地产用地、工矿仓储用地和基础设施用地价格不一，其中房地产用地和工矿仓储用地价格较高，基础设施用地价格较低，所以，用地类型结构改变是影响土地出让收入的重要因素。需要引起注意的是，我国房地产库存压力较大，房地产企业在购置土地方面更加谨慎。2015年，全国土地出让面积22.14万平方米，同比下降18.6%。此外，地价增幅逐步放缓。上述种种情况表明，在经济进入新常态情况下，我国土地出让收入将会继续出现放缓态势，进而影响到地方政府投资，其结果将产生地方政府融资缺口。

三、银行信贷：金融体制

当地方政府财政资金来源并不能弥补支出时，信贷资源的扩张则成为满足支出需求、履行职责的渠道。随着我国经济的发展，资本市场发展了起来，信贷市场、债券市场、股票市场都纷纷建立，还设立了相应的专门监督机构并制定了法律法规。

在证券市场上，上交所和深交所管理着数千家上市公司，监督其定期披露财务与非财务重大信息、遵守财经纪律，强化对投资者的责任，维护市场信心。就出台的法律、法规、规章和规范性文件而言，有《银行法》《证券法》《公司法》《上市公司发行可转换债券实施办法》《国债托管暂行管理办法》等。

资本市场运用市场机制集中全社会的资源发展壮大企业，将未来的投资价值折现融资扩大和充实资产规模和实收资本，迅速地获得市场扩张。因而，连续的经济高速增长与资本市场的资金支持密不可分。

对于地方政府而言，其融资渠道除了在债券市场由财政部代理发行地方债券外，最为密切也最为现实的就是进入银行等金融机构所提供的信贷市场。本书主要侧重于分析银行对我国地方政府性债务的影响，并非对我国金融体系做全方位的分析。从银行作为资金来源的角度看，地方政府性债务形成则与银行的国有产权地位所带来的一系列治理问题、我国高储蓄率导致银行自身的放贷压力有关。

（一）银行的国有产权地位

在我国，银行经过了不良资产剥离以及股份制改造以后，形式上建立起了股东大会、董事会、监事会、经理层的治理结构，引进了现代公司制度，试图以现代化的公司治理和内部控制制度提高银行的经营效率。但是，由于我国大部分银行属于国有商业银行，无论其以何种形式和内部管理制度在市场经济环境下展开竞争，终极所有人仍是以组织形式存在的国家，政府作为代表，代表的是公共部门利益，在终极所有人并未明确到私有自然人个体时，从事竞争性领域，必然带来治理无效或者低效。国有产权只能存在于自然垄断行业或者外部性与国家范围相当的领域。若将银行业视为竞争性行业，要保持其效率则终极所有人一定是自然人个体，竞争要市场化，否则容易进入政府替代市场的循环，依旧呈现国有企业的原有弊病，造成资源配置的错位。

具体而言，我国银行的市场经济主体地位并不独立。这是由政府作为终极所有人决定的，其经营依存于政府的宏观经济决策，成为贯彻政策的工具，并不存在经营利润和破产风险的压力，市场"优胜劣汰"的机制对其失去约束力。银行的主要经营领导皆是政府任命，而忽视其能力大小。我国银行的主要利润基本上来源于存贷的利差及各项收费，这种利差并非由市场的自由供求决定，而由上级政府决定，被国家控制，各项收费标准一直处于未公开的状态，直到迫于公众压力才粗略地"公开"一下。起源于垄断性的经营地位必将导致诸多不合理的收费和霸王条款，市场需求者的信息难以被银行信贷市场吸收，对价格的变动也很难产生影响，因而难以分辨出盈亏是源于经营性还是政策性、垄断性，导致业绩缺乏评价基础，银行经营缺乏硬性的约束。

反映到地方政府债务上来，一方面，银行在评估政府的信用、还款能力等因素时，并不如私营企业那样关注风险收益状况，即使存在过高的风险，也无须担负破产倒闭的责任，对于银行负责人也缺乏问责机制。需要强调的是，银行在评估风险和决定贷款时，更多考虑的是地方政府的政治性质而非市场因素，即考虑单一制体制下地方政府作为中央政府执行机构而不能破产的特性，考虑地方政府拥有的公共资源，其中很大部分则是土地资源，在房地产价格持续上涨的背景下地方政府数万亿元的土地出让收入则成为"保险"的抵押品。对于国有银行而言，退到最后一步，即使所有贷款全部坏账，从终极所有人的角度看，仅仅是"将左口袋的钱转移到右口袋"，从政府整体来看不存在债权债务关系，不存在对外的坏账。因而可以看到，我国银行更倾向于具有政府背景的主体贷款，比如地方融资平台、国有企业等，民营企业和个人初创企业则处于资金紧绷的状态，这种信贷的供给制度极其不利于社会的创新、资源配置效率的提高。另一方面，由于我国银行的市场经济主体地位并不独立，地方政府容易干预银行的运营，而银行作为所在地企业，依赖于政府的支持，面临上级政策和同级政府的双重制约，在信息不对称情况下，银行常常成为地方政府融资的来源。

（二）高储蓄率和过剩流动性的现实状况

银行除了自身存在的公司治理问题外，我国长期保持的高储蓄率也给其带来放贷压力。居民缺乏投资渠道，不敢消费、不愿消费、不能消费，社保体系不发达形成的高储蓄率不仅成为国有银行的资金来源，而且还成为其大量利润的来源。连续多年的经济高增长，对外贸易总额及顺差不断扩大，外汇占款不断增加，2014年国家外汇储备最高时达到38 430亿美元。经济高速增长的背后却是宽松的货币政策，全国人大财经委副主任委员吴晓灵曾直言："过去30年，我们是以超量的货币供给推动了经济的快速发展。"而数字也表明，2014年，中国的GDP是1978年的174倍，2014年的广义货币供应量达122.83万亿元，是1978年859.45亿元的1 429倍。居民高储蓄、增加的外汇占款、央行宽松的货币政策使社会充斥着流动性，这为地方政府提供了除财政收入外的巨大的资金来源，与此对应的则是债务的攀升。

四、2008年后政府宏观经济政策的推动

通过剖析我国2011年债务审计报告发现，2008年全球金融危机后

我国的地方政府性债务规模增长较快，2009年债务余额比上年增长了61.9%，而其他年份债务规模增长一般不超过30%。实践表明，每次外部经济的危机与衰退之后几乎都会伴随着我国宏观经济政策的扩张。2008年，为了应对全球性经济危机，我国宏观经济政策又发生了根本性逆转。2007年年底，中国经济工作会议定调是"稳健的财政政策，适度从紧的货币政策"，而到2008年7月，宏观经济政策就改成了"积极的财政政策，适度宽松的货币政策"。前者以4万亿元的投资计划为主要手段，后者则以实际货币投放量的激增为方式。这两种政策的叠加成功地抑制了经济的下滑，保障了就业和社会稳定，但也不可避免地带来了地方政府债务规模的扩张。

（一）积极的财政政策：4万亿元投资计划

2008年9月，国际金融危机全面爆发后，中国经济增速快速回落，出口出现负增长，大批农民工返乡，经济面临硬着陆的风险。为了应对这种危局，2008年11月5日，国务院总理温家宝主持召开国务院常务会议，研究部署进一步扩大内需、促进经济平稳较快增长的措施。会议认为，世界金融危机日趋严峻，为抵御国际经济环境对我国的不利影响，必须采取积极的财政政策和适度宽松的货币政策，出台更加有力的扩大国内需求的措施，加快民生工程、基础设施、生态环境建设和灾后重建，提高城乡居民特别是低收入群体的收入水平，促进经济平稳较快增长。

该次会议确定了进一步扩大内需、促进经济增长的十项措施和几个原则。十项具体措施分别是针对与居民生活密切相关的民生领域和社会保障领域，诸如保障性安居工程，农村基础设施建设，铁路、公路和机场等重大基础设施建设，医疗卫生，文化教育，生态环境建设，灾后重建等，并提出扩大投资要按照"出手要快，出拳要重，措施要准，工作要实"的原则，初步计算落实措施需4万亿元资金。4万亿元资金来源于中央政府投资及其带动的地方政府投资、社会投资和其他来源投资，具体资金和流向在2009年3月两会政府工作报告中得到说明："大规模增加政府投资，实施总额为4万亿元的两年投资计划，其中中央政府拟新增1.18万亿元，地方政府配套实施2.82亿元。"中央政府投资的进展情况是2008年第四季度已完成投资1 040亿元，2009年计划投入4 875亿元，2010年计划投入5 885亿元。资金流向和具体数据见表5-4。

表5-4　　　　　　　　　　**4万亿元投资计划的资金流向**

重点投向	资金测算	比重
廉租住房、棚户区改造等保障性住房	约4 000亿元	10%
农村水电路气房等民生工程和基础设施	约3 700亿元	9.25%
铁路、公路、机场、水利等重大基础设施建设和城市电网改造	约15 000亿元	37.50%
医疗卫生、教育、文化等社会事业发展	约1 500亿元	3.75%
节能减排和生态工程	约2 100亿元	5.25%
自主创新和结构调整	约3 700亿元	9.25%
灾后恢复重建	约10 000亿元	25%

资料来源：国家发改委。

中央政府希望发挥投资的乘数效应带动相关产业的发展，从我国分行业的增长看，第二产业中的建筑业始终居于第一、第二、第三产业中的最高增速领域，名义增长率在2008年、2009年、2010年分别达到22.53%、19.5%、19.27%，远远超过GDP名义和实际增速，而且它的波及效应也最大，能带动至少62个行业的经济增长。

4万亿元投资计划是继1998年我国为应对亚洲金融危机实施积极的财政政策之后，再次转向实施扩张性的财政政策，也是1998年以来中国再一次实行大规模的积极刺激计划，虽然可以刺激需求，但为地方政府加大投资需求更是提供了合理、合法的理由，在积极的财政政策大背景下，地方政府一直潜伏的超常规发展动机显性化，并急剧膨胀，机会主义行为趁此加剧。

（二）宽松的货币政策：价格和数量手段并用

2008年12月8日，国务院办公厅发布《关于当前金融促进经济发展的若干意见》（国办发〔2008〕126号），在意见中有这样两条：一是落实适度宽松的货币政策，促进货币信贷稳定增长，具体措施包括保持银行体系流动性充足，促进货币信贷稳定增长。根据经济社会发展需要，创造适度宽松的货币信贷环境，以高于GDP增长与物价上涨之和约3～4个百分点的增长幅度作为2009年货币供应总量目标，争取全年广义货币供应量增长17%左右。追加政策性银行2008年度贷款规模1 000亿元，鼓励商业银行发放中央投资项目配套贷款，力争2008年金融机构人民币贷款增加4万亿元以上。二是加强和改进信贷服务，满足合理资金需求。具体措施包括加强货币政策、信贷政策与产业政策的协调配合，加大对民生工程、"三农"、重大工程建设、灾后重建、节能减排、科技创新、技术改造和兼并重组、区域协调发展的信贷支持。

在国际金融危机面前，中央提出适度宽松的货币政策，这也是中国10多年来货币政策中首次使用"宽松"的说法。在本次积极的货币政策中价格和数量手段并用，包括央行连续三次降息、四次下调存款准备金率（存款准备金率历次调整情况见表5-5）、调整央票发行以及取消对商业银行信贷规模硬约束。这种频率则是改革开放以来的第一次，从需求角度看，降息有利于减少投资成本，刺激投资需求，有利于降低储蓄意愿，扩大消费需求，从而有助于扩大需求；从供给角度看，降息有利于减轻企业的财务负担，防止其利润的进一步减少。

2008年10月9日，财政部、国家税务总局下发通知，明确了对停征利息税前储蓄存款孳生的利息所得征收个人所得税的办法。自1999年11月1日起对储蓄存款利息所得恢复征收个人所得税，税率为20%。2007年8月15日起，政府将储蓄存款利息所得个人所得税的适用税率由20%调减为5%。由此可见，实际执行的是极度宽松的货币政策，商业银行信贷规模在存在上级硬性规定的情况下被重重突破，而一旦取消信贷规模限制，则市场上充斥的将是过剩的流动性。就像是"兴奋剂"一样，一旦世界经济增速明显放缓甚至全面进入危机，对中国经济的负面影响将会不断显现。我国的GDP增速在2008年第一季度为10.6%，上半年为10.4%，前三季度为9.9%，呈现回落趋势。降息，有利于应对金融危机对我国经济的影响，释放了保经济增长和稳定市场预期的信号。与此同时，经济运行却充满超发货币导致通货膨胀的风险。

表 5-5   **存款准备金率历次调整一览表**

次数	时间	调整前	调整后	调整幅度 （单位：百分点）
53	2015 年 10 月 24 日	下调金融机构人民币存款准备金率 0.5 个百分点，为加大金融支持"三农"和小微企业的正向激励，对符合标准的金融机构额外降低存款准备金率 0.5 个百分点		
52	2015 年 9 月 6 日	下调金融机构人民币存款准备金率 0.5 个百分点，额外降低县或农村商业银行、农村合作银行、农村信用社和村镇银行等农村金融机构准备金率 0.5 个百分点。额外下调金融租赁公司和汽车金融公司准备金率 3 个百分点		
51	2015 年 6 月 28 日	对"三农"贷款占比达到定向降准标准的城市商业银行、非县域农村商业银行降低存款准备金率 0.5 个百分点，对"三农"或小微企业贷款达到定向降准标准的国有大型商业银行、股份制商业银行、外资银行降低存款准备金率 0.5 个百分点，降低财务公司存款准备金率 3 个百分点		
50	2015 年 4 月 20 日	（大型金融机构）	18.50%	−1
		（中小金融机构）	15.00%	−1
49	2015 年 2 月 5 日	（大型金融机构）	19.50%	−0.5
		（中小金融机构）	16.00%	−0.5
48	2014 年 6 月 16 日	对符合审慎经营要求且"三农"和小微企业贷款达到一定比例的商业银行下调人民币存款准备金率 0.5 个百分点		
47	2014 年 4 月 25 日	下调县域农村商业银行人民币存款准备金率 2 个百分点，下调县域农村合作银行人民币存款准备金率 0.5 个百分点		
46	2012 年 7 月 18 日	（大型金融机构） 20.50%	20.00%	−0.5
		（中小金融机构） 17.00%	16.50%	−0.5

续表

次数	时间	调整前	调整后	调整幅度 （单位：百分点）
45	2012年5月18日	（大型金融机构） 20.50%	20.00%	-0.5
		（中小金融机构） 17.00%	16.50%	-0.5
44	2012年2月24日	（大型金融机构） 21.00%	20.50%	-0.5
		（中小金融机构） 17.50%	17.00%	-0.5
43	2011年12月5日	（大型金融机构） 21.50%	21.00%	-0.5
		（中小金融机构） 18.00%	17.50%	-0.5
42	2011年6月20日	（大型金融机构） 21.00%	21.50%	0.5
		（中小金融机构） 17.50%	18.00%	0.5
41	2011年5月18日	（大型金融机构） 20.50%	21.00%	0.5
		（中小金融机构） 17.00%	17.50%	0.5
40	2011年4月21日	（大型金融机构） 20.00%	20.50%	0.5
		（中小金融机构） 16.50%	17.00%	0.5

续表

次数	时间	调整前	调整后	调整幅度 （单位：百分点）
39	2011年3月25日	（大型金融机构） 19.50%	20.00%	0.5
		（中小金融机构） 16.00%	16.50%	0.5
38	2011年2月24日	（大型金融机构） 19.00%	19.50%	0.5
		（中小金融机构） 15.50%	16.00%	0.5
37	2011年1月20日	（大型金融机构） 18.50%	19.00%	0.5
		（中小金融机构） 15.00%	15.50%	0.5
36	2010年12月20日	（大型金融机构） 18.00%	18.50%	0.5
		（中小金融机构） 14.50%	15.00%	0.5
35	2010年11月29日	（大型金融机构） 17.50%	18.00%	0.5
		（中小金融机构） 14.00%	14.50%	0.5
34	2010年11月16日	（大型金融机构） 17.00%	17.50%	0.5
		（中小金融机构） 13.50%	14.00%	0.5

续表

次数	时间	调整前	调整后	调整幅度（单位：百分点）
33	2010年5月10日	（大型金融机构）16.50%	17.00%	0.5
		（中小金融机构）13.50%	不调整	—
32	2010年2月25日	（大型金融机构）16.00%	16.50%	0.5
		（中小金融机构）13.50%	不调整	—
31	2010年1月18日	（大型金融机构）15.50%	16.00%	0.5
		（中小金融机构）13.50%	不调整	—
30	2008年12月25日	（大型金融机构）16.00%	15.50%	-0.5
		（中小金融机构）14.00%	13.50%	-0.5
29	2008年12月5日	（大型金融机构）17.00%	16.00%	-1
		（中小金融机构）16.00%	14.00%	-2
28	2008年10月15日	（大型金融机构）17.50%	17.00%	-0.5
		（中小金融机构）16.50%	16.00%	-0.5

次数	时间	调整前	调整后	调整幅度（单位：百分点）
27	2008年9月25日	（大型金融机构）17.50%	17.50%	—
		（中小金融机构）17.50%	16.50%	−1
26	2008年6月7日	16.50%	17.50%	1
25	2008年5月20日	16%	16.50%	0.50
24	2008年4月25日	15.50%	16%	0.50
23	2008年3月18日	15%	15.50%	0.50
22	2008年1月25日	14.50%	15%	0.50
21	2007年12月25日	13.50%	14.50%	1
20	2007年11月26日	13%	13.50%	0.50
19	2007年10月25日	12.50%	13%	0.50
18	2007年9月25日	12%	12.50%	0.50
17	2007年8月15日	11.50%	12%	0.50
16	2007年6月5日	11%	11.50%	0.50
15	2007年5月15日	10.50%	11%	0.50
14	2007年4月16日	10%	10.50%	0.50
13	2007年2月25日	9.50%	10%	0.50
12	2007年1月15日	9%	9.50%	0.50
11	2006年11月15日	8.50%	9%	0.50
10	2006年8月15日	8%	8.50%	0.50
9	2006年7月5日	7.50%	8%	0.50
8	2004年4月25日	7%	7.50%	0.50
7	2003年9月21日	6%	7%	1

次数	时间	调整前	调整后	调整幅度（单位：百分点）
6	1999年11月21日	8%	6%	−2
5	1998年3月21日	13%	8%	−5
4	1988年9月	12%	13%	1
3	1987年	10%	12%	2
2	1985年	央行将法定存款准备金率统一调整为10%	—	—
1	1984年	央行按存款种类规定法定存款准备金率，企业存款20%，农村存款25%，储蓄存款40%	—	—

资料来源：佚名. 银行存款准备金率历次调整一览表［EB/OL］.［2018-10-15］. http://www.gupiao8.com/rumen/208.html.

2009年3月18日，中国人民银行、中国银行业监督管理委员会联合会发布《关于进一步加强信贷结构调整促进国民经济平稳较快发展的指导意见》（银发〔2009〕92号），具体包括以下几个方面：（1）保证符合条件的中央投资项目所需配套贷款及时落实到位。（2）进一步加大涉农信贷投放，引导更多资金投向农村。（3）多方面拓宽中小企业的融资渠道，对中小企业的金融服务要精细化。（4）扎实做好就业、助学、灾后重建等改善民生类的信贷政策支持工作。（5）鼓励发展消费信贷，做大做好消费信贷市场。（6）落实好房地产信贷政策，支持房地产市场平稳健康发展。（7）加大对产业转移的融资支持，支持过剩产业有序转移。（8）支持区域经济协调发展，推进实施区域经济发展战略。（9）促进自主创新成果产业化，推动产业结构优化升级。（10）加强信贷结构监测评估，有效防范和控制信贷风险。整个文件虽然提到对于风险的控制以及结构的调整，但是核心依然是对货币供给松绑，到2010年年底M2直接跃至725 774.05亿元，2009—2010年两年间绝对额增加

250 607.45亿元，相当于2008年年底总额的一半以上，可见适度宽松已经在实际中被过度放大。"鼓励地方政府通过增加地方财政贴息、完善信贷奖补机制、设立合规的政府投融资平台等多种方式，吸引和激励银行业金融机构加大对中央投资项目的信贷支持力度。支持有条件的地方政府组建投融资平台，发行企业债、中期票据等融资工具，扩宽中央政府投资项目的配套资金融资渠道。"这就默认了地方政府融资平台的合法性，甚至变相许可地方政府发债（有违于《预算法》的规定），从而扩大的货币供给源源不断地通过该平台流向地方政府部门。

（三）存在的问题

积极的财政政策是地方政府扩大投资的冲动掩盖在保增长的名义之下，难以区分合理的需求以及过度的需求，地方政府的行为在此种情况下受到监管以及惩罚的可能性更小，在这种预期下对支出的约束更弱；适度宽松的货币政策，无论从政策工具的使用频繁程度和力度看，实质上是极为宽松的货币政策，正好弥补了地方政府财政收支缺口，于是，地方政府过度负债在两种政策的刺激下急剧增长。审视地方政府性债务的成因，此次由于外界金融危机的冲击我国政府做出的反应无疑是地方政府性债务暴增不可忽视的重要原因。随着时间的推移，在当时看来非常合理的政策也存在种种问题。

我国提出的4万亿元投资方案，相当于2008年国内生产总值的16%以及当年财政收入的80%。反观美国，提出救市方案7 000亿美元，相当于我国计划金额的1.2倍，但其经济规模为我国的6倍多，可见我国对经济的刺激力度和决心相当之大。面对金融危机，我们显得有些"惊慌失措"，仅仅通过"初步匡算"就出台了包括4万亿元投资计划在内的许多政策，且这些经济改策注重的几乎都是短期效应而非长期的有利于经济结构调整的政策。中央拿出1.8万亿元的资金，各地方政府配套2.82万亿元的资金，但对于地方政府的监管始终未建立相关法律法规，只重视对投入的考核，而缺乏事中、事后的监督。当时，许多地方政府都派人蹲守在国家发改委、财政部周围，甚至有些地方政府放话，只要拿到投资额度、要到项目，什么条件都答应，这势必为后来的债务埋下了隐患。在宏观经济保增长的大背景下，地方政府及国企的力量具有绝对的优势，尤其是在信贷资源的获得上，出现了许多央企大量资金过剩（许多央企将资金投资于房地产，当时北京许多地块的标王就是非房地产行业的央企）而很多急需资金的中小企业却苦于无法贷到款而破产倒闭。

与此同时，国企和政府设立的融资平台投资范围过宽，渗入到竞争领域，严重挤压民营经济的发展，也不利于整个市场化进程的继续推进。在这个过程中，由于政治权利突出，"有形的手"的力量增强，在监管缺失时，建设工程中的征地开发、项目招标、工程承包环节极易出现权力寻租的现象，滋生腐败，资源被用于非生产性过程，效率降低。地方政府的大型项目匆忙上马，同样未经过严格论证，重复建设以及后期建设的资金不足导致烂尾工程现象频繁发生，在尽快出政绩的目标盲目引导下，地方政府间的"锦标赛式、跨越式的竞争"使得投资过热出现，通货膨胀的预期和风险高企。在上级政府默认下，地方政府往往将融资平台作为投融资主体，而融资平台的性质始终不明确，有企业法人、事业单位的性质，但从事的是政府行为，政企不分的现象再次出现，融资的决策主体、使用主体、偿还主体和投资失误责任主体不明晰，导致一旦出现问题无人负责，融资平台既接受地方政府主管部门的指令，也存在平台公司自主决策的因素，权责利之间难以清晰界定。除此之外，地方政府融资平台还存在着一般国企的通病，就是共有产权下的治理缺失，整个管理体系并不透明，几千家大大小小的融资平台在两年时间内产生，管理混乱，筹集的资金供哪些部门使用、怎么被使用、怎样偿还、如何偿还，一旦不能偿还还将采取何种处置措施也无从得知，为日后的地方政府性债务危机埋下了隐患。

五、政绩考核制度的缺陷

一直以来，GDP是国际上测量经济发展水平的"晴雨表"，也是各国政府竞相追逐的目标，进而成为对地方政府政绩考核的指标。在分权化、市场化背景下，中央政府控制地方政府的方式和手段不再是传统的政治运动方式以及计划经济和意识形态的控制方法，但中央政府仍继续通过对地方的人事控制维持对地方严格的政治控制。这种政治上集权和经济上分权的情形使得地方政府政绩的考核主体没有变化，我国当前对地方政府进行考核的仍然是上级政府而不是当地的居民和市场主体。晋升激励并不直接表现为当期或未来的货币收益，而是以隐性等级福利提高、政治话语权扩大、寻租能力增强等方式激励着地方官员。

将GDP作为考核下级政府政绩的主要标准，是与我国的历史国情和GDP易于衡量的性质分不开的。在改革开放以来的40多年里，解决贫困问题成为国家的重大发展战略，发展经济成为国内各事务的主线，各项政策都围绕着经济发展来制定和实施，因此，在这个阶段中央和地方政府的工作重点是在经济领域开拓进取，努力推进并逐步完善多种所有制并存的新经济制度，并在30多年里取得了人类经济发展史上少有的傲人成绩，很好地解决了十三亿中国人吃饭穿衣的基本经济需求问题，国力也随之壮大。因此，在相当长的一段时期，我国对政府官员的考核都是以GDP为主要标准甚至是唯一标准的。当GDP增长成为晋升与否的重要筹码，不遗余力地推动经济增长自然成为地方政府的核心任务。我国政府是发展型政府，发展型政府是指发展中国家在向现代化工业社会转变的过程中，以推动经济发展为主要目标，以长期担当经济发展的主体力量为主要方式，以经济增长作为政治合法性主要来源的政府模式。此外，行政性职能绩效的弱可测性也是政绩考核存在缺陷的一个重要客观原因。地方政府代理的职能有行政性和经济性双重职能，因而上级政府对下级政府的代理绩效评判标准应该是行政绩效以及经济绩效两方面综合指标的高低。但是行政绩效是受居民主观感受影响的，比较难以测量。因此，改革开放后，GDP增长成为晋升与否的重要筹码，不遗余力地推动经济增长自然成为地方官员的核心任务。GDP具有显性直观、易测量的特性，很容易成为中央考核地方官员的标准，这种指标的正面效应是促进经济的快速增长，负面效应是分配不公、经济的粗放式增长、贫富差距加大、重复建设、生态环境破坏和地方政府的恶性竞争。地方政府成为地方GDP水平的主要负责者，对地方政府的考核以GDP作为唯一指标，而政治升迁机会的有限性，造成同级地方政府之间的政治博弈，各类排名不断涌现，在政治和经济的双重压力之下，各地方政府争先恐后地招商引资，竞相投资发展见效快的产业，相似的投资环境，相似的竞争手段，相似的产业规划，相似的发展模式，产生巨大的产业溢出性和外部效应，造成地区间产能过剩和重复建设问题，在浪费了财政资金的同时，形成了地方政府间的不良财政竞争，以经济增长换取政治策略的合法性，已开始显露出山穷水尽的迹象。

GDP作为一个重要的宏观经济指标，被简单地分解，进而层层分配给各级地方政府，这也是低效甚至是无效的、虚假的GDP产生的原因，造成"官出数字、数字出官"的现象，正是"数字出官"的机制造成了地方政府一味追求GDP的绝对值，追求GDP排名，不惜一切代价玩数字游戏，以"官出数字"的途径达到"数字出官"的目的。而一个国家用于承载经济发展的资源和社会能力是有限的，GDP也并非水平越高发展越快就越好，超负荷的"经济飙车"将会带来通货膨胀、贫富差距扩大、发展不均衡和不可持续、资源透支和环境恶化的灾难性后果。地方经济发展作为连续演进的过程，以GDP为中心的政绩考核机制，作为不完全的激励合约，必然会催生地方政府官员的短期行为偏好，其通过揠苗助长方式推动的经济增长不可避免地会对地区经济长期发展的根基造成深远的影响。这种影响主要体现为以GDP数量扩张为目的，以地方投资驱动为手段，以牺牲生态环境质量为成本的区域经济增长方式长期难以扭转，不断阻碍经济优化升级，妨碍经济发展驱动力转变，忽视构建生态保护型与环境友好型社会的努力，恶化经济增长质量，从而使地区经济发展长期锁定在不可持续的路径中不能自拔。这种重收益轻成本的质量考核体系成为政府行为短期化的运行基础。

政绩考核机制中的自强化机制，即官员的不定期交流机制也促成了地方政府的短期行为。不规律的官员交流机制作为晋升激励的补充，强化了以GDP为核心的政绩考核体制的"最后通牒"效应，扮演着地方政府行为短期化的强化剂角色。通过将有潜力、可堪大任的地方官员交流到不同的地区，让其面对各种复杂多变的经济社会环境，积累治理不同经济社会的经验，从而提升有潜力的地方官员的政务处理能力、复杂环境的应对能力与经济社会的驾驭能力，才有可能走向高级的领导岗位。这会给希望谋得仕途发展的官员传递一个十分重要的信号，交流代表着未来能够得到重用。以 GDP 为核心的政绩考核机制自然成为选拔官员交流的评价体系。GDP 考核的性质决定了地方官员为交流而发展经济的行为，具有很强的收益转移、成本遗留的属性，即经济增长的收益能够为官员博取政治筹码，为官员交流或晋升助力，而经济增长的成本则被留在当地，造成了地方官员促进经济增长行为的收益和成本空间的不对称性，加剧了地方官员行为的短期化。

在居民需求短期内不可能有重大起色成为 GDP 支柱的条件下，地方政府的可选方案必然是以投资为手段拉动 GDP 增长，其外化为政策选择偏向重点支持有利于短期内拉动 GDP 增幅的相关行业，其中以基础设施行业为代表。基础设施建设不仅因其资本特性具有直接提升地区经济发展水平的能力，还能以完善的硬件水平吸引投资这一外溢性间接促进经济增长，另外基础设施的建设在一定程度上可以提高地区居民的福利水平，以"民心工程""民生工程"的形象为主政官员捞取更多在晋升博弈中的筹码，因此备受地方主政官员的青睐。为彰显其在位时期的"功劳"，地方政府官员无视社会环境的保护，肆意借债发展经济，筹集建设大批量的短期明显能见效的政绩工程，从而完成其在任期间高财政收入和高国内生产总值的目标。这不仅会导致地方政府执政期间忽略全局发展只顾眼前利益，而且会使地方政府的债务负担更加沉重。

六、债务管理方面的缺陷

（一）债务管理制度不完善

我国到目前为止仍未建立起一个科学的债务管理体系。首先，我国目前还没有形成一个能够有效管理地方政府债务及其风险的独立机构和科学的管理方法，加之相关的统计口径一直也难以形成一个规范权威的标准，进而导致风险无法得到合理量化，有效防控风险的难度也因此增加。其次，大多数的地方政府都没有形成一个合理有效的债务偿还机制，导致地方政府官员的举债观被严重扭曲，举债时不考虑还债，甚至认为自己现在借的债在以后自然会有人来还，这种借债无须偿债的错误逻辑使得各级地方政府官员为了优化自己的政绩往往肆无忌惮地扩大政府债务规模。最后，各级地方政府在举债的过程中缺少合理的规划和科学的论证，没有对具体的债务规模、期限、资金的使用以及未来资金的回收等众多环节进行综合考量和分析，导致很多地方政府的投资项目中经常会出现一些形象工程、重复建设、无效工程，给地方政府带来较大的损失，债务风险加大。

（二）债务管理的监督约束机制缺位

我国在政府债务监管过程中缺乏有效的监督管理机构，这导致地方政府债务的管理较为混乱，多头管理的问题十分严重，不同的管理机构和部门之间各自为政，相互之间缺少沟通，加上债务信息不透明等原因，使得我国对地方政府债务的监管的难度增加，债务危机发生的可能性也因此增大。此外，举债主体过于分散，举债方式多样化，债务资金的低效使用等问题，使地方政府难以实现对债务的事前、事中以及事后的全方位的动态监管。没有强有力的监督约束机制，各级地方政府就会通过更多的途径举借更多的债务，而全然不顾自身的财力情况，这将进一步加重地方财政的负担。一直以来，我国对地方政府举债和担保等行为都有明确的法律限制，但是实际上，我国各级地方政府还是设法通过各种方式举借和担保了巨额的政府债务。这些债务一般都具有较强的隐蔽性，难以在有效的监管和约束下正常运行，因此一旦出现债务风险或是风险失控，将会给各级地方政府甚至整个宏观经济带来巨大冲击。目前我国地方政府债务一方面缺乏来自规范的监管机构的监督和约束，另一方面在社会公众的有效监督和约束方面也有所欠缺。我国地方政府债务相关信息的披露不彻底、不透明，使得社会大众对我国地方政府债务各方面的实际情况始终没能有一个全面的了解，这等于是给各级地方政府肆意地变相举债提供了温床，债务风险防控意识被严重弱化。

（三）债务问责机制缺失

健全的债务问责机制有利于更好地规范地方政府的举债行为，增强其科学规划政府债务和积极履行偿债责任的意识，有效规避地方政府债务风险。就目前来看，我国对政府官员问责的具体范围仍过于狭窄，仅涉及一些社会经济和环保等相关领域，却一直以来都忽视了对各级地方政府债务管理和风险防控等方面的问责，而且与问责机制相配套的惩戒机制也不够健全。在这种情况下，大多数的地方政府官员一味地追求地方经济的高速增长，往往会凭借自己手中的职权通过各种途径毫无顾虑地大规模变相举债，但是不履行相应的偿债责任，企图留给未来的继任者承担，甚至指望中央政府的最后兜底，加之我国的各级地方政府官员实行的是轮换制，官员交替速度较快，这就使得我国地方政府债务的规模就像滚雪球一样越滚越大，债台高筑，债务风险不断累积。

第六章　地方政府性债务国际比较

第一节　地方政府债务管理体制

地方政府债务管理体系是以地方政府债务管理体制为核心，以地方政府债务管理目标为指针，以地方政府债务管理机构为组织保证，以地方政府债务资金运行管理、地方政府债务风险控制、地方政府债务危机化解以及地方政府债务管理纠错与问责为主要内容的体系结构，如图6-1所示。

地方政府债务管理体制是指中央与地方各级政府之间划分地方政府债务管理职责与权限的规定，并构成中央与地方之间财政管理体制的有机组成部分。从法律角度看，地方政府债务权限主要包括地方政府债务立法权、地方政府法律执行权、地方政府债务法律监督权等。从资金运行角度看，地方政府债务管理权限主要包括举债权、用债权和偿债权等。

地方政府债务管理体制的核心矛盾，表现为债务管理中集权与分权的关系。一国究竟采取倾向于集权还是倾向于分权的地方债务管理体制，受到其历史文化传统、中央与地方关系、地方治理水平、金融市场

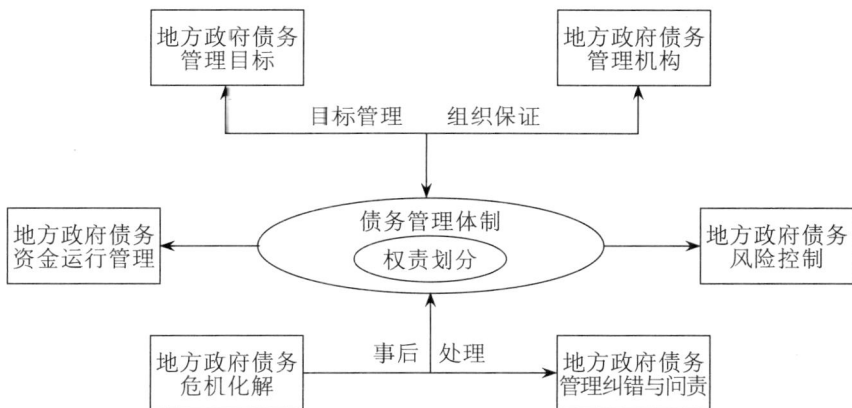

图 6-1　地方政府债务管理体系构成

发育程度等多种因素影响。从世界范围考察，按照分权程度逐渐减弱，或者集权程度逐步加深，共存在四种地方政府债务管理体制，即市场约束型、共同协商型、制度约束型和行政控制型。市场约束型是建立在完全分权基础上的地方政府债务管理体制，在这种体制下，地方政府有权根据自身资金需求和金融市场资金供给状况来对是否举债、举债额度等做出决定，不需要得到中央政府批准。共同协商型则是建立在较大程度分权基础上的地方政府债务管理体制，在这种体制下，地方政府需要首先与中央政府就关键性的宏观经济与财政指标达成一致，然后可以自主决定其举债行为。制度约束型是建立在部分分权基础上的地方政府债务管理体制。在这种体制下，中央政府通过建立一系列制度，对地方政府举债行为进行约束，但原则上不对地方政府债务管理活动进行行政干预。行政控制型则是建立在集权基础上的地方政府债务管理体制，在这种体制下，中央政府全面采用行政手段管理地方政府债务，包括事前审批、事中监督和事后检查，地方政府的债务管理自主权很小。

　　通过考察各国实践，可以发现国家政体和金融市场发展程度往往对地方政府债务管理体制产生较大影响。在联邦制国家，州政府及其权力机关拥有较大的债务管理自主权，可以自行决定本州范围内政府债务的具体管理办法；在单一制国家，中央政府往往集中了对各级地方政府债务的主要管理权限。在资本市场比较发达的国家，市场经济制度比较健全，往往倾向于采用制度约束型或市场约束型体制；而在金融体系薄弱的国家，地方政府往往不能直接进入信贷市场，不得不依靠中央政府直接或通过金融中介向其提供融资，因此，其债务管理体制大多为行政控制型。此外，少数国家受历史文化传统影响，采取中央与地方共同协商体制管理地方政府债务。若干国家地方政府债务管理体制类型及其特点见表6-1。

表6-1　　　　**若干国家地方政府债务管理体制类型及其特点**

地方政府债务管理体制类型	国家	特点
市场约束	加拿大	省级政府的借款直接受制于金融市场
	新西兰	地方政府是否举债、举债额度完全受制于自身资金需求状况和金融市场运作规律
共同协商	澳大利亚	设立澳大利亚借款委员会，控制和监督州政府及其下级地方政府的借款规模
制度约束	巴西	《财政责任法》及其配套法案以量化指标约束地方政府举债，建立了三级政府在债务的预算、执行和报告制度上的一般框架
	波兰	《公共财政法》授权财政部发布五项关于债券发行管理的规定。《债券法》对市政债券发行做了具体规定。《银行法》第128款与《银行监督条例》对银行贷款进行规范管理
	美国	《证券交易法》《税收改革法案》《破产法》以及各州法律等均对地方政府债务管理做出了相应规定，构建了州与地方政府债务管理的法律框架。此外，成熟的银行体系、有效的资本市场在控制地方举债方面也发挥了相当重要的作用
	英国	2004年实施了谨慎性制度以后，英国对地方举债的约束从以前的法定管理转向谨慎性制度下的专业管理和自我管理，这为地方政府举债提供了自由裁量的空间。地方政府举债时不再需要中央政府批准，只要没有超出本地方政府的承债能力，就可以自行举借债务
	南非	《市政财政管理法案》对市级政府举债的条件、内容、程序、信息披露、风险防范、纠错和惩罚机制等作了详细规定
行政控制	法国	主要通过审计法院、财政部及其派驻各省、市（镇）的财政监督机构对各级地方政府负债和财政运行情况进行监督
	韩国	每年中央政府确定和发布地方举债的基本指导方针，并制订"地方筹资中期计划"，地方政府提交关于举债筹资的方案报告，待中央政府审批通过以后，地方市政当局才能确定具体举债额（不能超过中央审批数）
	日本	对地方政府债务的控制正逐步从"审批制"转变为"协商制"。地方政府举债首先须经地方议会批准，然后与中央政府就有关问题进行磋商，总务大臣审核地方政府的财政状况及债务的安全程度以确保地方政府债务的安全性。地方政府的财政状况满足一定条件可直接举债，无须总务省批准，但如果相关指标超过一定限额，则须经总务省批准后才可举债

（一）市场约束型

这类国家的主要做法是，中央对地方政府债务管理不作具体规定，地方政府基于市场秩序进行自我约束，代表国家有加拿大和新西兰。这两个国家虽然主要都是依靠市场来约束政府举债行为，但被约束政府的层级有所不同。

加拿大由于财政分权程度较高，因此中央对地方政府举债主要采取了市场约束型。省级政府举债不受宪法或联邦政府的限制，只需要在举债前由一个或多个国际投资机构评定其可授信债务额度，因此是否能够借款和借款额度直接受制于金融市场，服从于市场秩序。相比之下，地方政府举债则受到省政府的行政控制，需要按照省政府要求进行经常性预算平衡，涉及长期借款的市政府资本性支出也必须获得省政府批准。相比之下，新西兰中央政府对地方政府的举债行为则不作具体规定，基本没有什么限制，其市场化约束比较彻底。地方政府主要基于市场秩序进行自我约束，是否举债、举债额度为多少完全受制于自身资金需求状况和金融市场运作规律。所以，尽管这两个国家都采取了市场约束型，但新西兰对地方政府举债行为的市场约束较为彻底，基本没有行政控制的痕迹，而加拿大虽然对省级政府举债市场化约束较为彻底，但对于省级以下地方政府的举债行为仍然进行了较为严格的行政控制。

（二）共同协商型

共同协商型是与市场约束型最为接近的类型。在这种类型下，地方政府积极参与到宏观经济目标及其关键性财政支撑参数的制定之中，与中央政府就收入、支出的增减变动达成协议，并协商确定对地方政府融资的限制。共同协商型有利于加强不同级次政府之间的对话与交流，然而这种类型在财政约束和节俭意识较好的国家比较有效，而在那些市场约束弱或者中央政府经济财政管理能力差的国家，这种类型对防止债务累积没有什么效果。

近年来，除了一些北欧国家（如丹麦）实行共同协商型以外，澳大利亚也采用了这一类型。为了正确处理政府间关系，澳大利亚联邦与地方政府建立了一系列制度，形成了有效的联邦与地方政府关系协商机制，如设立澳大利亚政府委员会，协商处理各级政府之间的职责划分和财政关系；通过建立联邦拨款委员会，负责一般性转移支付分配，同时各州也成立州拨款委员会，负责分配对地方政府的拨款；设立澳大利亚借款委员会，控制和监督州政府和地方政府的借款规模；另外，各州还设立了州政府部和社区部，负责处理和协商各地方政府间的相关事务。

（三）制度约束型

这种类型主要通过明确的法律条款管理地方政府债务，具体方法包括：规定地方债务总额；限制地方政府债务用途（一般规定可用的资本项目）；规定最大偿还比率要求；禁止从某些渠道借债（如中央银行）以避免引起更大的宏观经济风险等。实践中，许多实行制度约束型的国家综合应用了上述规则。采用制度约束型的国家包括巴西、波兰、美国、南非、德国、英国等。其中，巴西政府在法律中制定了量化指标对债务进行约束，波兰政府针对地方政府债务管理颁布了一系列法规，美国构建了州与地方政府债务管理的法律框架，南非对市级政府举债作了详细规定。

巴西政府于2000年5月颁布了《财政责任法》及其配套法案，对地方政府举债进行了法律约束。这一法规建立了三级政府在财政及债务预算、执行和报告制度上的一般框架，特别是制定了一套操作性极强的量化指标对地方债务进行约束。波兰政府在《公共财政法》中对债务管理权限、债务管理战略、债务发行管理、公共债务限额进行了详细规定，宪法对公共债务限额也有明确规定，《债券法》与《银行法》还分别对市政债券发行与银行贷款风险作了明确规定。美国联邦《证券交易法》《税收改革法案》《破产法》以及各州法律对地方政府债务管理有详细规定，并依靠成熟的银行体系与有效的资本市场使得市场调控在控制举债方面发挥了相当重要的作用。南非地方政府在《市政财政管理法案》中对市级举债条件、内容、程序、信息披露、风险防范、纠错和惩罚机制等进行了详细规定。德国《预算法》规定各州借款应用于投资预算并满足资金流动需要，州以下地方政府还须得到州政府批准，这使其债务管理体制带有行政控制的特征。英国地方政府债务管理体制从行政控制型逐渐转变为制度约束型，这一转变的标志是2004年开始实施的谨慎性制度。在谨慎性制度实施以前，地方政府举债一般需要经中央政府许可，而谨慎性制度下的专业管理和自我管理为地方政府举债提供了自由裁量的空间。地方政府举债时不再需要中央政府批准，只要没超出地方政府的承债能力就可以自行举借债务。各个地方政府的首席财政官员负责提供基于谨慎性指标的财政稳健性报告，监控政府绩效，制订符合当地政府承债能力的审慎借款计划，并设法使民选议员同意这一计划。地方政府用于评估其承债能力的谨慎性指标包括：（1）资本融资计划；（2）资本融资计划的债务规模和债务到期情况；（3）对现有债务的还本付息承诺；（4）可得到的收入来源；（5）其他长期负债与投资。

从上述几个国家的情况来看，波兰债务管理的相关法律法规较为全面，财政法、宪法、银行法、债券法等多部法律都对地方政府债务管理进行了相关规定；美国对政府债务管理的制度约束较为成熟与完善，从中央到地方都有严格的法律约束机制，并借助市场力量发挥作用；巴西政府负债管理在指标量化方面颇有特色；南非对市级政府债务管理的制度化管理流程较为完善；德国虽然主要采用了以预算法为主的制度约束型，但对于市政府的债务管理具有行政控制特征；英国采用谨慎性制度，使得地方政府在拥有了更多举债自主权的同时，也须对债务风险进行严格控制。

（四）行政控制型

在行政控制型管理体制下，中央政府直接运用行政手段管理地方政府债务，具体形式包括：（1）对各笔地方政府债务（或其组成部分）设置年度（或者更短时间）限额；（2）对单笔借款进行审查和授权；（3）集中管理全部政府借款，包括批准用于资本项目对地方的转贷。中央政府的管理权力不仅包括事前批准和授权，也涵盖事后检查。采用行政控制型的国家主要包括法国、韩国、日本等。

法国各级地方政府对外举债，一般由地方议会和政府自主决策，严格按相应的法律法规运作，中央政府原则上不采取审批等直接管理方式进行干预。但是，中央政府仍然依靠三个机构——审计法院、财政部、财政部派驻各省和市镇的财政监督机构来对地方政府负债和财政运行状况进行严密监控。正是由于这种来自中央政府的严密监控和管理，法国地方政府债务风险得到了有效控制。

韩国中央政府对地方政府的债务管理主要采用行政控制型管理体制，同时借助制度约束型管理体制。韩国政府债务管理目标是对地方借款进行总量限制、通过加强地方自治机构的责任感最大限度地减少其在借款决策时的短期倾向。由于韩国地方政府债务大部分是向中央举借的，因此必须将举债方案提交中央政府审批，并须满足中央政府事先确立的指标控制范围，待中央政府批准后，该方案还要由地方市政当局审批，以确定具体举债数额（不能超过中央批准额）。

日本地方政府债务管理体制尽管仍然以行政控制型为主，但正经历着向制度约束型的变革。在这场变革的2006财年以前，日本对各地方政府发行债券实行严格的"审批制"。在这种制度下，地方政府原则上不允许举债，只有中央政府批准同意后才可举债。但是，从2006财年以后，严格的审批制转变为协商制，地方政府举债首先须经地方议会批准，然后与中央政府就有关问题进行磋商，总务大臣审核地方政府的财政状况及债务的安全程度以确保地方政府债务的安全性。地方政府的财政状况满足一定条件可直接举债，无须总务省批准，但如果相关指标超过限额，则须经总务省批准后才可举债。除了与上级政府磋商以外，地方政府举债还需要与债权人协商。向中央政府借款，地方政府首先要向财务省提出借款申请，其向中央政府资金借款总规模受到总务省严格限制；向银行借款，地方政府需要与指定的银行债权人协商借款金额、期限、方式和利率等相关事项；发行公务债券，则需与金融机构协商债券利率相关问题。

从上述三个国家的情况来看，法国中央政府对地方的行政干预借助了地方政府以外的监督机构，实现对其举债的监督与控制；韩国政府则采取了行政控制与制度约束并举的方法，通过行政审批流程与指标约束相结合，对地方政府债务进行监督管理；随着分权进程的加快，日本地方政府债务管理体制正在从行政控制型向制度约束型转变。

第二节　发达国家政府债务管理经验

一、美国地方政府债务管理

美国是一个典型的联邦制国家，也是近代联邦制的首创国，实行联邦政府、州政府和地方三级财政体制。根据美国联邦宪法，联邦政府享有国家主权，但是各州享有高度的自主权，美国联邦、州和地方三级相对独立，各级政府拥有自己相对独立的财税制度和法律体系，各级政府独自审批和执行本级预算。美国属于较早发行地方政府债券的国家之一。1817年，纽约通过发行地方政府债券为开凿运河筹集资金，使得这一浩大的工程仅用了5年就顺利完工。此后，各州纷纷效仿，致使各州、地方政府债务规模日渐攀升。美国地方债务的主要形式有发行市政债券、银行借款和融资租赁等形式，其中市政债券发行成本最低，是地方债务最主要的融资方式。

（一）美国市政债券概况

美国的市政债券市场已有100多年的发展历史，在法治监管、市场结构、税收待遇、运作效率以及品种的创新等方面都已经相当发达和完善，成为许多国家的借鉴对象。美国拥有世界上规模最大也是最发达的市政债券市场，其市政债券市场规模大致相当于国债市场的一半和公司债券市场的1/4。例如，2002年，州及州以下地方政府债务余额达到1.69亿美元，与其当年财政收入1.68亿美元非常接近，占政府总债务比重为21.4%。这些债券为数量庞大的各种建设项目（从市政建设、公路运输、工业援助、社会福利到学校建设和公用事业等）提供了丰富的预算外资金。截至2008年6月，市政债券余额为2.7万亿美元，占政府总债务比重达到22.1%，发债主体逾8万家，成为地方政府用于支持基础设施项目建设的一种重要融资工具。

美国市政债券市场与股票市场、国债市场以及企业债券市场并列为美国四大资本市场。相比较而言，虽然市政债券市场是四者中规模最小的，但一直在地方公共财政中占重要的地位。市政债券已成为美国地方政府及其代理机构的重要融资手段，例如，在美国水务事业每年的建设投资中，85%来自市政债券，政府财政投资仅占15%。1993年以来，美国市政债券每年的发行额维持在2 000亿~4 500亿美元之间；市政债券余额占美国GDP的比重基本上保持在15%~20%；约占美国全部债务的6%。也就是说，市政债券规模虽然十分庞大，但还不是整个政府债务以及全国债务的主体部分。

从2003年美国市政债券的发行类别来看，一般用途占33%，指定专门用途占167%，其中教育占24%，交通和公共事业各占10%和9%，其他用途为住宅、医疗卫生、电力、公共设施、开发和环境设施支出。

在美国，很大一部分市政债券是为了公共事业而发行的收益债券，所以各级政府的负债情况和政府对公共事业的支付情况相关联。联邦政府对公共事业的投资额只占很小比例，负担较轻；而地方政府和州政府由于有市政债券这样强有力的融资工具，对公共事业负有的责任很大。如密西西比州市政债券的主要用途包括：①资本改进项目，即服务于经济发展的项目。如为吸引投资而发行的为日产汽车项目提供配套服务的总额为3.63亿美元的20年期一般责任债券，可以说是美国地方政府之间竞争性"招商引资"的例子。②建设项目，即为进行房屋及基础设施建设而筹资，如州建设局发行的市政债券，一般为20年期一般责任债券。③革新项目，如小企业局发行的为小企业提供服务的债券。

美国是世界上市政债券运行最完备、经验最丰富的国家。近几十年，城市基础设施建设及融资成功，很大程度上是借助于发达的市政债券市场实现的。市政债券市场经过几十年的发展已相当成熟，在发行、承销、评级、投资、信托和监管等方面，形成了较为规范的运作方式和严密的管理体系。市政债券成为地方政府从资本市场筹资的一种重要的信用工具。

（二）美国市政债券的运行机制

1.市政债券的种类

美国的市政债券的基本类型是一般责任债券（General Obligation Bonds，GOBonds）和收益债券（Revenue Bonds）。一般责任债券以政府的财政收入为还款来源，发行条件较为严格。州和州以下地方政府发行一般责任债券通常要经过听证、公决、议会或镇民代表大会的批准；收益债券通常是为专项项目进行融资而举借的债务，如公路、医院、电厂等项目，其还本付息主要来自项目的盈利，因此债务风险与项目营运相挂钩，即使出现了投资损失，也不会转嫁给地方政府。收益债券的发行受到的行政约束较少，只要市场条件允许，政府设立的相关项目单位就可以自主发行。在相当长的时间里，州与地方政府长期债券大多数是一般责任债券；20世纪50年代以后，收益债券开始大量出现，其债务余额不断提高，1980年首次超过一般责任债券；近年来，收益债券债务占市政债券债务的比例维持在60%左右。

2.发行主体

美国市政债券的发行主体包括政府、政府机构（含代理机构和授权机构）和以债券使用机构为表现形式的直接发行体。大多数的地方政府及其代理机构都通过市政债券进行融资。在全美8万多个地方政府中，约有55 000个市政债券发行者。除了少数属大规模发行者以外，大部分地方政府机构属于小规模的发行体。

美国市政债券的发行者必须附有律师意见书，由具备能力和声望的律师或律师事务所出具意见书，声明债券已合法发行并确实是有约束力的债务。发行机构发行市政债券之前，必须经认可的信用评级公司对其债务偿还能力以及付息的意愿程度进行审核，并出具债券的信用评级。通常情况下，政府机构在组建过程中就通过立法对发行债券的权利给予了明确的界定，对债券发行规模也有一定限制。市政债券分为一般责任债券和收益债券，一般责任债券作为先决条件来讲，要求地方政府财政的自主权比较大，有独立的收入，能够为自己的经济行为负责，要明确市政债券的法律地位，明确地方政府也可以破产。市政当局发行长期债券的目的是：①用于长期资本项目，如筹集修桥筑路、修建港口和水坝、开凿隧道、飞机场建设、建立水厂和电厂、治理环境等基础设施的资金，以及医院、会议中心、废品和污染控制、自然资源恢复、学校、租金住宅等公益设施的资金；②弥补源于当期运营的预算赤字。

3.偿还机制

地方政府的税收能力不仅受到法律的限制，而且还受到经济的限制，发行人根据其税收能力和收入能力约束自身的发债行为。同时，各州通过宪法明文规定自身约束，以约束债务的创造能力，一般规定包括：①州信用不能用于私人利益；②债务首先用于改进长期项目；③大宗发行证券需要投票表决。

美国地方政府发行市政债券的偿还资金有两种来源，即项目收费收入和地方税收。具有一定收益的项目可以依靠项目收益来偿还，"收益债券"就是以此为依据而设计的制度安排。而投资于非营利项目的债务，即一般责任债券的偿还则主要依靠政府的税收收入。一般责任债券的投向基本上是公路、垃圾处理等非营利性项目，虽然一般不能直接产生收益，但实际上通过增加城市的土地价值的正外部性而形成社会收益，并产生政府的间接收入。因为政府作为投资主体，从理论上看应该享有投资收益和剩余索取权，通过开征财产税，政府分享由于公共设施投资带来的城市土地等财产升值的部分收益，为市政债券偿还形成基本对应的可持续的税收来源。以财产税作为主要地方税种的分税制安排，既可以引导地方政府关心地方市政建设，又能够消减地方政府的财务压力和由此导致的短期行为，形成良性发展机制。因此，美国的地方政府受立法机构有效监督，财政与融资部门相互分工，形成了有效的债务约束机制，债务规模有一定的限制和约束。

不少州还要求债券按系列发行，每一种债券的期限不超过项目估计的寿命周期。每一种证券的收益都必须计入专项基金，并不得与政府的其他基金混在一起。对州以下的地方政府，其债务不能偿还，债权人可以依法起诉要求强制执行。如果没有可扣压资产，地方政府可以在得到上级批准后提高税率以偿还债务。

完善的市场对市政债券的发行形成了强有力的约束，美国通过市政债券的信用评级和相应的法律程序保证其合法性及偿还能力。在良好的风险防范机制下，美国市政债券的违约率特别低，据统计 1940—1994年发行的 403 152 份市政债券中，只有不到 0.5% 的违约率，而同时期的公司债券违约率超过 2%。

4.监督管理

由于美国政治所特有的传统，地方政府受到美国联邦政府的干预和监督很少，这一点也充分体现到了对市政债券的监管方面。美国的《证券法》和《证券交易法》在发行企业债券的信息披露方面有详细的规定，但是以前对发行市政债券的信息披露几乎没有规定。后来，为了弥补这一方面的监管，美国组建了市政债券法规制定委员会（MSRB）来监管从事市政债券业务活动的机构。1981年，美国证监会正式批准了首例市政债券披露法案，加强了对市政债券的监管。而在联邦层面上对市政债券的监管，主要由美国证券交易委员会（SEC）根据反欺诈的原则，进行事后的监督和追究。

从地方公共团体或其代理机构债券的发行程序来看，世界各国一般都需要经过立法或有关政府机构的审批。在美国这样的分权制国家，地方政府只对本级立法机构负责，不对上级机构负责，是独立的财政和民法主体，独立承担财务责任，上级机构不是也不可能成为地方政府性债务在法律、道义方面的最后责任人。美国国会特别批准市政债券免受《1933年证券法》的注册要求及《1934年证券交易法》的定期报告要求，但反欺诈条款仍适用于市政债券的发行与交易。因此，地方政府或其代理机构发行债券一般只需要经过议会的审批或公众的投票同意。由于美国的市政债券是以当地纳税人的一般税赋为保证的，地方政府在决定发行一般责任债券时，通常需要选民的投票同意或议会的审查批准。究竟公众投票还是议会审批，具体情形取决于该州法律的规定。

美国对市政债券的管理主要分为联邦政府和地方政府两个层次。联邦政府对地方债务的监管主要通过美国证券交易委员会市场监管部的市政债券办公室（Office of Municipal Security，OMS）和美国市政债券规则委员会（Municipal Security RuleBoard，MSRB）这两个机构进行。美国的《证券法》规定不允许SEC直接或间接要求市政债券发行者事先向SEC登记和报告。市政债券办公室组主要有两个方面的职责：一是根据反欺诈条款进行事后监督，包括对市政债券的发行者、承销商、经纪人、交易商、律师、会计师和财务顾问等所有参与人的监管，主要通过责令其改正、罚款以及提起诉讼等手段。例如，市政债券办公室在2001年和2003年就分别对佛罗里达州和迈阿密市提起了诉讼，原因是迈阿密市在1995年发行市政债券时所提供的1994年综合财务年度报告以及官方陈述披露了错误的、容易引起误解的信息，同时省略了一些重大信息。市政债券办公室责令其予以更正，并追究了主要责任人（迈阿密城市委员会主任和预算部主任）的刑事责任。二是制定或者委托制定约束市政债券承销商、经纪人、交易商、律师、会计师行为的规则，要求这些参与人履行信息披露义务，从而实现对市政债券的监管。

位于华盛顿特区的美国市政债券规则委员会于1975年由美国国会批准设立，虽然只是一个接受SEC监管的行业自律组织，但由于有关市政债券的许多规则都是由SEC授权其制定的，该委员会实际上承担了制定市政债券规则的主要责任，负责监管市政债券市场和提出监管方案。市政债券规则委员会的费用由市政债券的交易商、承销商和经纪人提供，联邦政府不提供经费。该委员会由15名委员组成，其中5名来自交易银行，5名来自证券公司，5名为公众利益代表（至少包括1名市政债券发行者的代表、1名投资者代表），每位委员任期3年。市政债券规则委员会制定的规则包括从业资格标准、公平交易、簿记、交易的确认、清算和交割等，这些规则的目的是防止市政债券市场发生欺诈和操纵事件，保障公平的交易。市政债券规则委员会制定的规则只对市政债券的交易商、承销商和经纪人有效，市政债券的发行者并不受这些规则的约束。市政债券规则委员会制定的规则必须经过SEC批准之后才会生效，具有约束力。

MSRB首先着手管理对客户的信息披露、工作程序和工作规范，要求市政债券交易代表及有关负责人必须参加考试；面向客户的工作规范也得以建立，包括向购买债券的客户披露有关债券的信息。此后，监管范围扩大到经营交割和注册登记。1994年以来，监管重点又转移到信息披露，包括连续的财务状况和具有影响的发行人的状况。具体提案的落实人既不是MSRB，也不是SEC，而是作为实际监督机构的证券交易商协会（NASD）中负责市政债券交易商和自营银行监管的部门。所以，市政债券有一个自成体系的监管系统，与SEC直接相关的《1934年证券交易法》中的反欺诈条款也适用于市政债券。

为了更好地防范风险，美国政府采取了一系列的措施减少违约风险。其中比较重要的是信用评级制度和信息披露制度。影响市政债券收益率的最重要因素是其基础信用评级，信用评级公司根据债券所披露出来的信息及收益等对其评级。SEC于1995年采用了新的市场交易披露原则，要求债券发行人和使用人要及时、按规定更新披露信息。投资者则以此为重要的投资依据。

在地方层面上，各州及州以下地方政府财政部门是本级地方政府债务的主管部门，主要是通过财政、预算或公共管理部门来负责本级政府和地方政府债务管理职能。以俄亥俄州为例，其地方政府债务管理机构主要是预算和管理办公室，主要职责是：管理州现有债务以及新债务的发行计划，审查和批准每一次新债务的销售；负责对贷款计划进行审查，授权销售决议，准备官方声明；进行债权登记；负责制定和分配某些州债务发行机构的联合债券发行计划，并每月公布一次联合债券的销售日程；在州的两年预算期内，负责制定相关制度，监管各类机构是否将偿还计划恰当地纳入机构的预算。此外，由于美国证券市场比较发达，金融监管部门往往也被赋予了监管地方政府债券市场、监管地方政府借债行为的重要职责。

（三）地方政府债务管理体制

美国地方政府债务管理体制主要采取制度约束型。在美国现有的83 000多个州、县、市和其他地方政府部门，大多具有发行市政债券的权利，其举债主体包括：（1）政府、政府机构（包含代理或授权机构）；（2）债券使用机构。其中，政府和政府机构占发债主体的97%左右。由于美国的政治体制是联邦制，州及以下地方政府发行市政债券并不需要上一级政府的批准或同意，即各州发行市政债券不需要联邦政府批准，地方政府发行市政债券也不需要所在州政府的批准，而且美国的《证券法》也规定发行市政债券不需要报告和登记，因此，是否发行市政债券，完全由本级政府确定。地方政府机构举债的目的分为两类：一是发行债券为自身营运融资；二是自身没有经营业务，只作为其他企业的融资渠道，借入资金用于公司（私人机构）的工程项目。同一政府机构可以同时为自己和其他实体发行债券。

美国各州的法律有所不同，地方政府治理结构各异，因此是否发行市政债券的决定权、程序及责任在不同的州也会有细微区别。例如，为了将债务控制在合理的范围内，豪伍德县执行官任命由市民和有关政府官员组成的"限额支出委员会"，负责审核该地方每年的债务情况和还本付息情况；加州橘县则由该县监督委员会来批准市政债券的发行。

尽管联邦政府对地方政府举债限制很少，但许多州法律对州及州以下地方政府的举债权进行了限制。政府机构举债要在法律规定或特许范围之内。州及州以下地方政府发行债券特别是一般责任债券必须经听证、公决、议会或镇民代表大会的批准。如杜姆市、西雅图市就要求发行建设债券为资本品融资，须经全民公决。授权或批准主体包括全体选民、议会、专门委员会、政府财政部门、其他部门或机构等，不同类型的债券所需授权或批准的主体不尽相同。一般责任债券的发行往往经高层次机构（如议会、全体选民）批准，而批准收益债券发行的机构层次相对较低。

（四）地方政府债务风险控制

美国州及州以下地方政府拥有举债的权利，一方面满足了地方政府行使公共产品配置职能的需要，另一方面也能解决大规模公共投资代际公平负担问题。地方政府通过市政债券的融资形式介入基础设施建设领域，既有促进经济发展的经验，也有金融灾难的教训。为此，美国政府改变以往对市政债券放任发展的态度，加强了市场监管与风险控制。

1.硬预算约束

美国州及州以下地方政府预算一般都实行分类管理，将预算分为经常性预算和资本性预算分别管理。资本性预算可采取负债筹集资金，而经常性预算一般都要求收支平衡。目前，几乎所有州和地方都在宪法或法令中规定政府必须遵循平衡预算规则。据2002年美国州预算官员协会（NASBO）的调查统计，除印第安纳、得克萨斯、佛蒙特、弗吉利亚、西弗吉尼亚5个州外，其余州的宪法或法令都要求州长向议会提交平衡预算，有41个州的法律规定议会只能通过平衡的预算法案。

2.预算管理

美国的平衡预算原则包括三个层次的内容，不同层级的预算原则在执行力度、预算松紧度和预算过程等方面存在差异。首先，第一级次的预算约束体现在宪法和法令上，即先由州长递交平衡预算执行议案，议案经过州立法机构审核通过后，再由州长签署发布。一般而言，州宪法具有较强的约束力，约束最低的"事前规则"是指预算议案提交后，如果执行过程中出现赤字，州政府也不必然采取纠正措施。因此，这一层次的预算约束相对较软，并不能彻底防范债务风险。第二级次的预算约束体现在州立法机关颁布的平衡预算法案上，即在预算执行过程中若出现赤字，允许州政府举债，并将当前的赤字结转到下一财政年度，这属于另一种类型的"事前规则"，有8个州实行该规则。第三级次的约束属于"事后规则"，虽然允许地方政府出现赤字，但是赤字必须在下一财政年度预算中予以反映，并确保能够如期偿还，有10个州实行该规则。美国预算规则的三个级次约束力逐渐增强，其中最严格的限制是立法机关颁布的平衡预算法令，要求预算执行过程中产生的赤字必须在本财政年度内予以消化，禁止结转到下一财政年度，政府举借债务只允许在预算周期内进行。这一规则在美国的35个州中实行。美国长期的预算规则实践表明，严谨的预算规则和高效的执行力对于有效控制地方政府收支规模、防范债务风险具有重要的现实意义。

3.透明度要求

为切实保护投资者利益和广大民众知情权，美国规定州与地方政府必须遵循政府会计准则委员会在《政府会计、审计和财务报告》中建立的政府债务报告基本准则，记录和报告政府债务，市政债券上市前后要经有资格的审计机构对发行人的财务状况、债务负担、偿债能力等出具意见，并要求由商业性信用评级机构对所有公开发行的债券进行评级。在市政债券的存续期内，发生任何重大的财政和法律状况都必须进行披露。在洛杉矶，对市政债券的信息披露要求甚至高于公司债券。2009年7月，市政债券法规制定委员会（MSRB）作为唯一的官方登记机构，在网站上公开了地方政府债务情况，投资者可以通过EMMA电子系统进行相关信息查询。

4.债务担保

美国地方政府债务管理的一大特色就是对地方债券进行债务担保和债务保险。近年来，美国长期市政债券的担保率高于50%，大大降低了债券投资的风险。目前，由十多家专业市政债券保险公司组成的"金融担保保险协会"从各个环节为市政债券提供保险服务：一方面，在债券发行环节对其进行考核，进行风险评估，从而确定是否对其进行保险；另一方面，对债券发行的二级市场进行投保，防范市场风险。多环节的保险措施不仅有利于降低债券风险，加强了债务的赔偿保障，而且也可以成为评级机构对债券进行评级的重要依据。

5.债务规模控制

为控制地方政府债务风险，美国各州都制定了相应的法律限制举债规模。目前，有30个州的宪法规定了州政府本级发行一般责任债券的规模限额。比如通过设立负债率、债务率、资产负债率和偿债率等相应的风险控制指标来控制地方政府一般责任债券的发行规模，而且即使相应的指标达到要求，某些地方政府还需要满足严格审批条件才能举债。宾夕法尼亚州第52项法案规定：若经全民投票表决同意，地方政府举债规模可以不受相关指标限制，否则当年举债的规模不得超过地方政府举债基数的2.5倍（举债基数等于前三年收入数扣除联邦和州政府的专项补助、指定用于偿债的收入、偿债基金利息收入、专项支出、财产销售收入及其他一次性收入后的三年平均数），累计净债务不得超过举债规模的3.5倍。北卡罗来纳州要求所有的地方政府债券发行都必须经过州政府（其他州是地方政府议会）审批。佛罗里达州的法律规定，偿债率不得超过7%，目前该比例控制在5.3%左右。

6.信用评级

美国拥有完善的证券市场评级体系，地方政府债券也同公司债券一样，必须接受评级机构的评估，美国地方政府信用主要由穆迪、标准普尔和惠誉三大评级机构进行评级。在美国，由于资本市场较为成熟，地方政府信誉对债券年融资成本影响重大，因此，美国市政债券市场上很少出售没有进行评级的债券。信用评级一般包括四个方面基本信息：第一，债务发行人的债券规模和结构；第二，发行人执行预算政策的能力和相关的行政纪律；第三，发行人的各种直接和间接的收入能力，以及有关的税收征管能力和地方预算对特定收入的依赖程度的历史情况；第四，发行人所处的整体社会经济背景。

7.风险预警

美国的俄亥俄州模式是国际上最具有代表性的风险预警机制之一。俄亥俄州模式主要是通过改善地方财政监察系统来对地方财政安全进行监控，以此来防止债务危机的发生。俄亥俄州地方财政监控计划由州审计局负责执行，它对地方政府进行财政核查，若某一地方政府的财政状况达到既定标准则表示其财政已接近紧急状况，审计局就宣布其进入"预警名单"，若其财政状况好转可以将其从"预警名单"中取消，移至"危机名单"，同时成立"财务筹划与监督委员会"来接管该地方政府的财政管理权，并通过一系列措施来化解财政风险。在该委员会举行第一次会议以后的120天内，该地方当局首席执行官将提交一份财务计划，及时化解危机。财务筹划与监督委员会要求政府举债行为与上一财务计划一致，并协助市政官员进行债务重组。列入"预警名单"和"危机名单"的条件见表6-2。

表6-2　　　　列入"预警名单"和"危机名单"的条件

预警名单	危机名单
（1）出现下述两种情况中的任何一种：①在财政年度末，普通预算中预期超过30天的应付款在减去年末预算结余后超过这一年预算收入的1/12；②截至财政年度末，普通和专项预算中逾期超过30天的应付款，减去普通及专项预算结余后超过该财政年度可使用收入的1/12	赤字：普通预算开支超过收入的5%
	持续赤字：普通预算开支连续两年超过收入的5%，且第二年数量更大，支出（赤字）增长率超出收入增长率
	平衡表缺额：累计普通预算赤字（净债务）占普通预算收入的百分比
（2）上一财政年度的总赤字，减去所有可被用于弥补赤字的普通和专项预算资金，超过本年度普通基金预算收入总额的1/12	流动性：净流动资产（流动资产减去短期债务余额）占普通预算支出的百分比
	债务期限：财政年度末是否存在短期债务
（3）财政年度末，地方政府金库所持有的现金及可售证券，减去已签出的支票和担保余额，其价值少于普通和专项预算的结余额，而且此差额超过前一财政年度收入的1/12	纳税征管：财产税收缴率
	退休金缺口：①应付养老金占养老基金收入的百分比；②应付养老金占养老基金总资产的百分比

资料来源：白海娜，马骏.财政风险管理：新理念与国际经验［M］.梅鸿，译.北京：中国财政经济出版社，2003.

二、日本地方政府性债务管理

日本是一个单一制国家，地方政府性债务管理以行政控制为主，通过严格的地方政府性债务计划与协议审批制度实现地方政府性债务精细化管理。日本的地方政府性债务，最早可追溯到明治初年。1879年，日本确立了"举借地方政府性债务必须通过议会决定"的原则，从此开始了地方政府举借债务的历程。1888—1890年，日本先后颁布《市制及镇村制》《府县制》《郡制》，地方政府性债务管理制度不断完善。1940年，日本首次实行地方政府性债务年度总额控制，发债主体以大城市为主，发行对象为实力雄厚的大银行及信托投资公司。目前，日本的地方政府性债务总体规模较小，政府债务主要集中在中央，地方政府借款约占地方政府总收入的9%。

（一）举债权限

日本早在明治三十二年（1999年）的法律条文中，就承认了府、县一级政府的举债权，但举债的具体事项，如举债额、偿还方式等须经内务大臣和大藏大臣批准。目前日本地方政府性债务的发行主体为都、道、府、县以及市、町、村等，此外，日本《地方自治法》在第283条和第314条第2款也赋予了特别地区、地方公共团体联合组织以及地方开发事业等特殊地方公共团体举债权。

（二）发行方式

日本地方政府债务的融资模式主要包括财政性融资和金融市场融资两种模式。财政性融资即一般意义上的借款，债权人主要是政府、公营企业等公共部门，虽然也采取债券的形式向债权人交付借款证书，但是只具有债券的形式而无市场实质。金融市场融资主要通过发行债券的方式进行，包括招募、销售和交付公债三种不同的类型：招募从资金募集对象来分主要有公募和私募两种方式，公募是面向市场公开发行债券，而私募主要是针对银行、保险公司等公共实体发行；销售是指首先公布债券的条件和数量，对于在募集期内的申请者按顺序进行债券发行的方式；交付公债是一种在以后期间向发行人支付现金的发行方式。长期以来，财政性融资一直是日本地方公债的主要资金来源，1990年末地方政府性债务余额中约72.5%的资金是通过证书借款筹集的，虽然近年来政府资金占比逐渐下降，但是财政性融资仍然是地方公债资金来源的核心。

（三）日本地方公债的分类和用途

日本的地方公债分为地方公债和地方公营企业债两种模式。与美国的一般责任债券和收益债券的划分类似，地方公债主要是由地方政府机构和地方公共实体发行的，主要投资于具有正外部性的非营利性基础设施建设，还款来源主要为政府的税收收入，投资风险较小，构成地方政府的直接债务。地方公营企业债是由地方政府提供担保，由特定公营实体发行的专项贷款，还款来源主要依靠项目收益，因此面临的市场风险较大，地方公营企业债构成地方政府的或有债务，一旦发行实体无力偿还本息，地方政府将成为最后的债务人。从规模上看，日本地方政府公债约占地方债务的80%。

日本地方政府债务使用范围除了遵循"政府借款只能用于资本性支出，不得用于经常性支出"的黄金法则外，日本《地方财政法》明确限定地方债务资金只能用于以下各项事业：交通、煤气和水道等公共项目支付；对地方公共实体的财政援助；灾害紧急事件、灾后重建和救济支出；既发债的调期；普通税税率高于地方税税率的地方政府从事的文教、卫生、消防及其他公共设施建设费用。除非特殊情况，不得发行上述目的以外的其他地方公债。

（四）地方政府性债务管理的主要特点

日本地方政府性债务主要有发行债券和借款两种举借方式，其中发行债券的特点包括：①每月都有地方政府发行债券。②发行方式有公募和私募两种，1979年以前大多是以公募方式发行，1979年以后私募方式的使用开始增多。③无论发行主体是谁，只要在同一时期发行债券，发行条件都完全相同。④发行对象以金融机构为主。⑤面额以1万日元、10万日元为主。⑥大多为付息债券，债券利率通常参照同时期的国债利率确定，同时私募债券利率略高于公募债券。⑦原则上不可上市流通。⑧1972年7月以来的地方公债都是以10年为偿还期，采用抽签方式还本，每半年偿还一次，每次偿还发行额的3%，每年付息两次。

⑨享受一定的税收优惠等。

（五）主要的风险控制手段

日本政府为防范地方债务风险，规范地方举债行为，综合采取了计划管理的软约束力和协议审批制度的硬约束力来对地方债务规模和总量进行严格的控制。

计划管理主要是指日本中央政府每年从宏观层面上制订地方政府性债务计划，其内容主要包括地方债务的发行方式、发行规模和结构等。地方债务管理计划不提交国会审批，因此不具有法律效力，它对地方债务的约束力不具有强制性和法定性，但是在地方债券的审批阶段，大藏大臣与自治大臣通常会参考地方债务管理计划，因此其作用也不容忽视。

日本对地方债务发行实行严格的协议审批制，即当某一地方政府需要发行债券时，首先需要将债券的规模、发行方式和用途等相关计划向自治省申报。然后由自治省将所有地方债务发行计划进行汇总并与大藏大臣进行协商，最后统一下发各地区的发债额度。日本政府进行协议审批的重点是对于不符合发债资格的地方政府申请予以拒绝。进行判断的依据主要包括四个方面：一是对不能按时偿还已有债务本金和利息，以及曾经有过违规发行债务的地方政府发债申请不予批准；二是债务依存度在20%～30%之间的地方政府不得发行基础设施建设债券，债务依存度在30%以上的地方政府不得发行一般事业债券；三是地方税的征税率不足90%的地方政府不得发债；四是出现财政赤字的地方政府和出现亏损的公营实体不得发债。

除了债务的计划管理和协议审批制度外，日本还通过国家会计检察院和地方监察委员会对地方债务进行审计监督。国家会计检察院独立于国会，具有较强的独立性，主要负责审查中央收支决算；地方监察委员会负责审计地方财政收支行为，通过向国会或者委托审计的政府部门提交被审计对象的审计报告，对地方政府债务起到了监控作用。

三、法国地方政府性债务管理

法国位于欧洲西部，是中央集权的单一制国家，实行中央、大区、省和市镇四级政府管理体制，法国本土共分为21个大区和2个地方行政区，其下又分为96个省、36 568个市镇。法国海外拥有5个具有与欧洲本土同等地位的海外大区，同时又是5个海外省（即1个海外大区辖有1个海外省）。在财政体制方面，法国中央政府和地方政府实行彻底的分税制，即中央政府和地方政府拥有各自的税收收入，不存在共享税。此外，地方政府对中央财政具有较大的依赖性，上级补助占地方财政支出的25%左右。相对于日本等单一制国家而言，法国地方政府享有很大的灵活性，影响地方政府活动的约束主要来自于法律控制、预算均衡限制和一些谨慎原则。

（一）地方政府举债权限

法国允许地方政府举债。1982年政治体制改革以前，地方政府举债的主要形式是银行借款，只有在中央政府特许的情况下，才允许发行政府债券；1982年后，地方政府自主权扩大，省级政府无须中央政府批准即可自主决策发行地方政府债券。

法国地方政府在对外举债时，一般都以政府资产作为抵押或担保。其中，向银行借款，通常以市镇政府财产作为质押，借款期限为10～15年，利率与市场利率相同；发行地方债券，通常以地方政府财政作为担保，利率水平高于国债利率，但低于企业债券利率。

（二）举债用途和偿债来源

各级地方政府无论是采取向银行借款还是采取对外发行地方债券的形式，所筹集的资金都只能用于投资或建设地方公共工程，不能用于弥补政府经常性预算缺口。地方政府向银行借款或发行地方债券，由其自行偿还债务，中央政府不对其承担偿还责任。地方政府偿债资金来源主要包括地方税收、中央对地方各类转移支付、发行新的地方政府债券（借新还旧）、偿还准备金等。

为防范债务风险，法国各级地方政府均建立了偿债准备金制度。当地方政府不能偿还到期债务时，可先从偿债准备金中支付，以降低债务风险对地方正常财政运行的冲击。同时，偿债准备金的设置也对地方政府扩张债务的行为产生了一定的约束。

（三）对地方政府性债务的监督管理

法国政府债务完全纳入公共预算管理，地方政府负债的形成、偿还和变更等事项必须遵循预算编制程序与原则，予以反映和报告。中央政府对各级地方政府的负债和财政运行情况的监控，主要有以下五个方面：①议会的监控。一方面，议会通过对财政预算草案的审查批准进行法律性和事前性的监控；另一方面，预算法案通过后，议会的专门委员会和议会委托的审计法院对政府部门和事业单位的支出进行审计监督。②审计法院严格的司法监督。法国的审计法院是一个独立的国家机构，其主要任务是：协助议会和政府监督财政法律法规的执行，检查中央和地方政府各部门以及国有企业和事业单位（如学校、医院等）的会计账目等。各级政府部门、国有企事业单位以及国有控股企业等，都必须按时向审计法院报送财政决算以接受审查，并负责向审计法院报告有关情况。审计法院强有力的司法监督，使得各级地方政府部门在对外举债决策时均比较慎重，很少出现对外负债失控和滥发债券的情况。③财政部的严格监控和管理。国库司是法国财政部最重要的职能部门之一，而隶属于国库司的"债务管理中心"的主要职责是对各级政府的资产和负债情况进行日常监督和管理，提出和实施政府债券具体运作的政策和措施等，确保各级政府债务能够及时偿还和履行对欧盟承担的义务（政府债务总额占 GDP 的比重不超过 60%）等。④财政部派驻各省、市镇的财政监督机构的监控。一般来说，地方议会或地方政府决定采取对外举债之后，首先要征求财政部派驻本地的财政监督机构的意见。当地方政府与这些派驻机构的意见出现分歧时，地方政府仍然可以自主决策，但要向这些派驻机构和作为财政部长代表、代行财务监督官职责的省、市总出纳说明分歧意见，并自行承担全部财务责任。财政部派驻各省、市的财政监督机构，对各级地方政府的财政运行状况和负债情况适时进行监督和检查，一旦发现问题，及时向地方政府提出意见并向上级财政部门汇报。这种适时监督，确保了地方政府负债和财政运行处于良性状态，大大减少了诸如地方财政破产和资不抵债情况的发生。⑤金融监控。各级地方政府对外举债，除了受行政、立法和司法部门的直接监控之外，还受到银行等金融机构的间接监控。法国各级地方政府均在银行设立了专门的资金账户，对外举债通常都由银行代理（除直接向银行借款外，地方政府发行地方债券一般也由银行代理发行）。这样，银行对地方政府的财政运行状况和对外负债情况非常了解，一旦地方财政运行出现风险，银行就会向地方政府提出警告，并停止为地方政府举债提供各种直接和间接代理服务。

（四）地方政府债务危机化解

在法国，一旦出现地方政府不能够偿还到期债务、运转不灵的情况，则由法国总统的代表——各省省长直接执政，原有的地方政府或地方议会宣告解散，其债务由中央政府先代为偿还，待新的地方议会和政府经选举成立后，通过制订新的征税计划逐步偿还原有债务和中央政府代为偿还的垫付资金。

四、澳大利亚地方政府性债务管理

澳大利亚联邦成立于1901年，由联邦政府、6个原殖民州政府、2个实行自治的地区以及大约900个州以下地方政府组成。澳大利亚在地方政府性债务管理方面积累了不少经验教训，逐步形成了较为完善的地方政府性债务管理体系。

（一）主要发展阶段

澳大利亚地方政府性债务管理经历了自由竞争、严格管制、放松管制、总量控制、市场运作等五个阶段。不同阶段，地方政府性债务管理力度及效果有所不同。

1. 自由竞争阶段（1901—1927年）

这一阶段正值澳大利亚联邦成立之初，各州政府作为独立的借债主体，在市场上进行竞争性的债务融资。1927年，为加强对国家债务特别是地方政府性债务的监督管理，根据《澳大利亚联邦宪法》修正案第51条的规定，澳大利亚借款委员会正式成立。委员会接管了州政府债务，负责为其统一借债，对联邦和州政府举债的数量、期限、条件和时间等具有唯一决定权，但是州政府用于国防的借款和临时性借款可不经借款委员会批准。

2.严格管制阶段（1928—1951年）

这一阶段，借款委员会对各州政府在资本市场上的借款融资实行严格管制，特别关注各州政府的借债数量、利率、时间以及种类等。值得一提的是，新南威尔士州在1931—1932年发生了债务违约，最终不得不由联邦政府出面帮助其摆脱困境。鉴于此，借款委员会决定，特殊情况下通过强制没收州财政收入以应对其发生的债务违约。

3.放松管制阶段（1952—1983年）

在此之前澳大利亚实施严格的管制措施，对于整肃借款秩序、处罚违规借款行为、提高政府资信无疑起到了极大的促进作用。但过于严格的管制措施也对各州发展产生了明显的不利影响，特别是在第二次世界大战后经济恢复和繁荣时期，各州和地方政府基础设施建设领域的借款融资需求旺盛，而市场上资本供应不足，联邦政府不得不为各州政府提供特别借款，并因此成为各州政府的永久性借款融资来源。但是，各州政府还利用规章制度和管理漏洞自行借款融资，为此，联邦政府又制定了补充规定和附件条款以规范各州政府的举债行为。这样，放松管制阶段逐步到来。

4.总量控制阶段（1984—1992年）

随着各州借款数量急剧增长，部分基础设施项目融资逐渐游离于借款委员会的监管之外，加之制度缺陷导致各州政府独立举债，借款委员会于1983—1984年禁止部分地方政府独立举债，监管各地方政府的基础设施项目融资，并于1984—1985年开始对地方政府性债务管理规模实行总量控制，限制联邦和州政府的新增借款数量。随着这一措施的实施和逐步完善，所有州政府的举债行为都被纳入借款委员会统一管理的框架。

5.市场运作阶段（1993年至今）

总量控制方法实施以来，澳大利亚公共部门债务的负债率（债务余额/GDP）降低，从1983—1984年的8.3%减少到1988—1989年的零。但是这种状况极不适应各州以及整个澳大利亚经济发展的需要。出于自身利益考虑，加之总量控制管理方法本身的局限性，1988年昆士兰州发生了抵制和反对总量控制的事件。联邦政府于1989—1990年做出了决定，不再代表各州政府向外借款融资，各州政府以自身名义对外借款融资和管理债务，联邦政府仅就过去代表州政府举借的债务承担有限责任。各级政府向借款委员会呈报其借款计划，并由金融资本市场对地方政府借款及其使用情况实施监督。此后，澳大利亚公共部门借款数量恢复增长，其负债率在1992—1993年上升到5.9%。1992年，澳大利亚借款委员会也不得不承认总量控制管理方法失效，市场运作管理自然取代了总量管理方法。

近年来，澳大利亚地方政府坚持"非负债经营"的理财理念，地方政府性债务规模相对较小，政府资产负债率较低，地方财政运行情况良好。2005—2006年，借款委员会签署了总额为20.99亿澳元的计划盈余协议，其中包括联邦政府59.72亿澳元的盈余，和州政府38.73亿澳元的净赤字。2005—2006年，澳大利亚各州一般政府部门负债率约为1.8%。

政府的净负债率越高，其未来收益流的被要求权就越大，以用于支付该政府的负债。澳大利亚大部分的州都在努力减少它们的一般政府部门的净负债额。例如，在1997—1998年度和2007—2008年度间，南澳大利亚州和塔思玛利亚州的一般政府净负债额占州内生产总值的比例降至13%。这主要反映了政府的资产出售行为，如南澳大利亚州实行了电力公司的私有化，并推行预算盈余政策以用于偿还负债。

（二）当前政府债务管理制度架构

1. 举债权限

澳大利亚规定：经财政部长批准，地方政府可以通过透支、贷款或其他方式举借债务。地方政府通过举债所筹资金，一般用于基础设施等资本性项目。为保障地方政府及时偿还所借债务，地方议会在举债时需要提供相应的担保。

2. 管理机构

1927年，根据《澳大利亚联邦宪法》的规定，澳大利亚借款委员会正式成立，其成员包括联邦、州和自治区的财政部长共9人，联邦财政部长担任主席。该委员会负责协调、监督和管理公共部门（包括地方政府）债务。借款委员会的主要职责是：为各州和联邦政府制订总体借款融资计划；对借款计划进行审查，并协调和确定政府的具体借款融资计划；负责审查各级政府呈报的报告和年度报告，并鼓励和支持金融资本市场对整个借款融资及其使用情况实施监督等。

3.风险控制

为了应对地方政府性债务的风险，澳大利亚逐步形成了以预算管理、规模控制、信用评级、透明度要求、债务化解为主要内容的风险管理基本框架。

一是预算管理。澳大利亚建立了较为完善的地方政府性债务预算管理体系。联邦政府和州政府需向借款委员会陈述下一财政年度的净融资需求。借款委员会审查联邦政府和各州政府的提议，分析各级政府的财政状况、合理的基础设施建设需求及其对国家宏观经济的影响。如果不符合国家宏观经济目标的要求，需进行债务预算调整，委员会将内部商定此类调整的性质及在各政府中的债务分配情况。

二是规模控制。借款委员会为限制地方政府中的债务分配规模，采取了以下措施：（1）规定各地呈报借款申请。借款申请必须包括以下内容：一般政府、非金融公共部门的现金赤字（盈余）；为政策目的进行的金融资产投资净现金流量。（2）设立规模控制线。由借款委员会分配的借款额度与预算报告中的借款额度之间的差额，以及本年度借款实际发生额与预算报告中的借款额之间的差额，均不得超过本级政府非金融公共部门收入的2%，若突破此限制，地方政府需向借款委员会做出解释，并将其公开。（3）在向借款委员会呈报的借款计划中，州和自治地区必须提供风险信息，且在其预算中反映借款委员会所批准的借款分配情况。地方政府需要报告有私营部门介入、运营期在10年以上（包括10年）、项目总负债大于500万澳元的基础设施建设项目中的政府到期债务情况。在基础设施建设领域构建良性的公私合作伙伴关系，并在综合考虑风险和绩效的基础上，对基础设施项目借款融资实行分类管理。

三是信用评级。当前，澳大利亚对地方政府借款融资的监督管理，很大程度上取决于金融市场信用评级制度。标准普尔等国际知名信用评级机构为各级政府提供客观、公正、公平的信用评级服务，从而有助于确定各级政府借款的利率水平。一般情况下，债务余额较少，信用等级高，可以以较低成本筹集资金；相反，信用等级低，则可能承担较高成本，且筹资数额受限。良好的信用等级将会为基础设施建设融资提供强大的信用保证。当然，市场规则也存在局限性：对于那些财政状况不佳的地方政府来说，在纯粹的市场规则下，其借款融资成本相对较高，甚至难以筹集所需借款。这就需要联邦政府的支持与协调，以弥补市场规则的不足。

四是透明度要求。公开包括债务在内的政府财政状况，已成为世界范围内财政风险管理的一种趋势。澳大利亚建立了较为完整的地方政府性债务报告制度，地方政府必须将借款委员会批准的借款分配及其调整情况真实、完整地反映在地方政府预算报告中。报告方式遵循澳大利亚会计标准体系和政府财务标准体系共同框架确定的原则。澳大利亚州政府要求地方政府除了报告直接债务外，还需要披露或有负债。以维多利亚州为例，该州要求州国库局在其向议会和公众提交的年度和半年度预算审议草案中包括有关风险的报告。此报告必须详细解释影响州财政状况的主要因素。

五是债务化解。各州政府还须定期向借款委员会提交筹资战略与平衡规划，并由借款委员会进行审查和综合平衡。如果需要进行调整，州政府将与借款委员会进行谈判协调，在取得原则一致的基础上，并在各方可接受的限度内，允许各州拥有一定的灵活性。此外，各州还要将借款融资及其使用情况，按照借款委员会确定的统一要求，严格进行季度报告和年度报告等。部分地方政府采取了各具特色的化解债务的政策措施，效果比较明显。比如，墨尔本市通过金融资产私有化成为第一个无债务的首府城市。该市通过出售其主要金融资产——城市电力公司，取得2.6亿澳元的收入，这部分收入没有直接用于偿还债务，而是被分配到各个主要的资本项目中去，给市政府带来了巨额的商业利润。其结果是，市政府消除了负债，成为澳大利亚第一个无债务的首府城市；降低了税负；确保了城市主要的工程投资得以维持。再如，代阿比提市通过增加税收提前实现零负债目标。由于20世纪60年代进行了大量的基础设施建设，代阿比提市政府积累了巨额债务，债务利息的偿还给市政府带来了巨大的财政负担。在这种情况下，市政府毅然决定放弃贷款融资，代之以增加税收的措施来满足基础设施建设融资的需求，使该市提前4个月实现了零负债目标。

五、新西兰地方政府性债务管理

新西兰是实行君主立宪制的发达国家，实行三级政府体制，除中央政府外，全国共分为12个大区，设有74个地区行政机构。地方政府在财政上拥有高度的独立性，其举债权限由《地方政府法》所赋予，并通过多次修订的《地方政府债务法案》对债务管理实行制度约束，中央政府对地方政府的债务管理几乎不施加任何行政控制。长期以来，新西兰地方政府一直坚持"非负债经营"理念，使得地方政府债务规模较小，政府资产负债率低，地方财政运行情况良好。新西兰对地方债务的管理主要包括预算管理、规模控制、风险控制和或有负债管理等多个方面。

（一）预算管理

实行严格的预算管理是新西兰地方债务管理的重要措施之一。地方政府举借债务必须严格遵守《2002年地方政府法案》的各项规定编制预算，一方面要结合自身的财政能力和资金需求，另一方面必须综合考虑金融市场的运作情况，合理确定债务发行规模、期限和结构。预算只有经过政府和议会双方协商决定通过后才能予以执行。此外，地方政府需要在政府工作报告中公布新增债务对政府总体偿债能力以及对总债务余额的影响。

（二）规模控制

对地方政府举债规模进行控制是各国政府在债务管理方面常用的手段，新西兰政府根据本国实际情况，建立了约束地方政府债务规模的控制指标体系（见表6-3）。这一系列的指标从偿债能力和资产质量两方面对地方政府的财政能力做出了要求，不仅确保了对现有债务的偿还能力，而且也起到了监督地方政府理性举债的作用。

表6-3 地方政府债务规模控制指标体系

规模控制指标	指标含义
债务率（债务余额/财政收入）≤150%	对债务总量的控制，反映地方政府通过当期财政收入来偿还债务的能力
利息支出率Ⅰ（净利息支出/财政收入）<15%	反映当期财政收入偿还债务利息的能力
利息支出率Ⅱ（净利息支出/税收收入）	反映当期税收收入偿付债务利息的能力
资产负债率（债务余额/总资产）	全面衡量地方政府资产负债情况及总体风险

资料来源：张志华，等. 新西兰地方政府债务管理［J］. 经济研究参考，2008（22）：11-13.

（三）风险控制

为控制地方债务的利率风险和流动性风险，新西兰政府充分发挥了金融市场分散风险的功能。例如，为防止浮动利率债券导致的利息偿付压力，地方政府通过签署利率互换合约，将债券的浮动利率转换为固定利率，缓解了市场利率波动对政府偿付利息的影响。为规避债券的流动性风险，防范债务集中到期的偿付压力，新西兰政府要求借款资源不得超过未来12个月预计最高借款额的110%。同时，新西兰政府还对不同期限债券的存续期做了不同比例的限制。

此外，在风险控制方面，新西兰政府也充分利用了信用评级机构的独立审判职能，除每三年要对地方政府进行全面的信用评级外，一旦地方政府资产负债情况发生变化，就必须重新进行信用评级。在地方政府中引入市场评级制度，对于信用评级高的政府在项目中给予优惠，对于地方政府提升其资产质量具有激励作用。

（四）或有负债管理

对或有负债的规范管理是新西兰在地方政府债务管理上的突破之处，由于或有负债计量上的困难，目前很多国家在或有债务领域存在管理失控的现象。新西兰以权责发生制为基础，对或有债务是否可以计量进行分类，建立了一套政府或有债务的核算和报告体系。报告涉及的或有负债涵盖了新西兰中央银行、国有企业以及中央政府的预算内机构，并且需要在报告中说明或有债务总的规模和发生的概率。对于各部门和机构详细的或有债务在分立的财务报告中显示。或有债务的分类和具体解释见表6-4。

表6-4　　　　　　　　　**或有负债的分类及具体解释**

负债项目		具体解释
可计量负债	担保和赔偿	中央政府为地方政府或企业在国内外借款提供的担保；私人公司和个人有关财产坏损或价值损失的索赔要求；政府提供的存款保险
	未缴资本	政府对国际金融机构（如亚洲开发银行等）的未认购股款
	诉讼程序和纠纷	政府机构（如政府部门、警察、税务机构等）和国有企业由于在诉讼判决中败诉而可能被要求赔偿的本金和利息
	其他可量化或有负债	与政府机构补助和赔偿履约条件相关的或有债务；公民由于人身伤害向政府索要的赔款；政府向国际金融机构签发的应付票据；向国有企业要求的其他索赔等
不可量化负债		提供不可量化负债的详细资料

资料来源：张志华，等. 新西兰地方政府债务管理［J］. 经济研究参考，2008（22）：11-13.

六、发达国家地方政府债务管理经验综述

综合发达国家地方政府债务管理经验可以发现，尽管不同国家在经济发展、财政体制等方面存在差异，但是在地方政府债务管理这一问题上，不同国家存在许多共同之处，这不仅是发达国家债务管理成功的关键所在，也值得我国政府在债务管理的过程中进行深入学习和借鉴。

（一）规范的政府间财政管理体制

发达国家普遍拥有规范的财政管理体制。一方面，各级政府具有明确的职责划分，各国都通过法律形式明确了各级政府的事权和财权范

围，对各级政府的债务管理权责进行了清晰的划分，加强了对地方债务的约束力；另一方面，较少的政府级次更有利于降低多级政府体制造成的管理成本，相比我国，西方发达国家拥有较少的政府级次。国外发达国家一般是三级政府、三级财政，而我国是五级政府。无论是联邦制国家还是单一制国家，在债务管理方面大多同时实行横向控制和纵向控制，即不仅存在同级政府部门之间的相互制约，同时上级政府对下级政府的举债行为也要进行监督，因此，多一级政府不仅加大了一级监管难度，而且也降低了债务管理的效率。加大中央政府对地方政府债务的监管力度要从改革财政体制出发，简化现有五级政府结构，明确各级政府职责，真正贯彻一级政府一级事权、一级财权。

（二）成熟的金融市场和资本市场

发达国家成熟的金融市场和资本市场为地方政府多渠道举债提供了宽广的平台。通过市场方式筹措资金，不仅有利于加强市场竞争，扩大规模效应，降低政府的融资成本，而且市场化运作增加了信息公开的透明度，有利于地方政府债务进行公开管理。政府举债最常见的方式就是通过银行借款和发行债券，一般金融市场越发达，通过市场方式融资的比例越高，如美国的市政债券是美国地方政府举债的主要方式。目前，我国各地涌现的投融资平台主要是通过向银行借款来筹措资金，这种模式使得银行处于"被绑架"的处境，一旦地方政府出现财政困难，银行便被推向风口浪尖，增加了金融市场风险。因此，大力发展金融市场，逐步扩宽融资渠道，通过市场渠道为地方政府融资是我国地方政府债务发展的方向和趋势。

（三）政府和市场对地方政府债务双重监督

无论是联邦制国家还是单一制国家，无论是高度市场化还是市场化程度不足的国家，各国对地方政府的监督都强调市场和政府这两只手同时发挥作用。尽管由于财政体制的不同，中央政府并不必然对地方政府债务承担"兜底"责任，但是大部分国家都在中央政府层面上建立专门的地方政府债务管理机构，如美国在联邦层次上设立SEC市场监管部的市政债券办公室和美国市政债券规则委员会对市政债券进行监督。除此之外，发达国家成熟的市场机制有力地约束了地方政府举债行为。债务发行阶段，地方政府需要公开债务规模、债务用途以及相关投资项目的具体情况；发行阶段后，投资者可以通过"以脚投票"的方式自发地实现对政府的监督管理：投资者认购政府财政状况好、项目收益率高的政府债券，通过市场行为约束了地方政府债务规模，而且投资者在二级市场上对债券进行抛补间接影响了债券融资成本和地方政府的发债计划；信用评级机构的存在也能督促地方政府改善资产负债状况、提高投资项目决策和管理水平。

第三节　发展中国家政府债务管理经验

一、俄罗斯地方政府债务管理

俄罗斯联邦实行三级政府体制，第一级政府为中央政府，第二级政府由 88 个俄罗斯联邦主体政府构成，包括 21 个共和国、7 个边疆区、48 个州、10 个自治区和 2 个联邦直辖市，第三级政府包括大型城市和都市区，同时还包括镇及农村政府管理机构。在地方政府债务管理方面，俄罗斯有过独特的历史教训。20 世纪 90 年代，一些地区和地方政府大量借贷短期债务以便为运行赤字提供经费。以大量补贴和中央政府转移支付的承诺为代价在不稳定的宏观经济环境中仓促地进入市场经济。这使得没有调控的金融市场在 1998 年危机以前都在迅速地增长。另外，某些城市还有国外借款，如莫斯科和圣彼得堡这样的城市，其经济活动基于一个可以承担汇率风险的错误前提之上。

随后发生的地方政府债务危机与整体宏观经济形势是不可分割的。在过度的货币投机氛围下，紧缩的货币政策、宽松的财政政策、固定汇率制和过多的财政贷款相结合导致了 1998 年 8 月宏观经济及金融危机。危机直接导致了卢布的严重贬值和银行业危机，国民生产总值随后下落了 4.9%，通胀率高达 84%。

1998 年 8 月的经济危机引起了地方政府债务的拖欠浪潮。1998—2001 年，88 个地方政府当中至少有 57 个拖欠了债务。有些拖欠的债务为农业债务（地方拖欠的中央政府农业贷款由财政部转变为债券）。有些地方政府并不将还债作为一项真正的义务，但莫斯科和圣彼得堡从未拖欠债务。1998年全部拖欠债务达50亿美元，1999年为35亿美元，2000年约为10亿美元，2001年为2亿美元，2002年则为零。

债务拖欠的触发因素包括流动资产不足、缺乏财政灵活性、财政分权框架的系统危机和弱点、危机债务、债务管理水平较低和不愿偿债等。这使得债务重组通常都被延长。在欠款当年只对不到1/3的过期债务做了重组，并且有大约1/4的欠款迄今尚未进行重组。由于补救过程的延长、投资者所接收到的债务工具变成债券的流动性差使得退税率也很低。

（一）地方政府举债权限

俄罗斯实行联邦制，地方政府具有较大的自主权限。地方政府借款主要通过发行债券和向银行借款两种途径。原则上，1992年通过的法律赋予各州、市、区地方政府无限制地向国内举债的权限，但是由于大部分地方政府不具备从金融市场获取信贷支持的条件，因此实际上地方政府通过金融市场获取资金的比例较低，主要依赖银行借款。1998年债务危机后，《预算法》进一步明确规定地方政府借款必须用于资本性支出，且禁止联邦以下地方政府举借外债。

（二）地方政府债务风险管理体系

为规范地方政府理性举债，俄罗斯形成了以规模、透明度、担保管理等为核心的多维债务风险管理体制。首先，在债务规模上，《俄罗斯联邦地方政府财政基础法》明确规定地方政府举债只能用于资本性支出，且地方政府借款不得超过预算支出的15%。《预算法》规定，地方政府性债务的到期时间最长为30年，市政府债务最长的到期时间为10年。其次，在透明度方面，《预算代码法案》要求新债务必须备有预算和计划借款的详细信息，目前，地方政府在其网站上发布了更高质量的财政金融数据，并对长期债务管理等概念进行了发展。俄罗斯是在债务担保方面做得比较好的国家之一。对很多国家来说，地方政府的担保构成了地方政府的或有负债，但这一风险在俄罗斯是较少出现的，因为俄罗斯联邦的公共债务包含所有担保。此外，预算法要求对新的担保做出最高限额，并且适当地履行其相应的担保义务。

（三）地方政府债务危机化解

俄罗斯地方政府如果无法偿还到期债务，一般通过破产程序或者实施财政管理紧急控制措施两条途径来予以解决。实施破产程序时，地方政府财政管理将置于法院监管之下，以确保债务调整计划的充分实施。只有当地方政府无力支付工资、养老金、合同款项等刚性支出时，地方政府才可以申请破产援助，暂时性的财政困难并不适用于破产程序。财政管理紧急控制措施是指上级政府通过行政手段减少州政府和市政府造成的经济损失和财政困难。与破产程序相比，财政管理紧急控制措施对地方政府行为的约束力更强，弱化了地方政府的自主权。

二、印度地方政府性债务管理

印度作为一个发展中大国，是具有浓厚中央集权色彩的联邦制国家，由中央政府、邦政府及邦以下地方政府三级政府组成，每个邦都有自己的立法议会。立法权在联邦议会和邦立法机构间进行划分，中央政府直接管辖的领地称为中央直辖区。印度全国划分为27个邦和8个中央直辖区，印度农村人口占全国人口的2/3，因而地方政府在印度具有举足轻重的作用。

印度一度也出现中央控制财力过多、地方财力不足的局面，进而导致中央与地方的财政关系日趋紧张。到20世纪80年代末，印度中央政府已经意识到联邦制的正常运转是与向地方分权相联系的。"在一个有活力的联邦制中，政治权利、主权通常是由中央和地方分享的。这种活力的联邦制与经济组织的计划控制模式是不合拍的。"1991年印度经济危机的爆发似乎是对这种认识的最好注解，它迫使政府拉开了一场以自由化、市场化为导向的改革。在政府间财政关系方面，中央将大量财权下放，开始大胆尝试"权责回归"。1993年起印度约3/4的原中央税逐渐转移到了地方，可以说，这是印度中央与地方财政关系的一次革命性变化。

从近年情况看，印度政府间财政关系仍存在着纵向不平衡与横向不平衡问题。一方面，由于《宪法》划分收入的影响以及多年来财政的发展，已经形成了高度的中央集权和纵向财政不平衡。1955—1956年财政年度开支占总开支的比例为61.7%，而1994—1995年下降了48.5%。与其他联邦制国家相比，印度的邦政府对中央补助的依赖程度最高。另一方面，印度邦政府之间存在横向财政不平衡。印度财政联邦制的一个重要特点是各邦之间在征税能力及人均行政、经济和社会劳务开支方面存在着很大差异。高收入邦自有收入占经常支出比例平均达77%，中收入邦约占59.4%，而低收入邦平均为45.3%，可见财力的悬殊。

（一）地方政府性债务管理体制

印度地方政府性债务管理体制以制度约束型为主，兼具行政控制型的特征，法律对邦及邦以下地方政府举债权作了明确规定。《宪法》第293条第1款规定，在印度领土范围内，邦政府在一定限制条件下可以借款或提供担保，这种限制条件可以由邦立法机构通过法律予以固定（迄今为止，这种限制还没有固定下来），然而一些隐性的限制条件已在财政责任和预算管理法案中进行了规定；第293条第2款规定，在符合第292条款所规定的限制条件下，印度中央政府可以向任何一个邦政府提供贷款或担保；第293条第3款规定，在邦政府向中央政府举借的债务仍未还清的情况下，未经中央政府同意，邦政府不得举借新债；第293条第4款规定，在第293条第3款的条件下，如果已征得中央政府同意，邦政府可以举借新债；第360条规定，当发生财政危机时，中央政府将提交一个紧急的解救方案，并采取更为谨慎的财政措施。此外，邦以下政府只有得到邦政府许可，才可以发行债券。

（二）地方政府债务资金运行管理

地方政府贷款大部分用于消费，满足政府支出和偿还旧债的需要。其举债有两种情况：

1.邦政府举债方式

邦政府举债方式包括：邦政府公债、从印度储备银行等获得的再贷款或透支以及公共账户债务。①邦政府公债，包括通过发行定期证券获得公开市场借款，从联邦储备金借款，由各邦定向发行给国家小额储蓄基金（该基金由中央政府作为受托人）的特别证券，从中央政府的借款（用于资助实施由邦政府和中央政府共同出资以及外部援助的项目）。②再贷款或透支。印度储备银行是27个邦的中央银行，各邦拥有自己的再贷款权。根据《1934年印度储备银行法》，印度储备银行自1937年以来向各邦政府提供再贷款和透支，以弥补其收入和支出间的短期不平衡。借款方式根据年度收支情况予以确定，并且定期调整，当超过借款额度时，邦政府有14天的透支期。除了印度储备银行规定的再贷款以外，中央政府也可根据《中央政府计划法案》向邦政府提供借款，以弥补其收入和支出间的流动性不匹配。③公共账户债务。其独立于公共基金，资金由邦政府作为受托人掌管，主要包括邦政府公积金和养老基金。

2.邦以下政府举债方式

未经邦政府批准，邦以下地方政府不得借款。只要得到邦政府的许可，无论其是否得到担保，邦以下地方政府均可发行债券，这类债券必须经过信用评级，并明确法律责任及是否征税。目前，有10个市政府发行债券，其发行规模在0.075亿~1.3亿印度卢比之间。没有免税的地方政府债券利率较高，比免税的地方政府债券高2~30个基点，这样的债券风险过高。迄今为止，邦以下地方政府债券以及其他形式的借款种类和规模比较有限，部分市政当局正在通过调整其收入杠杆结构以获得进入私人融资市场的信用评级。

（三）地方政府风险控制

2005年以前，由于对邦政府债务规模缺乏规范的管理，邦政府经常性预算赤字严重，为缓解财政压力，邦政府不得不通过向中央政府借款或者通过预算外借款方式来筹集资金。为使这一现状得以改善，实现2009年3月邦政府财政赤字占GDP比重降至3%的目标，2005年1月4日，印度第12届财政委员会建议实施财政改革计划，要求地方政府严格执行《邦政府财政责任法》；由财政部规定邦政府年度举债上限；细化地方政府债务风险预警指标，对地方政府举债行为进行规范。其具体内容有：第一，财政部对邦政府的年度举债设置上限，控制邦政府过度举债。第二，严禁邦政府向中央政府借债，并且邦政府举债要通过市场机制，采取招标方式发行定期债券。对于符合《宪法》第293条第3款的邦政府，在总量控制的范围内财政部可以向印度储备银行发行定期债券。第三，邦政府有权与国内任何一家经授权的金融机构（商业银行除外）进行协商贷款。

根据财政改革计划的要求，各地邦政府纷纷采取了相应的措施来规范地方政府举债行为。目前，已有4个邦政府债务管理办公室，另外还有6个债务管理办公室在筹备中。债务管理办公室的主要职责是制订中长期举债计划，审查现有债务组合，加强现金管理，从发债前、中和后期各个环节进行风险防范；14个邦政府建立了由中央银行进行管理的统一偿债基金，确保债务的还款来源；17个邦政府规定了担保上限；8个邦政府建立了担保偿债准备金等。此外，印度邦政府还建立了一系列压力测试标准：债务占邦GDP的预警比例为30%，债务不得超过财政收入的300%（部分邦这一比例为200%），利息占财政收入比例不超过20%，财政赤字占邦GDP不得超过3%等。随着各方面措施的逐步实施，印度各邦在预算平衡和债务风险控制方面都取得了一定的成效，2007—2008年，25个邦实现了财政盈余，利息支出比重由2.93%降至2.19%。

三、南非的地方政府性债务管理经验

南非是单一制的发展中国家，分为中央、省和市三级政府。1994年种族隔离制度被消灭后，南非逐渐建立起了高度分权的行政管理和财政管理体制。中央政府和省级政府负责全国性的公共产品供给和协调区域间资源的公平分配，如对基础教育投资和对下级政府进行转移支付。市级政府则主要负责本地区的基础设施建设，如市政管理和区域性的道路建设等。南非宪法赋予了省级和市级政府举债的权利，但除特殊情况下可以举借短期借款外，省级和市级政府举债必须遵循"黄金原则"，即借款只能用于资本性支出。为规范财政管理，控制地方债务风险，《市政财政管理法》在宪法的指导原则下，从严格控制举债行为、规范债务担保和化解危机等多个方面对地方政府举债行为进行了约束。

（一）严格举债行为

市政府不管举借短期还是长期债务，都必须制定必要的偿还保障措施，且一律以本币作为计量单位，以避免受汇率变化影响。市政府举借短期债务严格限定为两种情形：一是某一财政年度内的阶段性资金短

缺，并在该财政年度有切实可靠的预期收入作为还款来源；二是某一财政年度内的资本项目融资需求，并且有法定拨款或长期债务等特定资金作为还款来源。短期债务协议由市长签署提出后，必须得到市议会表决通过，并由市政府财务主管审核同意。协议必须明确借款限额，一经生效只有市议会有权修改。市政府必须在同一财政年度内偿还该短期债务，不允许延期或再融资。市政府可以为基础性、公益性资本项目举借长期债务，也可以举借长期债务替换年度内资本项目的短期融资。长期债务必须纳入资本预算。在提交市议会表决前，市政府财务主管必须向公众发布长期举债信息公告，包括举债数额、用途以及抵押物等，并邀请公众、财政部以及地方相关部门就该借款向议会提出书面意见或建议。市政府也可为已有长期负债进行融资，其条件是：已有长期负债必须是依法举借；再融资后的负债期限，不超过已有长期负债所购建资产的使用寿命；再融资后的预期偿还本息总额净现值，必须小于再融资前的预期偿还本息总额净现值。

（二）实行预算管理

市政府必须将债务收入作为预算收入的一部分，纳入政府财政预算。包括债务收支在内的年政府预算收支必须平衡。市政府的多年经营计划必须反映实际和潜在负债。债务项目应根据风险程度进行分类，按照债务风险高低分类实行预算管理。

（三）规范政府担保

除以下三种情形外，市政府不得为任何政府机构或自然人提供债务担保：①担保金额在市议会批准的担保预算限度内；②经市议会批准，市政府可以为其独资实体提供担保；③经国家财政部批准，在有等值现金储备或等值保险的前提下，市政府可以为其参股实体等提供担保。

（四）提高债务透明度

市政府必须披露对预期贷款人或投资人决策有重大影响的所有信息，并对所披露信息的准确性负责。依法必须上网公布的消息包括：年度预算、调整预算等所有与预算相关的资料；所有与预算相关的政策；预算年度报告；所有服务提供协议；所有长期借款合同等。

（五）完善债务危机化解机制

一旦市政府不能按期偿还债务，并且政府信用受到影响时，地方政府便被认定为出现了债务危机。对于出现债务危机的地方政府，省政府将强制介入，并将严格按照《市政财政管理法》执行债务危机处理程序。首先，市政府应当及时编制财政复苏计划，反映政府支出限额、收入目标和各州特殊收入的筹集方式；其次，出现债务危机的地方政府可以向法院申请暂停或终止偿还部分或者全部债务，法院对政府偿债能力进行审核后，对于有偿债能力的政府，法院可以批准地方政府在不超过90天的期限内偿还债务，对于无力偿债的地方政府，法院裁定其终止偿债，除保留最低限额公务员外，其余雇员都被解雇。法院做出暂停偿债或终止偿债的法令后，相关利益在债权人之间的分配将由省级政府进行处理。

四、巴西地方政府性债务管理经验

20世纪80年代以来，巴西先后经历了三次大规模的债务危机，严重影响了该国的经济发展进程。第一次为20世纪80年代末的外债危机；第二次为1993年各州政府纷纷出现无力偿还联邦金融机构债务的偿债危机；第三次为债券偿还危机。

饱尝三次地方政府性债务危机苦果之后，巴西政府痛定思痛，于1998年推出了旨在全面加强地方政府性债务管理的"财政稳定计划"，主要措施有：实施增加公共部门盈余的财政调整政策；加快推进社会保障与行政管理领域的体制改革；研究制定债务法律法规体系。2000年5月，巴西政府颁布了《财政责任法》，立法目的在于确立公共财政规则，强化财政及债务管理责任，主要内容有：

（一）重建一般财政管理框架

《财政责任法》及其配套法案，建立了三级政府在财政及债务预算、执行和报告制度上的一般框架，制定了操作性极强的规范地方政府举债的量化指标。

（二）控制债务规模

巴西对债务规模的控制从需求和供给两方面双管齐下。对需求的控制主要体现在对举借新债的规模和时间两方面限制：只有地方政府各项指标符合表6-5中的要求，并经参议院决议通过后才能举借新债，同时为了防止政府通过换届导致举债责任转移，规定州和地方政府在换届前的8个月内不允许举借新债。供给控制主要是限制银行只能向符合条件的地方政府贷款。对于违规举债、突破赤字上限或者无法偿还中央政府和其他银行债务的地方政府，各银行不得向其提供贷款。此外，巴西国有银行和地方政府所属银行也不得发放政府贷款。

表6-5 地方政府债务规模控制指标体系

需求控制	供给控制
借款总额≤资本性预算规模 州政府债务率（债务余额/州政府净收入）<200% 市政府债务率（债务余额/市政府净收入）<120% 新增债务率（新增债务额/政府净收入）≤18% 担保债务比重（政府担保债务余额/政府净收入）<22% 地方政府债务偿债率（还本付息额/政府净收入）>13%	地方政府性债务余额/银行净资产<45%

（三）透明度要求

为实现地方政府债务的公开、透明化管理，巴西建立了所有银行联网的国家信息系统。所有信贷交易情况必须在信息系统中登记，否则将被视为非法交易。信息系统公开透明，任何政府和银行都能查看相关信息。系统自动运行，不能人为调整。在此基础上，巴西地方政府还必须每年向中央政府报告财政收支情况，每4个月须发布一次政府债务报告，这些报告由地方行政长官签署公布。如果在8个月的宽限期内地方政府未能将债务规模调整到法律规定的限额内，该地方政府将被列入财政部公布的黑名单。

（四）严格的惩罚措施

为了保障相关部门切实执行《财政责任法》，中央政府对违规者制定了严厉的惩罚措施。对情节较轻的责任人进行人事处分，情节严重的将会被革职、禁止在公共部门工作、处以罚金，甚至判刑。毋庸置疑，严厉的惩罚措施在一定程度上控制了地方政府的道德风险，增强了法律的执行力度。据统计，《财政责任法》实施后，巴西地方债务风险的膨胀得到了遏制，地方政府的财政盈余及其占国内生产总值的比重都得到了增长。

五、发展中国家债务管理经验综述

随着发展中国家的崛起，发展中国家的地方政府债务市场也得到了迅速发展，但与发达国家相比，发展中国家的地方政府债务市场仍处于市场规模较小和缺乏规范性的困境。我国作为世界上最大的发展中国家，在地方政府性债务管理方面与其他发展中国家面临相似的困境，借鉴发展中国家地方政府性债务管理的经验和教训对我国具有现实的借鉴意义。20世纪90年代，印度、巴西和哥伦比亚等发展中国家先后遭受了不同程度的地方政府债务危机，为此各国纷纷完善了地方政府债务体系以规避债务风险，这一系列的举措主要体现在债务的事前监管和事后监管两方面，事前监管的改进包括完善相关法律法规和明确地方政府债务监管原则，事后监管的改进则主要是强化地方债务危机的善后措施。

（一）不断完善相关法律法规

相比发达国家，发展中国家市场机制不完善，市场监管对地方债务的约束力不如发达国家有效率，因此多数国家都进一步制定与完善了地方政府债务监管的相关法律法规来规范地方政府行为。例如，巴西在经历了三次债务危机后，于2000年颁布《财政责任法》明确规定了中央、邦和市三级政府在财政及债务预算、执行和报告制度上的一般框架，通过一系列量化的指标来对地方政府举债行为进行规范。对发展中国家而言，在市场监督不充分的情况下，从法律层面规范地方政府举债行为能够对地方政府形成强有力的约束，构建我国地方政府债务管理体系也应当从立法的高度来加以完善。

（二）明确地方政府债务监管原则

不同发展中国家具有不同的国情，但是在地方政府债务监管的原则上都具有相同的内涵和实质。这些原则主要体现在举债资金的用途、对债务的风险预警和地方政府债务管理透明度三个方面。

首先，在举债资金的用途上，多数发展中国家都如出一辙地遵循举债的"黄金法则"，规定债务融资不能用于弥补经常性亏损，只能用于资本性支出。

其次，为防范债务危机对正常财政运行的冲击，许多国家纷纷建立风险预警机制以防患于未然。如印度的地方债务违约预警和纠错机制规定，邦政府超过举债额度或者债务预期14个工作日仍未偿还的，邦政府的债务基金账户将会被冻结。当债务逾期5天时，印度储备银行会向邦政府发出警告；逾期12天仍未偿还的，印度储备银行提出第二次警告；逾期14天未偿还的，将启动自动扣款机制。债务风险预警机制的构建一方面加强了对地方政府债务的实时监控，另一方面也督促地方政府理性举债，合理安排举债资金。

最后，地方政府债务的透明度管理是各国的一致追求，透明化包括对地方财政的独立审计、要求地方政府定期公开关键的财政信息、披露隐性债务以及在预算表上体现预算外负债等。巴西建立了所有银行联网的国家信息系统，一切借贷交易信息都必须通过该系统予以反映，否则将被视为非法交易，以此确保对地方债务的有效监控。在此基础上，巴西地方政府还必须每年向中央政府报告财政收支情况，每4个月通过地方债务报告对外披露债务情况，这些报告均由地方行政长官签署公告。地方债务信息公开、透明的要求本身就是对地方政府行为的一种约束，此外，在追求透明度的过程中，公众的力量也将得到充分的发挥。

（三）地方政府债务危机处理

明确、规范的债务危机处理机制不仅能在地方政府危机爆发时有效应对危机，而且也能在危机爆发前使各级政府明确自身职责，避免短期行为。俄罗斯明确规定地方政府如果无法偿还到期债务，一般通过破产程序或者实施财政管理紧急控制措施两条途径来予以解决，并且对于这两种方案的适用情形作了详细规定。我国目前尚缺乏规范的债务危机处理方案，导致中央政府成为地方政府债务的"兜底人"，而地方政府却不需要对其短期行为承担相应的责任，形成了权责不对等的混乱局面，因此深入完善我国债务危机处理机制势在必行。

第四节　对我国地方债务管理的启示与借鉴

纵观各国地方政府债务管理的情况不难发现，无论是发达国家还是发展中国家、单一制国家还是联邦制国家，随着各国地方政府债务的逐渐扩张，地方政府债务管理已经成为财政体制领域的重大课题。世界各国纷纷建立了适应本国国情的债务管理体制，其中不乏成功的经验和失败的教训，这对于我国建立规范的地方债务管理制度具有重要的借鉴和参考价值。

地方政府债务管理是一项复杂、系统的工程，它涉及债务发行前地方政府举债权限的审批和债务发行后对债务的综合管理。此外，有效的债务管理离不开合理规范的制度辅助，因此国外成功经验不能简单地复制，而需要结合具体国情进行取舍才能真正发挥作用。

一、我国现行分权体制下应赋予地方政府适度举债权

举债权是规范化的分税制体制下各级政府应有的财权，这是实行分税制财政体制的国家长期实践得出的经验。目前赋予地方政府举债权已经成为世界各国的主流做法。据统计，世界上53个主要国家中有37个国家的法律赋予地方政府具有举债的权利，地方政府发债成为地方融资的重要途径和资本市场的有机组成部分，在国家的经济发展尤其是地方经济的发展中发挥着重要的作用。但是国际经验也表明，地方政府的举债权应当是适度的、受约束的，为此世界各国都不约而同地通过不同方式对地方政府的举债权进行了限制和规范。我国实行分税分级财政体制，赋予地方政府举债权是具有合理性和必要性的。但在允许地方政府进行举债的同时，应当借鉴国外经验，将地方政府举债行为限制在可控范围内。

（一）规范地方政府举债行为

不同的财政体制下各国对地方政府举债行为的限制存在差异，一般而言，分权程度越高，地方政府财政自主权越大，地方政府举债受中央政府的行政约束越小。日本属于集权程度较高的单一制国家，地方政府的债务发行需要中央统一计划管理，协议审批之后才能发行债务，而在新西兰，地方政府发行债务几乎不受中央政府行政控制。在我国现行财政体制下，中央政府不允许地方政府破产，一旦地方政府发生债务危机，中央政府便成为债务的最后承担者。因此，中央政府应当从源头开始，对地方政府的举债资格进行严格的审核和规范的管理：首先，从法律层面明确地方政府的举债权；其次，地方政府举债必须明确债务的责任归属，严格遵循"谁举债，谁偿还"的原则；最后，监督地方政府理性举债，地方政府举债应当充分考虑自身的偿债能力和实际资金缺口，中央政府可以通过独立的第三方对地方政府的资产负债和信用等级进行评价以确定是否符合地方政府举债要求。

（二）合理确定举债的方式

各国地方政府的融资渠道主要有银行借款和发行证券两种方式，两者的比例在各国间存在差异，一般而言，证券市场越发达，地方政府通过债券融资比例越高。相比银行借款，债券融资具有多方面优势：债券融资成本低、灵活性强，同时其市场化运作不仅有助于地方政府债务自我约束机制的形成，而且也避免了银行贷款模式下财政风险转化为银行风险的可能。目前，我国金融市场发展还不成熟，地方政府债券是我国证券市场的短板，短期内我国还不能像美国等发达国家那样主要通过发行市政债券融资，但有条件的地区地方政府应逐步尝试发行债券方式融资，从而改善融资渠道单一的局面。

（三）规范地方债务资金的用途

举债的"黄金法则"是世界各国所普遍遵从的法则：除短期借款外，地方政府举债只能用于基础性和公益性资本项目的支出，不能用于经常性支出。在此基础上，各国还根据中央政府和地方政府的财权和事权划分界定债务的具体支出范围，主要投资于教育、医疗、道路等公共性服务领域。我国在规范地方债务支出的过程中一方面可以参考国外对债务支出的规范管理，制定适用于我国的债务支出范围；另一方面从成本与收益对等的角度出发，对不同类型债务规定不同的支出范围。对于以政府收入为还款来源的地方债务，应当主要投资于正外部性大、私人难以投资或投资不足的公共基础设施领域，以提高社会整体福利为出发点；对于依赖项目收益偿债的地方债务，债务收入应当兼顾项目的公共性和营利性。投资的项目应当是能改善民生的公共基础设施项目，同时还应当保证项目具有足够的盈利能力以保障到期还本付息，因此对于这一类型债务，地方政府在举债前需要对项目未来现金流进行合理评估，确保项目收益对未来还本付息的可行性。

（四）进行债务规模控制

对债务规模进行控制是防范地方债务风险最直接的手段，同时也是世界各国广泛采用的方法之一。借鉴国际经验，我国地方政府债务规模应当从需求和供给两方面双管齐下。在需求控制上，债务管理较成功的国家均有一套完善的地方政府债务规模控制指标，主要差异在于控制线的设置上，有些国家允许发债规模较大，有的则相对较小。我国财政部门应从新增债务率、偿债率、债务依存度和债务负担率等角度设置控制线，以此规定地方政府举债规模。此外，银行在具体进行贷款审批的过程中应当增设需求控制方面的指标，并定期更新。供给控制主要是限定可向地方政府项目提供贷款的银行范围。为防范财政风险最终转化为银行风险，银行监管机构和相关部门应当只允许资本充足率高、资产规模大、风险管理水平高的大型国有商业银行涉足地方政府债务领域，这些标准可以通过指标进行量化，从而将不符合条件的银行排除在外。

二、加强对债务收支的预算管理

将地方政府债务纳入预算管理体制，通过预算实现对债务的硬约束是各国控制地方政府债务规模的有效手段。根据财政风险矩阵，政府负债从不同角度可以分为显性负债和隐性负债、直接负债和或有负债。我国目前仅将直接显性负债纳入预算管理，且政府会计采用收付实现制原则，从而导致大量的隐形负债和或有负债游离于预算外，缺乏科学有效的监管机制。因此，完善对地方债务的预算管理一方面应当强调对政府债务的全面管理，另一方面应当从预算的高度对地方政府行为实施硬约束。

首先，应当借鉴美国、新西兰等发达国家经验，采用权责发生制编制地方债务预算，这样不仅能全面及时地反映地方债务情况，同时也避免了财政机会主义者利用制度缺陷隐藏当期债务的操纵行为。其次，要对地方债务进行全面系统的管理，将隐形负债纳入预算管理范围，对于或有负债，应当预测各项或有负债发生概率并进行披露，将或有负债纳入预算管理范围。再次，实行对地方政府债务的硬预算约束，美国联邦政府对地方政府的财政危机实行"无援助"政策，有效促进了对地方政府的硬预算。我国要通过预算实现对地方政府的硬约束就需要中央政府严格规范并遵守转移支付制度，避免地方政府在中央政府的援助预期中产生道德风险，将地方债务风险向上级政府转移。最后，地方政府债务资金主要用于涉及公众利益的公共项目，因此预算的编制和审批应当听取公众意见，许多国家发行地方公债必须由民众投票通过后才能予以执行，我国在地方债务预算编制的过程中应当逐渐让公众参与到预算编制中，使预算真正体现民意。

三、建立地方财政风险预警和控制体系

巴西的债务危机表明，地方政府举债可能带来风险。如果没有合适的财政规则来约束地方政府的过度支出行为，地方政府可能会因过度举债而破产。因此，中央政府必须加强对地方政府性债务管理。我国与巴西同属发展中大国，目前地方政府债务规模庞大、管理不善，迫切需要中央政府加强管理，制定切实有效的管理措施，防范债务风险。美国的经验表明，建立可操作性强的地方财政风险预警和控制机制，对于预警和识别地方财政风险、有效防范地方债务危机乃至财政危机具有重要意义。我国应在完善地方债务统计核算体系的基础上，尽快建立地方财政风险预警和控制体系，有效识别、预警和防范地方财政风险。

四、提高债务管理的透明度

完善债券市场机制，提高债务信息透明度，是控制地方政府性债务

的有效手段。发达国家普遍形成了较为健全的债券市场机制。如在美国，信用评级制度、信息披露制度和私人债券保险制度构成了市政债券市场的三个重要机制，减少了市场的违约风险，有效防范了潜在的债务危机。多数发达国家注重财政信息的透明，特别是地方债务信息的透明，建立了定期规范的地方债务信息公开披露制度，新西兰等国还建立了或有负债报告制度。巴西在第三次地方政府债务危机后，财政透明度制度在联邦政府控制地方政府性债务规模中发挥了重要作用。目前，我国地方政府性债务管理还缺乏统一的会计核算办法和信息管理系统，地方政府性债务情况难以实时掌握，信息不对称，不利于国家的宏观管理。我国应在借鉴国外的成功经验，对地方政府性债务进行必要的会计核算和统计基础上，逐步建立全国统一的地方政府性债务管理信息系统，建立健全债务信息报告制度，提高债务管理的透明度，逐步健全债券市场机制，培育防范风险的长效机制。

五、健全地方政府债务担保及偿债机制

健全并完善地方政府担保机制是减轻地方政府或有债务风险的内在要求。地方政府债务的产生，一方面源于政府直接借款，另一方面是由地方政府提供不当担保形成的。后一种原因更具隐蔽性，也是地方政府债务规模膨胀的重要原因。南非在《市政财政管理法》中对地方政府的担保范围和担保责任都做了具体规定，这点很值得我国借鉴。同时，完善地方财政偿债机制，也是防范债务危机发生的重要保障。对应该由地方政府承担的债务，要按照债务偿还期限划分为不同档次，根据财力增长幅度制订相应的偿债计划，做好偿债基金的准备工作。当地方政府不能偿还到期债务时，可先行从偿债准备金中支付，以减少债务风险对地方正常财政运行的冲击。

六、建立规范的财政管理体制

有效的债务管理不仅需要有完善的债务管理体系，还需要建立完善的财政管理体系。从总体来看，各国情况虽有不同，但都遵循事权和财权对等的原则：美国高度分权，其地方政府享有独立的财权，中央政府

对地方政府债务的约束较小；而日本高度集权，地方政府债务受中央政府的行政约束较大。在我国现行分税制下，地方政府财权被层层上移，而事权和支出却停留在地方政府，这种财权与事权的不匹配使地方政府客观上存在举债的需求。与此同时，目前我国高度集权的政治和行政管理体制使中央政府成为地方政府债务隐形的担保人，一旦地方政府无力还债，中央政府将成为地方债务风险的"兜底人"。因此，进行税制改革，建立科学、完整的事权与财权相统一的财政管理体制势在必行。

首先，要明晰中央政府和各级地方政府的事权划分，合理界定各级政府的支出范围，再根据支出范围来确定收入规模，使各级政府财权与事权相对称。其次，增强地方政府财力最有效的方法是健全地方税收体系，地方政府财政收入不能满足其支出责任需要，是地方政府债务扩张的根源之一，而增强地方政府财力就必须改革地方税收体系，使地方政府有稳定的收入来源。合理调整中央与地方政府的税权划分，赋予地方政府适当的税收立法权和管理权，是进一步健全地方税收体系的前提，有利于促使地方因地制宜地设计或积极采取某些税收政策措施。借鉴发达国家经验，在我国地方税的完善中，结合税费改革，建立新的财税体系，调整现行房产税、城镇土地使用税、车船税等，完善我国地方税体系。最后，目前我国省级以下地方政府财政管理体制混乱，这导致各级基层政府财力不足，为改变这一现象，必须大力完善中央和省级的财政转移支付制度，增加一般性转移支付，在有条件的地区实行省管县或乡财县管的财政体制。

第七章 防范和化解地方政府债务风险的原则与思路

综合考虑当前化解地方债务、防范财政风险的任务，要解决的突出问题就是两大项：一是要处理好债务存量问题，即对已有的债务特别是一些历史性债务如何做好清债工作；二是处理好债务增量问题，即在政府继续产生新的债务不可完全避免的情况下，如何规范新的债务的产生和规范债务的借贷方法。在实际工作中，对这两项问题的妥善解决，并不能截然区分开来，必须统筹考虑各项政策和措施；同时，需要各领域改革措施的综合发力，也需要中央与地方政府的协同共进。

政府性债务风险防范和控制的基本目标是"风险可控、结构优化、有效管理、规范运行"；基本路径是多管齐下，共同发挥政府、市场和公众在控制债务风险方面的作用；基本思路是重点关注或有显性债务风险，提高政府偿债能力，健全内部控制机制，实现债务风险的收敛；短期对策侧重于解决突出问题，长期对策侧重于制度建设。

第一节　防范和化解地方政府债务风险的基本目标

在工业化、城镇化的过程中，城市政府需要承担更大的支出责任。在现行的财政体制框架下，地方财力不足导致地方政府举债，特别是通过各类平台公司举债用于基础设施和公益事业。地方政府举债在弥补市场失灵、加快城乡一体化、促进社会快速发展方面发挥着重要作用。

同时也要看到，为加大城乡统筹力度，应对金融危机和开展灾后重建，地方政府性债务近年来存在过度膨胀趋向。众多政府性平台公司以土地未来收益作为质押的融资方式，加大了政府财政风险：一旦在债务的"借、用、还"环节出现问题，一旦政府、公司、银行之间的信用链条发生断裂，就会产生全局性重大影响，危害经济稳定和社会安全。这种政府债务性风险具有很大的不确定性，风险转化为危机其实并不遥远，近期如果关注不够，也有可能转化为债务危机。

因此，在城乡统筹和实现跨越式发展的过程中，有必要设立一套防范债务风险的目标体系，确保地方政府性债务规模适度、结构优化、管理规范和良性运行。

一、风险可控

政府债务余额占财政收入和经济规模的比重要适度，债务规模发展态势也要适度。在城乡一体化过程中，要科学规划基础设施建设，既要适度超前，又要坚决防止"大手大脚"、过度超前和过度负债。政府财政部门对于行政区域内的所有政府性债务规模要能够全面掌握，及时更新动态信息，实施有效控制。

二、结构优化

结构优化是指政府债务期限结构、利率结构、行业结构、区域结构、债权主体结构、资金投向合理。总体要求，短期债务与中长期债务安排要相对合理，以尽可能节约利息支出和资金成本；债务资金来源要多元化，通过建立多种稳定的资金来源渠道，确保举债计划的如期实现；债务资金使用投向要保持合理的结构，在基础设施建设、社会事业发展和民生领域的投入比重要与经济发展阶段相适应。

三、有效管理

融资平台之间必须职能清晰，职责明确，建立起协调有效运转的体制机制。具体管理要求包括：一是有明确的债务管理主体、债务使用主体和偿债主体；二是政府债务管理体制规范，各级政府间债务管理责任明确，政府对于平台公司的债务资金有效监控；三是平台公司债务使用得当，资金保值增值；四是形成良好的债务事前、事中、事后的风险控制机制。

四、规范运行

按照既要适度举债、超前投入，推动经济社会稳定健康发展，又要规范运营、确保资金安全和稳健发展的要求，政府性债务规范和良性运行有两层含义：一是债务内部的良性运行，表现为政府性债务"借得来、用得好、还得起"，政府、债务使用单位和金融机构之间形成良好的互动；二是债务外部良性运行，表现为政府性债务促进了经济发展、财政增收和社会和谐，而后者反过来提高政府债信、降低融资成本、缩小债务规模。

第二节　防范和化解地方政府债务风险的总体原则

防范和控制地方政府性债务风险是一项复杂的系统工程，需要多管齐下，共同发挥政府、市场和社会三方面的作用。

一、政府管理

政府管理作用体现在政府根据其经济、产业和区域发展规划，制订债务融资计划，包括债务规模、结构、用途、期限、时机、偿还方式等多方面内容，引导市场主体参与债务融资。在城乡统筹中，城市地方政府的导向作用更为直接和明显。尽管如此，在建立社会主义市场经济的背景下，政府导向要适度，政府公共部门及其所属国有企业（平台公司）不能过多配置资源，挤占民间资本。政府财政的支出范围主要限于公共安全、公共秩序、公共服务、公共工程等领域。同时，地方政府要着眼于提供对管辖区域内民众福利和地方经济运转至关重要的基本公共服务，对私人商品生产领域政府要减少干预，以防范或有债务的累积和债务风险的形成。政府的职能和主要推动作用有以下几个方面：

第一，推动完善地方债务法律、制度体系。一是确立地方政府举债投入城市基础设施建设的法律地位。这是加强地方政府债务管理的当务之急。允许地方政府举债建设基础设施既是国外成功的经验，也是经济发展的现实需要。即使在发达地区，仅仅依靠地方财力进行重大基础设施建设仍然相当困难，在欠发达或落后地区其迫切性则更加突出。同时，地方政府直接融资还可以拓展利用社会闲散资金的渠道，扩大内需，为经济平稳较快发展注入新动力。二是建立地方政府债务审批制度。审批的重点是防止地方政府债务膨胀，防止资金过分向富裕地方政府倾斜，统一协调中央、地方政府及社会应债能力的关系。三是建立科学的地方政府负债率、偿债率指标，地方政府应结合实际，制定出科学的指标评价体系，作为约束地方政府债务规模的标尺。

第二，扩充地方政府举债形式，改善地方政府债务结构。目前地方政府吸纳大量信贷资金容易形成政府与企业争夺信贷资源的局面，经济实体因得不到应有的信贷支持使发展受到阻碍。大量的非营利项目融资还降低了银行资产的流动性，蕴含金融风险。地方政府通过发行建设债券筹措建设资金，可以改善政府债务的期限结构和债务品种结构，促进资金的调剂使用，提高资金使用效率。

第三，将债务资金纳入预算管理，综合平衡地方政府预算。一是要编制单独的建设资金预算，并纳入地方政府综合预算进行综合平衡，强化地方政府主要领导平衡综合预算的责任。地方政府在编制公共预算时，必须同时做出下年度财政投融资计划和投资项目计划，并将有关预算与计划一并报告有关权力机构审查，获得批准后与公共预算一起作为财政活动予以执行。所有政府性债务的借、用、还应归入预算管理。二是要建立严格的还款准备金制度。政府在安排每年的财政预算时，应充分考虑偿债的因素，在财政每年安排的技术改造、基本建设以及有关部门的专项资金中集中一部分，或从预算中单独安排，建立还贷准备金。财力允许时还应建立还贷质转金，用于临时垫付周转。

第四，规范债务投资决策责任制。为了杜绝项目取舍的非科学做法，地方政府在使用、管理贷款资金时，要建立严格的债务投资决策责任制，以规范的形式明确项目负责人应承担的管理和偿债的责任。同时，为避免投资决策失误，应实行整个投资项目的决策者一贯负责制，对从建设项目的可行性研究和确定，到设计、施工、生产准备、投入生产的全过程负责到底，全面监督。对放弃职责、放松管理，导致项目失败、偿债发生困难的责任人，要给予相应处分；对造成重大损失浪费，甚至利用主管项目之机违法违纪的，要追究其法律责任。

第五，加强财政收支管理。地方基础设施建设投资，最终要依赖于地方经济发展。地方政府要以建立稳固、平衡的财政为目标，发展经济，培育新的财源增长点，实现区域经济新的发展，以建立广泛的收入来源。在支出方面，地方政府要本着厉行节约的原则严控日益增长的行政事业性经费开支，对于那些可以通过市场提供的公共物品要引导社会资金进行投资，提高财政资金的使用效率。中央财政要完善转移支付制度，加大经济欠发达地区和落后地区的转移支付力度，匹配地方政府的财权和事权，缩小其收支差距。

二、市场引寻

各类市场主体参与对于防范和控制债务风险有决定性作用：①政府债务的最终偿还来源，是各类市场主体创造的税费和财富，只有经济蛋糕做大，才能形成债务与经济的良性循环；②市场化的融资和运作方式，有助于降低融资和交易成本，减轻债务偿还负担；③市场"用脚投票"机制有助于减少债务风险。一般来说，地方政府举债存在严重的逆向选择问题：地方财政实力越差，政府管理越不透明，举债的动机越大，债务风险也越大。而市场机制在解决信息不对称带来的道德风险和逆向选择问题方面有自身的优势，银行等金融机构在很大程度上可以分辨信贷风险高低。对于信誉不好和管理不规范的地方政府，其贷款成本高，甚至不愿贷款，从而迫使政府提高信誉，增加透明度，这反过来有助于降低政府性债务风险。为此，需要对现有政府融资平台进行清理和整顿。

三、公众监督

除了发挥政府和市场的作用外，政府性债务的风险防范还需要发挥社会公众的监督作用。《中华人民共和国宪法》（以下简称《宪法》）赋予了社会公众的监督职能。《宪法》第四十一条规定："中华人民共和国公民对于任何国家机关和国家工作人员，有提出批评和建议的权利，对于任何国家机关和国家工作人员的违法失职行为，有向有关国家机关提出申诉、控告或者检举的权利。"当然，这些权利的行使要以信息公开为基础。社会公众对政府性债务风险的监督作用体现在：①监督政府性债务形成机理和途径；②监督政府债务资金的规模和使用；③监督政府性债务的偿还途径；④监督政府债务管理改进措施等。

在当前基本明确地方政府是化解地方债务责任主体的前提下，中央政府的发力，应当立足于预警防范财政风险和合理落实地方政府的一级财权、逐步培育一级债权，从督促、引导地方政府化解债务入手，深化相关改革，逐步形成有利于地方债务管理的规范性、根本性机制。在中央政府和相关部门工作层面，今后一段时期的基本思路可以概括为"治存量、关后门、开前门、修围墙"十二字方针。要借鉴并总结"普九"债务化解的成功经验，进一步提高地方政府化解债务的积极性，鼓励地方政府对现有债务进行综合清理，分类核实，尽快形成并落实清欠方案；结合新预算法，重点做好"开前门、关后门、修围墙"，通过深化改革、加强管理、创新机制和综合推进等多重政策，逐步形成与分税制分级体制和市场经济环境相匹配的地方公债制度规范，可将条件比较成熟的地区作为地方公债发行试点。

第三节　防范和化解地方政府债务风险的技术路线

一、准确划分政府与市场界限

为从源头上减少以至杜绝地方政府变相举债投资的行为，应遏制、杜绝地方政府变相的私下举债行为，杜绝地方政府性债务的无序蔓延和相关公共风险的暗中积累，但可保留一项"急事急办、特事特办"的特别应急程序（平时是关闭的），以应对突发事件或非常状况。

（一）加快政府职能转变步伐

转变政府职能是解决地方政府举债投资问题的治本之策。党中央、国务院多次提出要加快转变政府职能的步伐，但是地方政府的"全能"和"无限"问题仍然须依靠政府职能的转变，找准政府的定位。在我国经济社会的转型期，政府在发挥宏观调控、市场监管职能的同时，要更加突出和加强政府的社会管理和公共服务职能，扭转以 GDP 为核心的政绩指标考核机制，真正把政府由"全能型"转为"服务型"，由"无限型"转为"有限型"，要以建设人民满意的政府为目标，把实现好、维护好、发展好最广大人民的根本利益，作为政府工作的出发点和落脚点；更加注重和改善民生，特别要关心和解决城乡低收入群众的生活困难，使全体人民共享改革发展成果。

（二）进一步明确政府间事权划分

明确的事权划分是保证地方政府职能不越位、不错位、不缺位的基础，同时也是配置相应财权、财力的关键依据。今后，应该在加快政府职能转变的基础上，遵循事权划分一般规则，参照市场经济国家的通常做法，尽快在义务教育、公共卫生、社会保障等基本公共服务领域，明确界定各级政府的管理权限和筹资责任，并以法律规章的形式加以固定。

根据党的十七大精神，按照中央统一领导、充分发挥地方积极性的原则，进一步明确我国各级政府的财政支出责任。一是属于全国性和跨省（自治区、直辖市）的公共产品和服务以及具有调节收入分配性质的财政支出责任由中央全额承担，以保证法制、法令统一，具体包括国防、外交、国家安全、武警、全国性的立法和司法以及养老保险等；二是属于面向本行政区域的地方性公共产品和服务的财政支出责任由地方政府全额承担，以提高工作效率、降低管理成本，具体包括地区性交通、警察、消防、基础教育、环保、城市建设、地方性立法和司法、医疗保险、就业以及失业保险等；三是属于中央和地方共同管理的事务，要区别不同情况，明确各自管理范围，分清主次责任，对具有跨地区"外部性"的公共产品和服务的财政支出责任，由中央与地方按照一定比例分别承担，如跨地区的铁路、公路、大江大河治理、天然林保护、高等教育、计划生育等。

（三）赋予地方政府适当的举债权

应进一步明确政府间事权划分。按照上述思路，现行政府间财政支出责任划分要作较大调整，需要修改有关法律、法规和政策，涉及部门较多，情况复杂。建议由国务院组织力量专门研究，结合行政管理体制改革，提出切实可行、分步实施的改革方案，力争两年之内完成此项工作。责权明确后，执行中要建立各级政府间硬约束机制，中央和地方政府合理分工，各司其职，有效配合，在分税制框架下强化自上而下的转移支付制度，达到各级政府财力与事权的匹配。

二、积极推进地方政府性债务存量治理

（一）全面启动地方债务清理工作，支持地方政府开展清欠工作

治理地方债务的存量，特别是历史陈欠应当成为地方政府的一项工作重点，中央有必要进一步加大督促、鼓励和支持的力度，进一步做好"治存量"相关工作。

（二）鼓励地方政府全面启动债务治理工作，先清理，后化解

鼓励地方政府全面启动债务治理工作，此项工作初期重点放在清理上，采取各种措施，全面摸清各地债务底数，并经审计核实之后，锁定债务。有条件的地区，可以根据清理情况，制订偿债方案，明确偿债顺序、偿债来源和偿债时间表。债务界定暂以地方政府直接负债

为主。

（三）加大对地方政府清理历史陈欠债务的支持和奖励力度

为了提高地方政府化解历史陈欠债务的积极性，中央财政应形成与完善对地方政府偿债的长效激励约束机制。每年安排专项补助资金，或在现有"三奖一补"基础上加大投入，增加对地方债务化解的奖励补助，在操作中，要坚持"先化解后补助"，对地方政府确实已经化解的债务给予补助。补助中，一是要重点支持中西部地区，适当兼顾东部地区；二是要重点支持公共服务类债务，地方投资形成的债务暂不考虑；三是严格依据地方政府自身的偿债时间表安排，对未在规定期限内化解的债务不予补助；四是要形成对省级政府的追加激励，在要求省级财政给予债务化解相应补助的同时，中央财政按照省级偿债资金的拨付进度执行拨付。

三、探索地方政府多元化融资方式

面对地方政府预算资金的短缺和相应的举债需要，应结合改革深化与制度建设，推动形成透明、规范的"前门"机制，通过正常的渠道解决问题，也就是所谓的"开前门"。为此，一是要从财政体制改革入手，保证地方政府具有相当稳定的税基，落实"一级财权"；二是要探索规范的地方政府举债制度，赋予地方政府一级债权；三是要示范和引导地方政府探索运用、吸收社会资金实现公共产品提供任务的多种方式。

（一）充分发挥公共收入制度对于地方政府职能转变的正向效应，尽快落实地方政府的"一级财权"

加快改革公共收入制度的步伐，培植地方政府的稳定税源。出发点是要以公共收入制度改革配合推进政府职能转变，弱化地方政府盲目追求产值、追求流转税税收增长的扭曲式激励机制。只有使地方政府职能的重点和其支柱性财源的培养相互吻合并形成良性循环，才能适应政府职能和财政职能调整导向，从内在动力机制上消除其扩大投资、办企业的利益冲动和着眼于短期从土地一级市场获取收入的扭曲式"土地财政"依赖，内生地使地方政府行为纳入科学发展观的轨道。同时，为了从根本上改变政府充当地方经济活动主角的不正常状况，必须从财力相关机制规范上切断不规范政府行为发生的源头。其要点包括：①调整流转税税率和结构，适当降低流转税在整个税收收入中的比重。尽快把增值税转型落实到位，加快生产型增值税（即对企业新购进固定资产所含税款不予抵扣）改为消费性增值税（即允许企业抵扣投资所建厂房及新购进机器设备所含税款）的步伐；稳妥做好全国所有地区、所有行业的增值税转型改革工作。②调整和规范中央和地方的收入划分，逐步实现中央、省、市县三级财权和税基的呼应。原则上，各级政府都应该有自己大宗、稳定、与事权相应的税源。在保持中央财政收入占全国财政收入比重相对稳定的前提下，按照各税种的宏观调控功能、税源的流动性和分布情况以及征管效率等因素，合理地分别配置到不同层级。改革完善地方税体系，市县级要争取较快配置与其事权相匹配的不动产税（物业税）等税基，增加地方税收收入，并在过渡中合理安排和尽量逐步减少共享税，同时尽量减少不必要的收入上划和下转。③深化省以下财政管理体制改革，巩固与扩大财政层级扁平化改革成果，保证基层政府的财力、财权。以"省直管县"和"乡财县管"为标志的财政层级扁平化目前在全国已经得到了较大范围的推广，被认为是解决中国地方政府层级过多、省以下分税制无法推行的有效措施。

（二）示范和引导地方政府探索公共产品提供的多种方式

为了解决公众不断增长的公共产品需求和财政资金有限性之间的矛盾，各级政府应当积极探索多种公共产品提供方式。特别是要借鉴一些国家的经验，推广公共产品的PPP模式。各级政府应当有意识地引导和促进企业、社会中介甚至农民个人等私营部门参与到公共产品的提供中来，解决财政资金不足或使用效率不高问题。在公私合作中，可以存在两种导向的选择：一是以政府为主导，政府出资或组织融资，完成公共产品的生产，然后通过租赁、托管等方式委托私营部门进行常规提供；二是以私营部门为主导，政府加以扶持。政府可以通过减免税收、财政直接补贴、无息低息贷款等方式扶持那些生产公共产品的私营部门，然后通过购买服务的方式来获取产品。

四、加强财政风险监控和预警体系建设

强化对地方债务的监督管理，建立财政风险监控和预警体系。通过做好"修围墙"相关工作，预防财政风险，加强对地方债务的监督管理，建立财政风险的监控和预警体系，形成对地方债务管理的约束"围墙"。

（一）强化对地方政府性债务预算管理的监督

目前在地方政府层面上，从河南省焦作市等地的实践来看，编制债务预算基本可以做到。但是，从管理上看，债务预算的透明度、规范度还亟待提高，绝大多数地方政府的债务预算不履行人大审议的程序。因此，从管理上，一是要求债务收支必须编制完整预算，每一笔新发生债务的来源与用途、偿债资金的来源和计划都要加以说明。而且，收支预算应当附有对政府债务风险的分析和预测。二是应将债务收支预算纳入人大审批程序。从程序上，债务预算应当和一般预算同样接受同级人大的审批和监督，债务的举借必须得到人大批准后方可执行。三是加强对债务收支预算的审计监督，债务审计应当成为财政审计的重点之一，债务审计报告应递送同级人大，并报中央有关部门备案，特别重要的举债行为，可规定须经中央有关部门审批。

（二）建立财政风险监控和预警机制

结合地方政府性债务的全面清理，利用现有的信息便利条件，中央应逐步形成财政风险监控和预警机制。建立该机制的目的十分明确，就是针对中央和地方（可先覆盖省级，然后逐步到地市级）的财政风险加强监控，实现财政风险规范化、系统化和科学化管理。机制建设的重点包括：一是及时监控地方政府性债务。借助现有各类"金"字号信息工程的建设成果，实现对地方债务的规模、结构和变化的及时了解和掌握。二是建立从中央到地方的风险预警指标体系。这些指标应该包括财政赤字、债务水平、预期借款需求占政府收入比例等指标。

（三）切实做好风险的预测分析，增强预警能力

财政风险监控和预警机制最后要落在"预警"上，未雨绸缪，中

央层面要逐步提高对我国财政风险的综合预警能力。除对突发情况的分析外，有必要形成对我国财政风险的常规性预测，按年度实现滚动，判断当年的财政风险概率。同时，应重点发现可能出现财政风险的地方政府以及相应对中央财政风险的影响预期，尽早采取防范措施。

第八章 新《预算法》背景下化解地方政府债务风险的具体建议

第一节 地方政府性债务规模控制和结构优化

一、地方政府性债务规模控制的目标

债务规模控制的目标应该建立在正确把握债务基本性质与特征的基础上。政府性债务的实质是投资了未来期间的税收收入,以提前预支税收收入的方式为长时期的资本性项目支出融资,建立起代际公共服务受益与支出相匹配的偿付关系。那么,债务规模控制的前提就是:第一,政府债务是为长期性资本项目支出融资的。由于未来几代人都可以从该项目使用中受益,因此它需要提前预支未来的税收收入。第二,资本性项目(或者民生类项目)都是辖区居民实际需求的公共服务,否则要居民负担其项目成本就是不合理的。

为了促进地方政府对债务资金合理配置和使用,对地方政府性债务

规模控制就不能仅仅以债务规模的总量为对象制定上限，而是要充分考虑各个地方债务结构、债务性质以及债务未来的现金流入值。规模控制最终的目标，一是能有效促进地区的经济社会发展；二是要保障政府性债务能够到期还本付息以尽量减少偿债违约风险，这就要求地方政府每年在测算债务的举债空间时，需要测度地方政府性债务引致的经济增长效应或财政收入效应。对于政府直接负有偿还义务的债务，按照国家有关债务资金使用管理办法，新增债务资金主要用于公益性资本项目支出和重大民生项目支出，债务规模控制应该尽量以资本性项目（或民生类项目）长期内的经济增长（或税收收入）价值作为目标函数，并以政府直接债务为主测算债务规模与经济增长（或新增税收收入）两者之间的函数关系式。对于政府债务组成部分，仍需要测算其可能带来的经济增长或税收增长。

国际上有关政府债务经济增长效应的测算多以财政可持续性原则为基础，除了资本性项目中由中央政府承担的支出责任由其转移支付平衡缺口外，如果举债融资通过之后年份的税收收入（或是地方财政收入）溢价可以得到偿还，则债务规模控制的制度目标是可实现的。借鉴国际通行的一般做法，各级地方政府可以通过建立年度债务的平滑测试模型，分年度测算长期内满足债务可持续条件下（最主要关注三个指标：经济增长率、税收增长率和土地财产相关税收溢价）地方政府性债务最优规模，并以此作为地方政府债务规模控制的理论基础。如果债务预算管理分为一般性债务和专项性债务，针对专项性债务的规模控制制度目标应该是资本性项目（重大民生类项目）的使用者收费现金流入值能够基本覆盖债务的本金和利息偿还。

二、地方政府性债务规模控制的制度框架

地方政府性债务规模控制在制度框架体系上主要体现为对地方政府债务的限额管理。实际上，财政部《关于对地方政府债务实行限额管理的实施意见》（财预〔2015〕225号）已明确表示，要建立地方政府性债务规模控制的法律体系，其基本工作即是切实加强地方政府债务限额管理。地方政府债务总限额的测算、制定和分配的主体应为中央政府，

具体应该依照财政可持续性发展原则，根据国家宏观形势等因素确定，并报全国人民代表大会批准。年度地方政府债务限额应等于上年地方政府债务余额加上当年新增债务限额，同时区分其中的一般债务限额和专项债务限额。当经济下行压力大、需要实施积极财政政策时，可适当扩大当年新增债务限额；而当经济形势较好、需要实施稳健财政政策或适度从紧财政政策时，适当削减当年新增债务限额或在上年债务限额基础上合理调减限额。在必要情况下，年度预算执行中也可以适当调整债务限额以增强政策灵活性，应对外生冲击事件。如出现特殊情况需要调整地方政府债务限额时，由国务院报全国人大常委会审批。

地方政府债务限额特别是新增债务限额的分配应该设定全国统一标准，以保障新增债务限额分配的公开、透明和规范。在新增限额的分配公式中，应该考虑的因素包括：经济发展水平、地方财政能力、财政资金使用效率、负债率、偿债率、债务增长率、债务逾期率等。在省以下政府间债务限额分配上，省级政府逐级下达分地区地方政府债务限额。地方政府债务限额分配现行规定是：在不超过批准的总限额内，省级政府根据各地基础设施建设投资需求、现实财力状况和申请项目未来相关资金流入现值等因素，综合确立辖区内各地方的债务限额规模，报经同级人大常委会批准，下达各市县政府。也就是说，地方政府的债务限额仍需要受到上级政府的约束，强调自上而下的风险监控流程。市县级政府需要举债的，依照经批准的限额提出本地当年政府债务举借和使用计划，列入预算调整方案，经本级人大常委会批准，报省级政府备案并由省级政府代为举债；中央政府更倾向于使用"舒缓"而非"堵塞"的方法，保障地方政府性债务的平稳运行。

财政部还同时规定，各级政府债务限额管控目标确定后，对地方政府债务进行分类预算管理。一般债务人纳入一般公共预算管理，主要以一般公共预算收入偿还；专项债务纳入政府性基金预算管理，通过对应的政府性基金或专项收入偿还。对于特定的债务或在特殊时期为缓解财政压力，允许地方政府通过借新还旧或发行置换债的方式实行债务展期，平滑债务偿付压力。

对于地方政府的或有债务，尽管可以不纳入地方债务的限额管理，但必须加强对其形成和发展变化的动态监控，包括政府负有担保责任的债务和可能承担一定救助责任的债务。有关信息通过一定的报告形式加以反映，并对其中可能转化为财政直接负债的数额定期进行测度和分析。

三、基于债务限额法和举债空间法的债券规模控制路径

对地方政府债务实施限额管理关键在于使地方政府在严格限额范围内举债和有效控制其或有债务。财政部（财预〔2015〕225号）规定：对于直接债务，省级政府应在批准的债务限额内，统筹考虑辖区内各地的具体情况，合理安排债券的品种、结构、期限和时点，做好发行、兑付工作。中央和省级财政部门应定期向本级人大和相关专门委员会报告地方政府债券发行和兑付情况。对地方政府债务限额管理实施前在建项目的后续贷款中需要作为政府性债务加以管理的，应由各地在地方政府债务限额内通过结构调整来解决，而这类项目的后续融资需求在确定年度新增地方政府债务限额时加以统筹考虑，依法通过发行地方政府债券筹资。对于地方政府新发生的或有债务，要严格限定在法规或制度允许的范围内，如依法担保的外债转贷，防止以各种变相债务融资方式突破债务限额，加重地方的实际债务负担。

在地方政府依据债务限额进行预算编制时，对于债务举借限额的控制方式可以通过债务限额法（Debt Ceiling Approach）和举债空间法（Benchmarking Approach）具体实施。在前一种方法下，各级政府对债务负担比率设定一个最高限额，然后通过财政收入（或支出）倒推出债务最大负担规模，减去现存债务余额则为新增债务的最大规模。政府债务实践中债务限额的确定可以是一个确定的值，然而为了适应宏观政策调整的灵活性，各级地方政府可以设定债务上限的区间变动范围，即为债务上限设定一个目标值和一个较高的封顶值，通过灵活的债务上限结构在一定的财政约束范围内对资本项目做调整。同时，运用债务限额法还要考虑到如何对未来年份的债务负担做出规划，包括分年度计算出各地方政府的公共资源增长值，根据存量债务发行的时间、数量和利率以及新增债务的时间、数量和利率，判断中长期财政规划中年度动态的债

务吸收能力。在美国，一般会对一段较长时间内的债务吸收能力做出预测。当遇到政府债务发行利率、发行时间等发生变动的情况时，各地方政府需要再按照不同的假设情况进行敏感性分析，将敏感性分析的结果在政府预算表中通过附注的方式加以披露。

举债空间法是各地方政府将其债务负担与全国债务负担水平的平均值或者中位值进行比较，考虑到地区经济发展和资源禀赋状况，也可以选取债务规模控制较好的、具有相同经济状况和同等地位的地方政府进行跨区域比较。举债空间法的债务限额的计算方式与债务限额法相同，但是需要保障两点：一是相比较的地方政府间经济水平和对基础设施建设的需要或偏好大致相同，这一系列因素可以在规模测算模型中加以控制；二是各级政府对于中央和地方间支出事权责任分工要大致相同，这些可以在测算模型中把地区承担的跨区域国家级资本性工程项目支出（即由中央政府承担的支出责任部分）加以剔除。更为妥当的方法是使用债务限额法和举债空间法同时进行程序控制，给出规模限额的浮动区间。

四、地方政府性债务结构优化的目标

根据债务归属性质的不同，地方政府性债务结构可以有不同的划分方式。从借债的政府层级来看，我国各省级政府性债务中负有偿还责任的债务主要集中在市本级和区县本级。从地方政府性债务举债主体来看，政府债务结构包括政府直接借债、融资平台借债和事业单位借债，其中融资平台公司是第一大举债主体。从债务资金使用的结构看，主要投向市政建设、交通运输、土地收储、科教文卫及保障性住房，其中交通运输、市政建设和土地收储最为重要。政府负有偿还责任的债务是市政建设领域主要的债务类型。政府或有债务是交通运输领域主要的债务类型。土地收储方面相关债务也基本属于政府负有偿还责任的债务。从债务融资来源分析，总体上仍以银行为主，同时BT、信托和融资租赁等融资方式也呈上升态势。不同地方政府负债的规模、结构和特点具有显著分化性，由此带来的债务风险也不一致。

根据上述分析，地方政府性债务结构化的基本目标是要保障债务资

金配置效率的最优化，以产生足够的收益应对债务清偿的压力。地方政府性债务结构优化必须遵循"黄金法则"，即除短期债务外，地方政府举债只能用于基础性和公益性资本支出而不得用于弥补地方政府经常性预算缺口，相应地，经常性公共收支必须平衡，政府在整个经济周期中所形成的全部债务只能用于公共投资。对于不产生现金流的公益性资本支出项目，由于最终要依靠政府的税收收入来弥补，则其举债和债务资金配置，要求所建设的公益性资本项目必须与区域经济发展需要和辖区居民需求相匹配，即既定债务资金应尽可能实现产出最大化或者社会福利效应最大化。对于项目建成后能产生使用者收费的资本性投资支出，则债务资金使用和配置应尽可能达到项目的资金回流（使用者收费等）在设定的期限内可以覆盖债务偿还的本息和。为平滑不同时期的偿债压力，债务期限结构应尽可能与地方财政能力的提升或项目资金回流的周期相对应。根据上述要求，地方政府应在一般债与专项债、短期债与长期债，以及各类债务的内部结构上做出合理安排，以有效保证财政的可持续性，最大化地方的经济增长和福利效应。

五、地方政府性债务结构优化的制度框架

地方政府性债务结构优化的制度框架构建至少应体现四个方面的要求：以"黄金法则"为基础、债务资金投向结构优化、债务期限结构优化和债务风险结构优化。"黄金法则"基础上的债务结构优化制度框架构建需要明确区分一般日常性支出的投资性支出，并且将这一制度设计要求细致嵌入至每一项公共支出的内部划分上。如地方政府不能简单地将教育支出划为经常项目或资本项目，对于人员经费、办公经费等当期费用化的无法产生持续财富效应的开支项目应归为日常性支出，而对于教育基础设施、教育科研设备等固定资产支出等则更适合进入投资性支出当中。这一基础工作对于更好地贯彻"黄金法则"的制度目标是相当重要的。

债务资金的投向结构优化制度框架中应尽可能体现经济发展和"居民需求"回应原则，即只有通过人民代表大会对债务预算安排的审议和确认，对地方经济能发挥支撑作用和有效解决当地民生需求，且属于公

共和公益设施项目的才应允许借债融资进行建设。大量基础设施建设投资项目资金回收期较长，有的根本不产生直接的现金流。因此，每一项债务资金投向都应以一定的经济或社会效益为基础，这样的债务融资才具备以未来税收或收费进行偿还或者担保的依据。在满足经济发展与居民需求回应的基础上，各地方政府可根据地区资源禀赋差异和经济增长目标，将一定时期内具体的债务资金投资结构体现在其预算方案中。

债务期限结构优化的制度设计是尽可能化解地方期限结构与项目效益周期之间不匹配的矛盾。基础建设周期长而地方性债务期限由于资金市场的制约而一般较短，房地产市场和土地市场的波动性会进一步加大地方政府的短期偿债压力。债务期限结构的优化应在有效落实预算法规制度的基础上做好预期偿债风险监测，对存量债务进行梳理，合理安排资金偿还进度，构建滚动的预算管理方式，必要时通过置换债等方式拉长债务期限，解决项目建设周期和债务资金期限结构错配问题。

债务风险结构优化的制度目标是促进公共建设资金来源的多元化、举债方式的多样化、偿债压力的分散化。应从法律制度、财税优惠政策等多方面鼓励社会资金进入公共建设领域，以市场化为导向，推动地方政府多元化融资体制建设，避免地方政府过度举债以及向银行借款的单一举债渠道，以多种方式化解存量债务，包括将短期债务置换为长期债务，开拓多种直接融资方式，开发直接债务融资工具降低流动性风险等。

六、基于增长、民生和风险防范的地方政府性债务结构优化路径

在举债空间约束的范围内，围绕增长、民生与风险防范目标，结合当前地方政府的负债状况，优化地方政府性债务结构。

首先，应解决好存量债务的甄别和处置。现有债务虽然总量可控，但结构性矛盾突出，对此，一是要严格界定地方政府的直接债务、或有债务以及企业债务，特别是要将国有企业债务完全分离出来，并将或有债务中可能转化为政府债务的部分加以评价和测度，以尽可能明确地方

政府的偿付责任；二是要严格界定不同层级地方政府的偿债责任，在现有的地方政府性债务中，市县级政府的债务占比高、负担重，其中部分负债建设项目具有利益的区域外溢性，即使是省级项目也有类似的情况，因而这类负债应部分由上级乃至中央政府承担，以减轻下级政府的实际负担；三是根据地方政府的偿债能力，将部分到期直接债务通过置换方式合理展期，所展期的债务应是按地方当前财力无法清偿、利息负担偏重的部分，而非全部无条件展期，以强化地方政府当期的偿债责任。

其次，清理、改造各类地方政府融资平台。新《预算法》实施前，通过融资平台为地方政府建设项目举债是地方政府解决资金困难问题的主要方式之一，随着新《预算法》的施行，相应要剥离融资平台为地方政府举债融资的功能，因而各类地方融资平台的清理、改造就提上了议事日程。对于融资平台清理、改造的基本取向，一是对没有收益能力、主要承担公益性项目建设的，应予注销，其资产负债转由政府相关职能部门承担；二是对有部分收益能力的，尽可能改造成政府与社会资本合作实体，以市场机制增强项目的运行绩效；三是对有盈利能力的，作为一般国有企业进行管理。

再次，做好债务资金投资项目管理。地方政府举债主要是为大型基础设施项目融资，相应地，项目建设及举债融资都应以经济发展与民生需要为基础，做好充分的可行性分析论证。在项目实施期间，除一般的监管外，应引入第三方机构进行定期评估分析，客观评价项目建设和债务资金管理使用情况，根据评价结果作相应的政策调整，提高资金使用或运转的效率。

最后，在地方政府债务风险优化控制上，除债务限额的总体约束外，应根据项目融资时限结构、投资回收期限结构、利息负担最小化等，结合政府资信与市场资金供给状况，设计并灵活调整举债融资的结构安排，使得债务风险不仅在总体上具有可控性，而且其防范措施进一步落实到具体的债务项目和类型上，将债务风险的防范延伸到源头领域，实现债务风险结构优化。

第二节 地方政府债券的发行管理和信用评级制度

一、地方政府债券的发行管理制度

（一）明确地方政府债券发行管理的要素

总体来讲，与公司债券发行类似，地方政府债券发行管理的要素主要包括以下几个方面：发行主体、发行对象、发行规模、发行方式、债券期限和利率、债券品种及资金用途。如何设计合理的制度，实现对上述要素的有效管理，是地方政府债券发行管理所要解决的核心问题。

地方政府通过发行债券融资，已成为发达国家的通用做法。发达国家地方政府债券发行管理要素见表8-1。

表8-1　　　　　　　**发达国家地方政府债券发行管理要素**

国家	美国	日本	英国、德国、法国等
发行主体	政府、政府机构（含代理机构）、以债券使用机构出现的直接发行体	地方公债由地方政府直接发行，公共企业债由地方特殊的公营企业发行、地方政府担保	英国：由英国和北爱尔兰的地方及地方性水利机构和房地产抵押机构发行 德国：由地方政府、地方性公共机构和抵押银行发行
发行对象	主要有银行、保险公司、基金等机构投资者和个人投资者，鼓励外国机构投资者和个人投资	以金融机构为主	英国：各类金融机构、保险公司、养老基金等机构和个人
债券种类	一般责任债券、收益债券	地方公债、公共企业债	英国：市政债券 德国：大多数为银行发行的市政债券

国家	美国	日本	英国、德国、法国等
发行方式	一般责任债券：以公开竞标方式发行收益债券：由政府代理机构或授权机构发行，发行规模有一定限制，以协议承销方式发行	中长期和超长期国债私募定向发行	英国：大部分采用说明书公开发行的方式，数量较小的债券通过私募发行 德国：由借款人在没有承销团介入的情况下由某家银行代为浮动发行
债券期限	短期债券、中期票据、长期债券	1~40年不等	英国：以1年期和5年期为主 德国：2~15年不等
债券利率	完全由市场决定	地方公债非市场化运作、发行利率未通过市场化的渠道实现	英国：主要取决于举债当局的资信度和知名度

（二）适度扩大地方政府债券发行主体的范围

从国际经验来看，美国市政债券的发行主体为州及州以下地方政府，日本的都、道、府、县和市、町、村都拥有发债权。但举债权的全面放开，要以完善的财政管理体系和稳定的地方财政收入来源为基础。由于我国现行财政管理体制的限制，完善的地方税体系尚未建立，因此，对地方政府债券发行主体的确定应分阶段进行。

1.短期仍将发债主体资格限制为省级政府

关于发债主体的资格，新预算法明确将其限定为省一级政府，并规定市、县、乡一级政府需要举借债务的，应由省、自治区、直辖市政府代为举借。从近期来看，将地方政府债务的发行主体限制在省级政府，是有效防控地方政府性债务风险、推进政府债券融资规范化的合理选择。

其理由主要为：第一，我国市、县、乡级政府财政收入来源较少且稳定性差，财政管理还不够健全，尚未满足债券发行主体的基本条件。第二，在以中央集权为主的管理体制下，各级政府之间存在着千丝万缕的关系，"预算软约束"问题的存在，往往使得上级政府成为下级政府的买单者，从而引致道德风险，形成过度举债。从政府层级来看，市、县级政府是地方债的主体，2013 年，在地方政府负有偿还责任的债务中，市、县级政府债务所占的比例高达 80.1%。第三，我国尚未形成完善的金融市场监管体系，地方政府举债仍需受到中央政府的监督管理，若将举债权下放到基层政府，势必会增大监管难度，降低监管的有效性和灵敏度。

基于上述考虑，在近期内，应将地方政府债券的发行主体限定为省级政府。在此基础上，为提高债券资金的使用效率，可采用"发行主体与融资主体相分离"的模式。

发行地方政府债券的最终目的是为地方公共物品提供融资，因此，明确债券发行主体和资金使用者之间的关系对控制债务风险、提高资金使用效率尤为重要。在省级政府作为举债主体的前提下，"发行主体与融资主体相分离"的模式包括以下几个层面的含义：第一，省级政府为发债主体并承担偿债责任；第二，融资主体为各级政府的投资项目；第三，省级政府拥有债券资金的统筹分配权；第四，各融资主体根据各自的资金需求向省级政府提出申请，申请资金数同时作为省级政府确定债券发行规模的重要依据；第五，债券发行主体与融资主体相互独立。地方发债主体与融资主体间的关系具体如图 8-1 所示。

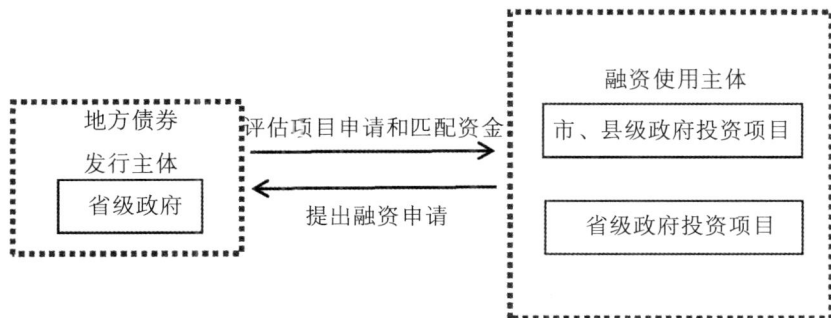

图 8-1 地方发债主体与融资主体间的关系

上述模式可以从两个方面有效控制债务风险和提高资金使用效率：在发债主体层面，通过项目融资需求的审批和债务资金的统筹安排，并承担相应的偿债责任，明确了省级地方政府的决策者身份，有利于树立其偿债责任感，进而加强对融资项目的管理，有效提高资金使用效率，控制债务规模和风险；在融资主体层面，融资申请和审批制限制了其投资冲动，同时省级政府会综合考量融资主体的各项能力，以合理配置资金，发行主体与融资主体相分离的模式在二者之间建立了一种有效的激励约束机制，从而有利于提高项目资金的使用效率。

2.长期内逐步扩大发债主体的范围

从长期来看，随着城镇化的进一步加快，市、县级地方政府承担了大部分的支出责任，应给予其一定的举债权，以保障其资金需求。因此，我国地方政府债券的发行主体已经逐步向市、县级转移，其扩大方式可遵循"计划单列市→地级市→县（县级市）"的路径，其进展速度应与我国资本市场体系、金融监管机制和财政管理体制的完善程度相适应。

另外，值得强调的是，赋予市、县级政府举债权，并不意味着其可以随意举债。为了控制基层财政风险，应建立完善的举债主体资格评价指标体系，以严格确定一定期限内各地方政府的发债资格。指标选取应着重考查地方政府的经济综合实力、地方财政收支状况、债务风险和政府信用以及地方偿债能力，具体指标设置见8-2所示。

表8-2 　　　　地方政府债券发行主体资格评价指标体系

一级指标	二级指标	指标性质
经济综合实力	人均GDP	正
	经济增长率	正
	地方市场化程度	正
	地方金融业发展状况	正
	地方综合竞争力水平	正
	政府行政效率	正
	地方法制环境	正

续表

一级指标	二级指标	指标性质
地方财政收支状况	人均财政收入	正
	财政收入增长率	正
	税收占财政收入比重（替代指标：人均税收收入）	正
	财政收入与GDP比重	正
	人均财政支出	逆
	财政支出增长率	逆
地方政府债务风险和政府信用	财政赤字率	逆
	地方政府偿债率	逆
	地方政府直接债务负担率	逆
	地方政府综合负债率	逆
	债务清偿率	正
	政府诚信水平	正
地方偿债能力	城镇居民人均可支配收入	正
	人均储蓄存款余额	正
	地方金融机构人民币存款余额占GDP比重	正
	恩格尔系数	逆

资料来源：刘少波.市场准入、制度设计与风险防范——我国市政债券市场的开禁与发展研究［M］.北京：经济科学出版社，2011.

此外，在明确地方政府债券发行主体范围的同时，也应建立起完善的配套措施，以防范债务风险，具体包括以下三个方面：

（1）实行上级政府对下级政府不救助的原则。现行《预算法》规定了中央对省级政府债务风险的不救助原则，由省级地方政府自行承担债务还本付息责任。在举债主体扩大到市、县级以后，也应坚持这一原则，保证举债主体与偿债主体的一致性。

（2）完善党政干部任期制，把债务指标纳入考核范畴，建立责任追究制度。

（3）研究地方政府财政重组制度，推动政府职能、决策体系和发展路径的改革，划定控制地方政府性债务风险的最后一道防线。值得注意的是，政府财政重组，并不意味着政府财政职责的削弱或丧失，而是要对现存的政府资产进行清算，同时追究相关人员的责任，处理好既有的债权债务关系，以更好地履行其财政职责。

（三）合理规划地方政府债券的发行规模

1.短期内适度提高发行规模限额

新《预算法》实施以后，我国对地方政府债务实行的是限额管理。财政部于2015年颁布的《关于对地方政府债务实行限额管理的实施意见》明确规定了应合理确定地方政府债务总限额，逐级下达分地区地方政府债务限额。近期来看，实行限额管理是控制地方政府性债务风险的有效途径。但经过1年的地方政府自主发债的实践，可以发现，地方政府债券现有发行规模较为有限，与经济社会发展不相适应。

数据表明，2015年，我国新增地方政府债券6 000亿元，其中一般债券5 000亿元，专项债券1 000亿元。[1]由于新《预算法》实施后，发行债券成为地方政府唯一的直接融资方式，这一发行规模很难满足地方政府的建设资金需求。根据国际常用债务警戒线，我国地方政府仍有一定的举债空间。经清理核实，2014年末全国地方政府性债务余额15.4万亿元，债务率约为86%，低于100%的风险警戒线水平，风险总体可控。[2]因此，为进一步满足地方经济社会发展需要，加快新型城镇化过程的基础设施建设，应逐步提高地方举债限额，扩大债券发行规模。

2.长期内逐步改革发行规模决策机制

根据现行《预算法》的规定，地方债规模控制实行的是中央控制型，即由国务院确定地方政府债务限额，报经全国人大或其常委会批准由财政部确定分地区的限额。其决策路径具体如图8-2所示。

---

[1] 财政部《关于2014年中央和地方预算执行情况与2015年中央和地方预算草案的报告》。

[2] 全国人大财经委关于《国务院关于提请审议批准2015年地方政府债务限额的议案》审查报告。

```
国务院确定地方政府债务限额
            ↓
全国人大或其常委会批准
            ↓
财政部测算分地区限额
          包括
    ↓                    ↓
新增一般或专项债券规模    置换一般或专项债券规模
            ↓
国务院批准
          下达
            ↓
省级财政部门
```

提出新增一般或专项债券规模分配建议，编制预算调整方案 / 提出置换一般或专项债券规模分配建议

报经省级政府同意

报省级人大常委会批准

报经省级政府批准
  分配至

若有分配至市、县级的新增债务

省本级各部门 / 各市、县级财政部

提出分市、县新增一般或专项债券规模分配建议

提出置换一般或专项债券规模分配建议

省级政府批准
  下达

各市、县级财政部门

报本级政府批准

编制预算调整方案

经本级政府同意

本级人大常委会批准

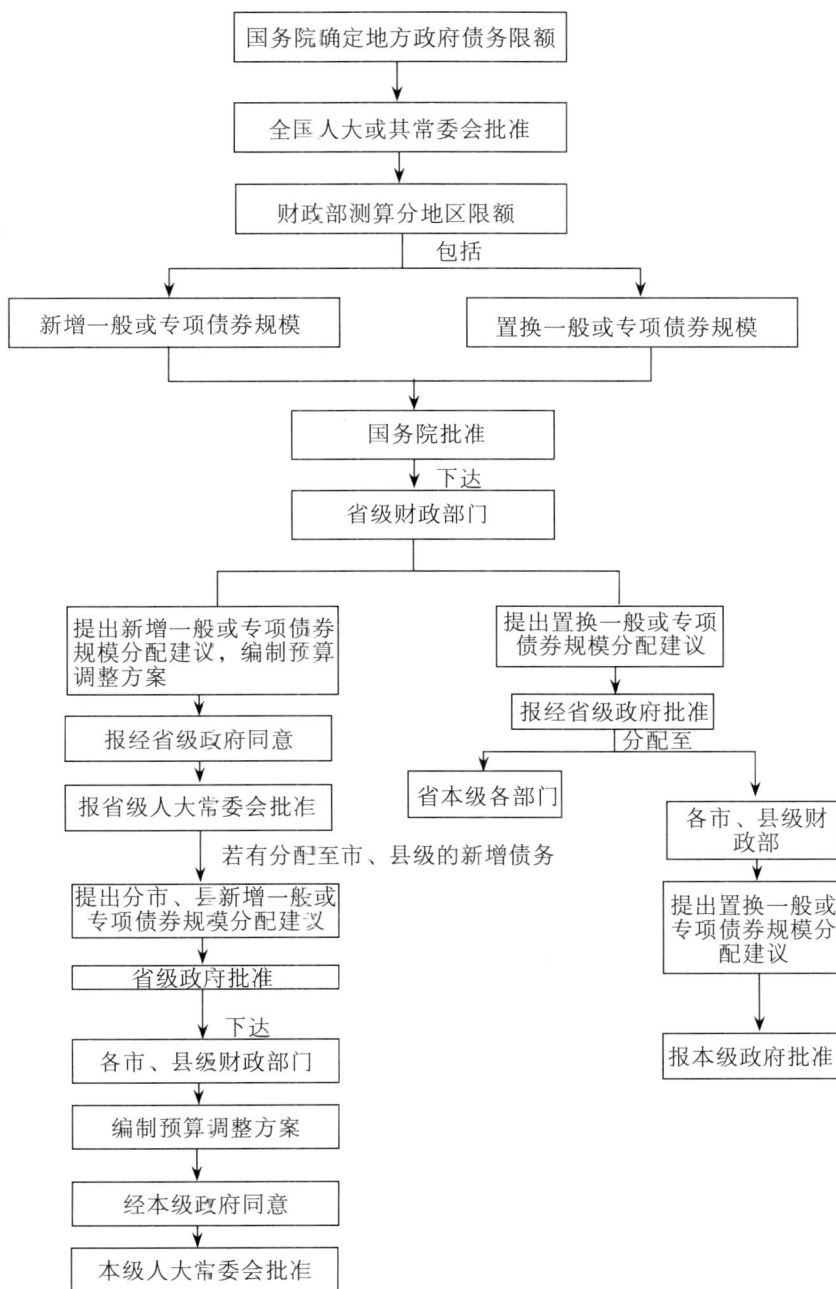

图8-2　一般和专项债券发行规模限额的决策路径

可以看出，我国地方政府债券发行规模的决策机制是"自上而下"的模式，由中央决定省级地方政府的债务限额，省级政府确定各市、县政府的债务限额。这种程序控制从宏观调控以及控制财政风险的角度来说，有其必要性。但由于存在信息不对称和信息滞后的因素，其容易导致债务限额的确定与债券发行量的实际需求产生错位。从发达国家经验来看，一般并未设置具体的限额作为债务规模的控制标准，而是通过指标来衡量，如纽约市的一般性债务余额不得超过当年全市房地产市值的10%。

因此，长期内应逐步改革地方政府债券发行规模的决策机制。具体而言，可分为以下两个阶段：第一阶段，改"自上而下"为"自下而上"，将基层政府的实际需求考虑在内。应由各市、县根据自身经济建设需求和财力状况，制定自身的债券发行需求量，上报省级政府作为参考，省级政府再整合本省的总体债券发行需求，按照本省的整体债务存量进行一定的调整，上报国务院作为参考，最终由全国人大确定当年的债券发行限额。第二阶段，逐步放松限额管制，借鉴发达国家的经验，通过设置合理的债务控制指标实现对债务规模的控制，增强政府债券发行的灵活性，推进地方政府债券市场的发展。

（四）合理安排地方政府债券发行的结构

1.合理设计一般债券和专项债券的发行比例与资金用途

从用途上来看，我国现行地方政府债券品种包括一般债券和专项债券。由于一般债券以地方一般预算收入为偿还资金来源，资金回报率较低且周期长，对地方财政造成的压力较大。因此，在债券的实际发行中，应合理设计一般债券和专项债券的发行比例。

一般而言，一般债券的规模应以地方一般预算收入的增量和一般预算支出的增量之间的差额作为最高限额，以避免影响地方政府正常的财政收支活动。专项债券则应结合基础设施的建设需求和投资项目的盈利水平，保证项目收益率不低于债息率，合理确定发行规模。

在资金用途方面，《关于加强地方政府性债务管理的意见》（国发〔2014〕43号）明确指出，要严格限定地方政府债务资金用途，对于地方政府举借的债务资金，只能用于公益性资本支出和适度归还存量债务，严禁用于经常性支出。根据财政部颁布的《地方政府一般债券发行管理暂行办法》和《地方政府专项债券发行管理暂行办法》的规定，结合各国一般责任债券的使月方向，可初步设计出我国一般债券和专项债券的资金用途和具体使用方向，见表8-3。

表8-3　　我国一般债券和专项债券的资金用途和使用方向

债券种类		资金用途	具体方向
一般债券	置换一般债券	偿还存量一般债券	—
	新增一般债券	基础产业投资	农业生产
			水利
			其他
		公共设施项目	教育基础设施
			交通运输设施
			环境卫生设施
			公共电力基础设施
			城市排水系统
			照明系统
			其他
		公共保障和福利项目	环境保护和治理
			灾害救济
			消防系统
			其他
专项债券	置换专项债券	偿还存量专项债券	—
	新增专项债券	战略性新兴产业	新能源
			生物技术
			信息技术
			其他
		公共设施项目	高速公路、铁路、机场、桥梁、港口等交通设施建设
			城轨、供热、供水、供电、停车场等市政建设
			其他
		公共保障和福利项目	养老产业
			医疗卫生
			保障性住房
			公共墓地
			其他

2.丰富地方政府债券的期限品种

根据金融风险的跨期风险分散理论合理分散债券的到期结构有助于平滑债务偿还期限，减轻地方政府偿债压力，降低地方政府债务风险发生的概率。根据《地方政府一般债券发行管理暂行办法》和《地方政府专项债券发行管理暂行办法》（以下简称《办法》）的规定，地方政府一般债券发行期限为1年、3年、5年、7年和10年，但单一期限债券的发行规模不得超过一般债券当年发行规模的30%；专项债券的发行期限为1年、3年、5年、7年和10年，但7年和10年期债券的合计发行规模不得超过专项债券全年发行规模的50%。

可以看出，与基础设施投资回报期相比，债务期限还是太短。未来可借鉴发达国家市政债券发行与管理经验，允许地方政府发行10年期以上的长期债券，一方面使基础设施投入与收益的周期相匹配，化解债务的流动性风险；另一方面可满足养老基金、保险公司等长期投资者的需求，推进地方政府债券市场的建设。

3.构建多元化的地方政府债券投资者结构

合理的投资者结构是健全地方政府债券发行市场的重要标志。从国际经验来看，地方政府债券的投资者主要包括商业银行、保险机构、基金类集合投资人、个人投资者和境外投资者。其中，个人投资者是美国市政债券的重要组成部分，截至2013年底，个人投资者间接或直接持有美国75%以上的市政债券。

从2015年我国地方债券的投资者结构来看，基本以"政治任务"的形式由商业银行包揽，距离市场化发行仍有一定的距离。在今后的债券发行中，应拓宽投资者的范围，确保高流动性和稳定性需求。具体而言，我国地方政府债券投资主体结构管理的目标应是：（1）短期内以机构投资者为主力，引导个人投资者进入地方政府债券市场（其中，机构投资者包括商业银行、保险公司、社会保障基金等各类基金、投资公司、证券公司等），提高债券的流动性；（2）长期内逐步提高个人投资者的比例，尤其鼓励发行主体当地的个人投资者进入地方政府债券市场，按照"谁投资、谁受益、谁监管"的模式，形成对发债主体的有效监督约束；（3）适度吸引境外投资者，在吸收国外资金的同时，推动地方政府债券市场的创新和国际化进程。

（五）完善地方政府债券发行利率选择

1.推进地方政府发行定价市场化

债券定价的关键在于利率的确定。总体来讲，市场化利率的影响因素包括三个方面：一是收入因素，即债券期限的长短、税收待遇和息票收益率等；二是风险因素，如流动性、违约可能性等；三是期权因素，如提前赎回规定等。综合这三个方面，债券的价格应是无风险利率与风险溢价、期权价格的总和。

根据《办法》的规定，我国地方政府债券的利率主要采取钉住国债利率的方法，行政干预的色彩较为浓厚。2015年发行的地方政府债券的中标利率普遍偏低，甚至存在低于国债利率的现象，没有体现流动性溢价的因素。未来，我国应建立以国债利率作为无风险利率，涵盖流动性风险溢价、信用风险溢价和长期风险溢价等的地方政府债券定价体系，具体可从以下几个方面进行：

（1）以国债收益率作为地方政府债券定价的基准利率。地方政府债券利率应在国债利率的基础上进行合理的利差调整，即等于国债利率与税收利差、信用利差、流动性利差、功能利差、发行实际利差等的总和。

（2）对地方政府债券进行信用评级，由此确定市场风险利率。这应建立在科学有效的信用评级制度的基础上。

（3）推广簿记建档发行定价方式，提高债券市场定价的市场化程度。

2.合理选择债券利率种类

利率种类根据计息方法的不同，可以分为固定利率和浮动利率，其与债券期限的长短有较为密切的关系。一般来讲，短期债券应采用固定利率的形式。长期债券由于计息时间较长，面临着通货膨胀和市场利率变动的风险，因而应采用浮动利率，以保护债券发行者和投资者的利益，但其需要建立在市场机制较为完善的基础上。

由于我国目前尚未实现利率市场化，也缺少规避利率风险的金融工具，采用固定利率形式，有利于保证双方的经济安全和债券市场的稳定。对地方政府而言，采用固定利率发行债券，一是有利于锁定偿债成本，防范利率波动风险；二是可以使投资者获得较为稳定的投资收益，符合居民和企业的投资偏好，有利于地方政府债券的正常发行。因此，目前地方政府债券的发行利率选择一般应为固定利率形式。随着金融市场的完善，可推行"短期固定，长期浮动"的利率形式。

（六）优化地方政府债券发行方式

1.丰富地方政府债券发行方式

地方政府债券发行方式的选择，应综合考虑债券发行规模、发行成本、发行速度和发行目的等因素。从成熟国家的发行经验来看，一般都包括一套较为灵活多样的发行方式，如美国市政债券的发行方式有公募和私募发行，其中公募发行又包括竞价承销和协议承销；日本地方公债主要采取证书借款、公募、私募、销售和支付债券等发行方式。目前，我国地方政府债券发行采用的是定向发行与公开发行相结合的方式，其中，定向承销方式仅用于置换存量债券的发行，发行方式存在一定的局限性，为进一步提高债券发行的灵活性，未来应按照债券的特性，选择不同的发债方式。

具体来说，若发行规模较小，应选择私募发行方式，更多地向养老基金、保险基金等机构定向发行，以降低发行成本，提高发行速度。若发行规模较大，则应选择公募方式，同时结合地方政府债券发展的不同时期，选择具体的债券发行方式。在初期，可采用特定承销商协议方式发行，通过组建承销团，以全额包销的形式发行，以降低发债主体的融资风险。待债券市场进一步完善，承销机构与投资机构发展成熟之时，则可采用竞争性投标的方式，选取发行效率高且成本低的承销商，以降低融资成本。

2.充分发挥中介机构在地方政府债券发行中的作用

地方政府债券市场中的中介机构主要包括债券承销商、法律顾问、财务顾问、信用评级机构和信用增进机构等，在地方政府债券发行过程中，应充分发挥上述各类机构的作用。

（1）承销商作为债券发行的核心，应承担承销、交易、销售、销售联络、营运、信用研究等责任。其中，在以项目收入为主要偿债来源的专项债券中，主承销商应重点关注地方资产收益高估问题和关联互保的信用风险，客观地分析项目未来收益，以保护投资者。

（2）法律顾问在债券发行之前，应严格审查与债券发行相关的法律法规，确保债券发行审批所需程序均已完成，确保债券发行的合法性。

（3）财务顾问在债券发行之前，应分析债券发行者的资金需求情况，帮助其选择发行方式，构造合理的债券发行期限和品种结构，与信用评级机构等合作，为发行者提供相关信息。

（4）信用评级机构应根据发行者提交的财务预测表、融资文件、审计报告等资料，在对发行者进行充分调查了解的基础上，编制信用评级报告，并公布于市场，供投资者参考。

（5）信用增进机构在公司债券发行中的应用较为广泛，且发达国家的信用增进方式较为丰富，如美国的增进方式有第三方担保、债券信托、债券保险、抵押担保、优先/次级结构、可交换债券等形式。在未来我国地方政府债券发行中，可引进公司债券的增信方式，全面推进债券发行的市场化进程。

二、地方政府债券的信用评级制度

很多国家都要求地方政府在进入市场融资前必须获得信用评级。我国目前实际从事资本市场评级业务的共有8家机构，分别是：联合资信评估有限公司、联合信用评级有限公司、中诚信国际信用评级有限公司、中诚信证券评级有限公司、大公国际资信评估有限公司、上海新世纪资信评估投资服务有限公司、鹏元资信评估有限公司、东方金诚国际信用评估有限公司。2014年10个试点发行地方政府债券的地区进行了债券评级。2015年，根据财政部《关于做好2015年地方政府专项债券发行工作的通知》（财库〔2015〕85号），地方政府发行的一般债券和专项债券均须由境内一家具有评级资质的评级机构进行评级。财政部还要求，一般债券和专项债券的评级均分为三级九等，其中AAA级可用"—"符号进行微调。从评级结果来看，2015年已发债的34个主体发行的一般债券和专项债券级别均为AAA级。需要说明的是，AAA级别是针对债券，而非政府主体信用的，所以不能以各地发达程度与否来简单评定债券的等级。目前地方政府债券评级还需进一步完善。

（一）各评级机构应公开各自评级的方法和标准，接受市场的检验

在地方政府债券评级上，有6家评级机构重点关注的要素较为一致，但评级方法仍有明显差异。在主体评价上，各家评级机构主要从宏观环境、区域经济发展情况、地方政府财政实力、地方政府债务情况以及地方政府治理五大核心要素展开。二级评级要素存在一定差异，如地区金融环境、领导素质、财政收支、市场环境等。

（二）完善评级竞标规则，杜绝无序竞争

由于目前我国债券评级市场采取的是发行人付费方式，即通过招投标的方式选择评级机构，该模式下会带来逆向选择问题。评级机构和地方政府相比，处于弱势地位，地方债信用评级市场竞争激烈，各家评级机构为获得评级机会，可能在竞标中做出一些收费低、评级高、评级速度快的承诺。2015年4月，东方金诚国际信用评估有限公司相继以5万元和8万元低价中标安徽省和山西省政府债券信用评级项目。如此低的价格获得省级地方政府评级项目，引发业内震动。

（三）细化评级档次，体现信用评级的专业性与公信力

目前地方政府债券评级均为AAA级，无法体现各地政府在经济、财政、管理和偿债能力等方面的差异性，建议可将评级档次进一步细化，如引入AAA+和AAA-等不同档次。信用评级不仅可以应用在违约风险的辨别上，也可以体现在发行利率上。

（四）需要地方政府配合，提供高质量的基础数据

目前，地方政府向评级机构提供的财政、经济数据非常有限，评级公司可以说是"巧妇难为无米之炊"。要提供高质量的评级报告，地方政府至少需要提供包括资产负债表等在内的政府综合财务报告、中长期财政预算、国有企业运营情况等。

第三节　改进预算管理

党的十八届三中全会提出，地方政府融资的规范化对于预算改革来说是一个重要的因素。20世纪90年代以来我国已经取得了显著的进步，特别是在提高透明度上。这些关键改革包括部门预算改革、国库管理改革、政府集中采购改革、预算收支分类改革以及"收支两条线"改革等。但我国的预算制度仍面临着一些挑战，包括预算编制没有涵盖所有收入和支出、大量收支仍在预算外；预算仅针对下一年度，缺少中长期规划；在效果上，预算编制周期太短（大约3个月）以至于不能准备一个复杂和详细的预算，结果是预算计划缺少准确性，后期预算调整经常发生；预算编制仍是增量的，即基于过去的拨款而不是未来的需要；预算执行也有缺陷，如现金流和债务管理弱化，欠账积累较快，收入增长缓慢而支出增长迅速。围绕着这些问题特别是站在应对政府债务风险的角度，我们认为应该从以下几个方面着手新一轮预算制度改革：

一、提高财政信息化和透明度水平

在2014年3月举行的十二届全国人民代表大会上，国务院总理所做的政府工作报告再次强调了政府改进财政报告的承诺。这一信息被认为是中央政府努力化解地方政府债务风险的一个关键举措。关于政府债务的信息实际上非常缺乏，直到2011年6月国家审计署发布了特别审计报告，在这之前很少有地方政府债务信息的发布。比较复杂的信息在2013年12月之后才相对容易获得。实际上，财政部在2010年就已经开始收集统计地方政府债务信息，并于2012年9月发布《关于地方政府性债务管理系统推广运用的通知》。这一通知推动了更广泛的公共机构对政府直接和间接债务的统计。特别是2014年新《预算法》不仅明确了全口径政府预算包括一般公共预算、政府基金预算、国有资本经营预算和社会保障基金预算，而且强调了预算和最终结果必须在立法机关批准后的20天内进行公开，因此更多的地方政府债务、采购、预算和审计信息将对公众公布。

统一的政府财政管理信息系统应具有如下特征：（1）完全性，即财政管理信息系统必须完全基于预算报告，发布所有收入支出信息以及政府的财政和债务信息，除了直接债务，或有债务也应该被披露。（2）透明性，即除了报告中央政府及其机构信息的公开之外，地方政府更多的信息也要公之于众。虽然某些事项可能涉及机密性，但透明度的缺乏会导致不确定性和融资成本的增加。（3）及时性，即地方政府必须及时地、规范地提供信息，特别是有关收入、支出和债务的最新信息。新《预算法》要求地方政府及时披露信息。（4）准确性，即通过独立审计机构来验证地方政府所提供信息的准确性，由此提高地方政府可靠信息提供的能力，相关公共雇员也对信息的准确性负责。总之，有效的债务管理要求地方政府提供完全的、透明的和精准的财政和非财政资产以及债务信息。如果政府的财政管理信息系统不能切实可行地提供这些信息，就需要对信息系统加以改进。

具体而言，提高财政信息透明度的方法和措施包括：首先，增加预算和财政信息披露内容。将政府机构图以及各部门单位在提供公共服务方面的责任予以公布，在此基础上，将财政收入与支出依据如宏观经济分析模型、财政支出预测模型、财政收支预测模型及其主要假设予以公布。坚持外债和内债奉行同样的信息披露标准，即国内债务也要将债务规模、持有人结构、期限结构等信息以及国债负担率、债务依存度和偿债率等指标予以公布。其次，加强与国际机构的协调和沟通。在提高财政信息透明度方面，世界银行和国际货币基金组织等国际金融机构积累了大量的宝贵经验。与这些国际金融机构加强合作可以使我们少走弯路。最后，建立并整合以政府财务管理信息系统（GFMIS）为核心的财政信息技术平台。目前，该系统已在发达国家中得到广泛应用。政府财务管理信息系统面向包括立法机关、审计机关、政府债券投资者、财政分析人员、信用评级机构、财政管理者和决策者以及公众在内的各类信息使用者，能随时方便地提供所需要的各种财政预算信息。大至如财政收入支出、赤字/盈余、债务以及资产等政府财政总量，小至如防治森林病虫害规划等某个具体的公共规划，其种种信息，均可从该系统中得到。由此亦可知该系统在财政透明度领域所扮演的关键角色。

二、建立中期预算框架

（一）中期预算的基本内涵

财政理论界和实践部门经常提及中期预算，但究竟如何去定义中期预算，不同国家、不同国际组织却始终没有形成一个统一的论断。当前，国际上对中期预算的定义主要采用世界银行和国际货币基金组织的相关描述。世界银行将中期预算定义为"旨在连接政策、计划和预算制定的中期支出框架（MTEF）"。根据世界银行1998年《公共支出管理手册》中的描述，中期支出框架是由一个自上而下的资源范围、一个自下而上对现有政策的当前以及中期成本的估算和可用资源的匹配三部分组成。根据不同国家"中期预算"发展阶段的不同，中期支出框架可以由低到高分为中期财政框架（MTFF）、中期预算框架（MTBF）以及中期绩效框架（MPTF）三个层次。2001年国际货币基金组织在其修订的《财政透明度手册》中，将中期预算定义为"将财政总量预算体系与各部委保持现行政府政策的详细中期预算估计过程联系起来，从而将中期财政政策和中期预算编制统一起来的框架。对支出的远期估计将作为以后年度预算协商的基础，并且将远期估计与财政执行结果报告的最终结果相协调"。除此之外，中期支出框架、多年期滚动预算、多年期财政规划这些概念都曾在不同场合替代过中期预算。从字面上看，这些概念强调的重点并不完全一致。中期支持框架将重点放在支出的控制上，通过自上而下地确定资源总量，再基于此自下而上地确定支出项目，通过将政策制定、规划以及预算过程三者结合形成战略支出框架。多年期滚动预算强调预算的连续性、动态性，在预算编制过程中将预算周期与单一的年度脱离开来，并随着时间的推移不断地向后进行滚动、更新预算。多年期财政规划强调财政计划的全面性、长远性和战略性。"计划"从时间的尺度来说短于"规划"，一个规划当中可以包括许多计划，每个计划都是实现规划的有机组成部分。尽管不同的概念重点并不十分一致，但在这些概念中，无论是"中期"还是"多年"，所指代的都是相对年度预算而言3~5年的跨年度预算制度。在这个多年期的预算制度当中，相对于年度预算更多地凸显预算与政策之间的相互联系。

从各国中期预算实践具体做法的共性出发，对中期预算做出如下界定：中期预算（Medium Term Budget）也称中期预算框架（Medium Term Budget Framework，MTBF），是一个为期3~5年（有些国家更长）的、滚动的、具有约束力的支出框架，它为政府和政府各部门提供每个未来财政年度中支出预算（申请）务必遵守的财政约束（预算限额）。中期预算通常并不详细阐述政府的政策意图，但它明确显示了未来若干年度政府的财政趋势或者政府打算前进的方向，从而有助于公众和其他利害关系者对政府财政承诺的可信度做出准确预测。在形成和决定预算政策过程中，中期预算框架可在年度预算过程一开始就起到约束公共支出需求的作用。

（二）中期预算的优势

中期预算的优势体现在对公共支出管理的三个关键目标方面。任何公共支出管理系统都要达到这三个基本目标：（1）加强总额财政纪律（Aggregate Fiscal Discipline）；（2）在部门间和规划间的支出配置方面建立战略优先性，也就是配置效率（Allocative Efficiency）；（3）加强预算资源使用的技术效率（以最低的成本得到产出）——运营效率（Operational Efficiency）。与此相适应，预算的核心功能也被界定为三级结构：总额财政纪律、配置效率和运营效率。其中，财政总额（支出、收入、赤字/盈余和公共债务）的决策属于预算过程需要处理的宏观问题，主要涉及政府高层（核心部门）的内部运作，或由核心部门通过与支出部门的互动完成运作。配置效率要求预算过程应致力于促进社会利益或公共利益最大化，即在既定资源（预算）总量下，预算资源的配置要符合微观经济学中的帕累托最优原则，这就要求了解公民的偏好，最大限度地以符合公民偏好的方式配置资源。在总量和配置决策确定以后，预算过程还要处理如何在规划管理（政策实施的关键环节）与机构（使用资源提供服务）层面确保良好运营的问题。这里的关键目标是运营效率（产出/投入比）——更一般地讲是支出绩效。相对于宏观层面的总量决策，支出机构如何以较低的成本（投入）获得较多的产出，本质上是绩效管理（微观层面）的问题。

为实现预算管理的三个关键目标，在政策、预算、规划之间建立起直接联结机制是必不可少的。如果没有清晰而有力的联结机制，年度预算就无法确保预算资源的分配准确反映国家战略优先性和政府财政重点。中国的预算实践中暴露出来的种种问题就是有力的证明，这些问题包括：有限的预算资源被大量分配到那些社会回报率低的炫耀性（政绩）项目上，具有很高优先等级的政策目标或计划由于得不到充分的资金而落空，公共部门完成同样多的工作量需要的资源比私人部门要多得多。而与传统的年度预算体制相比，中期预算能够更有效地促进预算与政策间的直接联结，这对于实现预算管理的前两个关键目标（财政纪律和优先性配置）尤其重要。就强化财政纪律而言，这一体制建立针对政府和支出部门的中期预算限额，据以对支出、赤字和债务总量实施控制。就优先性配置而言，中期预算的主要作用在于通过严格的支出审查机制来确保预算过程受政策驱动而非收入驱动，以及促进预算资源在各项支出目标之间和规划之间做出更好的选择。严格的财政纪律和有效的优先性配置也有助于强化运营绩效，就实现公共支出管理的第三个关键目标（运营绩效）而言，在预算与规划（需要基于政策和资源可得性制定）间建立直接联系意义重大并且必不可少。相对于年度预算体制而言，中期预算从两个方面强化和改进了政策与规划间的联系。首先，这一体制要求预算申请者根据政府政策来确定纳入预算范围的规划。其次，中期预算还要求预算申请者就其负责的各项规划，评估和报告已经与打算实现的财政成果，以此表明这些联结政策目标的成果（绩效）与预算规划之间的协调性。此外，中期预算采用的中期视角也有助于加强政策和规划之间的联系。这里的逻辑关系是：规划与相应的绩效信息大多需要经过若干年度才能准进，政策也是如此。这样，中期预算使政策和规划在时间维度上较好地匹配起来。

（三）中期预算实施步骤

政府融资和债务管理具有长期性，但国家预算仅仅是一个年度的收支预算，因此，中期预算框架将有助于阐明融资前景且有助于深究出现的财政问题。

中期预算框架对预算程序的恢复以及进一步延伸，有助于联系年度预算与中期优先权（如那些在规划文件中设定的），同时将预算纳入中长期也有助于核算政府当前和未来的财政成本从而实现预算"中性"。然而，如果只是机械地实施中期预算框架而没有认真地注意政府的财政能力和需要，采取中期预算框架的潜在收益也许无法实现。河北省通过提供一个资本（发展基金）预算的三年滚动已经试点中期预算了。如果想要中期预算框架被更加广泛地运用于经常预算过程中，中央政府必须通过设立其自己的中期预算进行努力调整。这一调整将不仅仅是说明性的，而是要增加相应的收支信息。

从中央层面来看，合并中期预算框架可以分三步走。第一步：准备。在每年的第一季度，财政部要求所有的中央直属政府部门和机构为发展或资本支出准备三年预算滚动计划。到4—5月，政府部门和机构根据它们中长期的发展规划草拟三年的计划和总安排。在收到财政部的反馈后，它们调整自己的计划并经省政府批准。第二步：上达。所有部门和机构必须准备详细的项目预算和预算建议。到6—7月，这些部门和机构评估并确定下来未来三年的发展支出计划。在这些被审查和批准的预算和建议送达财政部后，这些资本项目被增加到部门的项目库。到8—9月，所有的部门从它们的项目库中选择发展项目，准备三年预算并将其提交给省财政部门。第三步：审查批准。到10月，财政部检查所有的三年预算并对下一年发展预算和下两年发展预算提供详细的反馈和建议。中国中期预算内容设计框架如图8-3所示。

三、改进预算编制方式

（一）实施绩效预算

绩效预算以目标为导向，以项目成本为衡量标准，以业绩评价为核心。绩效预算是考核政府资源使用效率的工具，能更好地体现政府预算的功能。虽然绩效预算在实施中面临种种限制和困难，但以结果为导向、提高财政资金使用效率的绩效预算模式始终是中国进行公共财政改革的发展趋势。

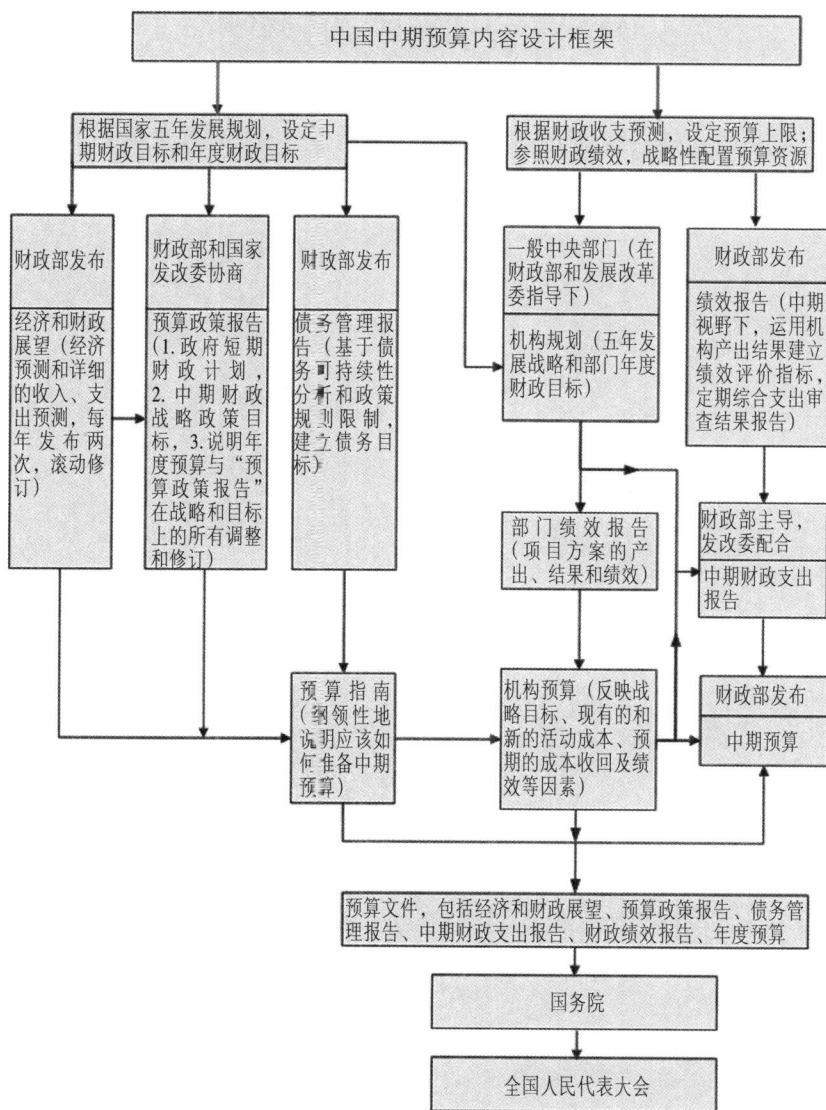

图8-3　中国中期预算内容设计框架

通过国内部分省市地区的绩效改革经验可以得出这样的结论：目前中国地方政府在开展绩效预算改革的道路上可以采取这样的思路，即在部门预算的基础上融入绩效概念，在进一步规范部门预算过程中使预算过程透明化、民主化，提高资金使用的效率；从支出项目的绩效预算开始，逐步将绩效预算推向以公共部门为基础的绩效预算。特别是要建立正确的激励机制与人事考评任用机制。过去预算制度往往隐含着"奖励失败"的悖论：往往是哪里工作问题比较严重，就往哪里增加预算拨款。在这种机制下，政府部门都把办事作为讨价还价的"博弈"筹码，增加自己的困难，谁也不愿意少花钱而把事情办好；另外，就是按"产出"进行预算，而不管这种产出是不是有用，财政资金效用一直处于低下状态。因此，只有把绩效评估结果与部门拨款以及对干部能力的考核有效挂起钩来，建立正确的激励机制，才能反过来促进绩效预算改革的推行。

（二）延长预算编制时间

预算编制直接影响到预算执行的结果，某种程度上，政府预算管理的核心是强化预算编制。我国预算编制一般从上一年度9—10月开始，决算一般在次年4—5月完成，共计约20个月，预算编制的实际时间不到半年。这种状况不利于预算执行与监管，各部门在执行中调整预算的自由度太大，预算对支出的控制和约束能力薄弱。各级人大审议政府预算草案的时间大多在每年第一季度，在预算编制时间有限的状况下，上级财政部门往往被迫层层代编下级政府预算，并逐级向上汇总以应急需，这难免造成代编预算草案与下级财政部门自编预算草案之间存在较大差异，影响汇总草案的真实性。实行标准预算周期制度，使预算编制时间延长，为预算编制方法的科学化、规范化和内容的细化创造了条件。以此为基础，完善预算执行机制，规范预算调整与变更程序，可以有效提升预算的前瞻性、连续性和可控性，规范预算管理程序，强化预算约束与监督，消除预算资金分配的随意性，提高预算管理效率。

各国的预算周期设定，往往受法律和惯例的影响，然而支出部门在其行政职责范围内提早进行的与预算准备相关的业务计划、项目评估，实际上是一个部门内的资源竞争过程，可以作为预算周期考虑，相应地扩展整个标准预算周期。改革预算编制办法，留足预算编制的时间是其重要方面，编制周期延长有助于保障预算编制质量，提高预算的科学性、准确性。美国的预算管理水平远高于中国，却用18个月的时间编制预算，这绝非偶然，说明没有一定的时间开展调查研究，对预算项目进行周密论证和测算，预算很难做到科学、准确。

四、深化政府收支分类改革

中国当前的收支分类改革定位于形式性和技术性上的划分，根本触及不到政府职能的调整。这种分类在初期是出于尽快启动改革的目的，但其不应当成为深化改革的定位，否则容易固化现有的政府职能。要继续根据政府和市场分工的基本原则，依照公共产品理论，在明确市场和政府以及各层级政府合理分工的基础上，继续将收支改革向前推进，最终为继续管理以及公共服务继续评价奠定基础。

在科目的设置上也有几个技术性问题需要进一步改进和完善。一是考虑到中国地域的复杂性，应赋予地方政府在科目设置上的更高权限以适应公共产品和服务的供给。其实，这种做法在国际上应该说是一种惯例，如国际货币基金组织在其政府收支分类说明中就指出，在实际应用中使用更为详细的分类既是可能的也是必要的。二是对预算各科目"接口"要严格设置，防止形成模糊地带。社会经济的发展以及公共需求的变化，导致公共服务种类的不断变化，所以国际上财政收支功能分类中都有"其他"项设置。但我们认为应主要设置在款、项中，以防止此类科目成为一个大筐，为政府透明度及绩效考核设置障碍。

第四节　地方政府性债务清偿管理

一、摸清地方政府性债务底数

全面清理排查存量债务是化解地方政府债务的前提和基础。由于受统计口径、管理水平、人为干预等因素的影响，部分地区政府债务规模远高于审计口径，财政部也出台了地方政府存量债务清理处置办法。各级财政要掌握自己本级政府的债务情况，根据审计口径全面、逐笔、逐项盘查地方政府所有债务的类别、形式、规模、负债主体、偿还期等信息。在此基础上，建立分门别类、基础资料完善的地方政府债务台账，以摸清地方政府性债务底数，为化解存量债务和新增债务提供科学的决策基础和依据。

二、化解地方政府存量债务

应采取债务置换与推进PPP模式并举，化解地方政府性存量债务，降低债务率，优化债务结构，降低债务风险。

（一）继续推行债券置换

化解存量债务应在将政府存量债务分类纳入预算管理的基础上，严格执行《关于加强地方政府性债务管理的意见》中的相关要求，对纳入预算管理的地方政府存量债务继续通过发行地方政府债券置换，把原来地方政府的短期、高利率的债务置换成中长期、较低利率的地方政府债券，进而通过证券市场加以盘活并进一步释放资金流动性，从而达到预防银行金融风险现象出现的目的。与此同时，应进一步优化债务结构，降低地方政府的财政付息压力，缓解资金流动性紧张问题，避免地方政府在短期内发生债务危机。

（二）引入社会资本，化解存量债务

可以通过PPP等方式将政府债转化为企业债，继而实现风险转移。可以利用PPP模式中的TOT模式化解基础设施建设所形成的地方政府性债务的偿债压力。也就是说，将现有政府管理和运营的基础设施项目转让给社会资本进行运营，一段期限后再移交给政府，政府收取转让费用与规划项目建设和运营时期的贷款和利息，达到化解存量债务的目的。同时，PPP项目鼓励社会资本以投资入股的形式参与，能实现"债转股"的效果，从而缓解地方政府性债务的偿债压力。

三、控制新增债务

（一）新增债务的偿还方式

根据财政部《2014年地方政府债券自发自还试点办法》，地方政府新增债务偿还进入"自发自还"阶段，各地区承担政府债券还本付息责任。各试点地区建立偿债保障机制，统筹安排综合财力，及时支付债券本息等资金，切实履行偿债责任。在"自主发行"模式下，发债主体和偿债主体都是地方政府，中央政府不再对地方政府进行代发和代还。

针对地方政府的新增债务，地方融资平台已被禁止介入，地方政府在申请发行政府债券时，需要进行比较准确的成本预算并根据自身财力统筹安排借债规模，自借自还。同时，在这一模式下，地方政府失去了中央政府的担保，需要更加谨慎地审视公共投资项目的收益，测度能否按期偿还债务以及无法及时偿还债务的风险。此外，由于地方政府面临的信用风险加大，地方政府债券的利率一般会高于国债利率。因此，对于新增债务的风险防范，一方面，需要地方政府审慎选择公共投资项目，做好各项目的成本收益分析，提高债务资金使用效率；另一方面，由于大多数公共服务是没有现金流的，需要地方政府加强对民间资本的引入，利用市场机制约束过度发债行为，允许来自民间投资主体的第三方监管，提高公共项目产出绩效。

我国作为单一制国家，现阶段如果地方政府出现偿债危机，中央政府仍然无法完全对地方政府置之不理。在缺乏市场硬约束的情况下，如何评价地方政府债务信用、保证地方政府履行偿债义务、控制地方政府债券的违约风险是地方政府发行债券模式面临的最大问题。比较好的方式是在政府债券市场化的背景下嵌入对地方政府债券的评级过程。根据偿债能力对发行地区进行信用评级，并根据信用等级控制地方政府发行额度，有助于预防地方政府信用风险的发生。

（二）控制地方政府新增债务的制度设计

1.尽快制定并出台《公债法》

对地方政府借债适用范围、规模、方式、行为、使用、监督等，以法律的形式规定下来；通过法定程序对借债行为进行约束和规范，加强上级部门和各级人大对地方政府借债、用债、偿债行为的监督。

2.新增债务明确偿债主体

遵循"谁借债、谁使用、谁偿还"相统一，债务主体的"责、权、利"相一致的原则，避免中央政府承担兜底责任。

3.硬化预算约束机制

消除中央政府的隐性担保和兜底责任预期，以充分发挥上级政府和市场对地方政府债务偿还的控制和约束作用。

4.明确债务偿还责任

由政府部门直接发行债券的债务由预算内税收收入作为偿还担保；政府部门承诺或担保的投资项目，有收益的以项目收益偿还债务，没有收益的项目经各级人大严格审批后方可使用预算内收入进行偿还。

5.建立责任追究制度

对债务的使用和偿还签订责任状，明确权利、义务、责任，提高债务资金的使用效率。对盲目举债、重复建设，或因工作失职，造成无法按期还本付息，要追究直接责任人的责任。同时，将债务的借、用、还纳入领导干部任期经济责任审计的范围，作为评价、考核、任用干部的一项指标。

第五节　建立地方政府债务风险预警机制和应急处置制度

一、建立地方政府债务风险预警机制

（一）建立科学的地方政府债务风险指标

国际上一般采用债务依存度、债务负担率和偿债率来评价债务风险，但对指标的适度界限没有明确的标准。因此，在实际工作中，应根据我国实际国情来制定债务风险指标体系，综合考虑经济结构、经济增长率、社会投资规模、债券市场的发育程度、财政收支状况、政府管理效率、举债能力和偿债能力、财政与货币政策目标等，建立一个全面的地方政府债务风险预警指标体系。如在地方财政收支方面，采用地方财政收入占GDP的比重、地方财政自给率、财政赤字、法定支出满足程度、地方财政收支增长弹性等指标；在债务方面，尝试选用债务负担率、债务依存度、偿债率、负债资产比、地方政府或有负债规模等指标；同时也要考虑地方政府持有资产状况、预计最低（高）借款需求额等指标。这种基于宏观经济、社会状况和环境变化等因素建立的债务风险指标体系有助于对未来可能出现的隐形、或有负债兑付风险进行评估。对于超出债务风险指标控制范围的地方，要采取措施加大偿债力度，控制新的举债行为，使债务指标回到债务风险控制标准内。

（二）对地方政府债务进行界定和分类管理

在全面评估地方政府债务存量的基础上，需要对地方政府债务进行界定和科学的分类管理，对地方政府债务风险转变为金融风险和财政风险的传递机理乃至债务危机的触发条件进行深入探讨。借鉴中国社会科学院对中国地区金融生态环境评价的研究结果，对地方财政金融状况进行综合评估，对地方政府债务的投融资方式、管理方法、风险等进行全面评估。

（三）建立动态的监测跟踪系统

通过动态的监测跟踪系统对债务风险进行预警，而预警债务风险的最终目的是建立财政风险"值"的评价系统，设置预警区间，确定预警线，并在适当的时间采取适当措施将债务风险控制在合理的范围内，还要避免出现项目资金链断裂。鉴于对债务风险指标体系赋予的权重往往具有个人主观性，难以形成统一、客观的标准，因此可尝试采用一些非线性的评价方法，如神经网络法，实现对地方政府债务风险的动态监测和全过程监管。

二、债务应急处置的制度构建与优化

（一）财政调整

当地方政府债务超过了其偿债能力，导致无法按期还本付息，并因此可能产生政府财政无法正常运转、政府信用等级下降等情况时，地方政府需要即刻启动债务应急程序。当然，应对债务偿还风险进行债务应急处置的基础依然是严格控制债务增量、提高负债项目资金使用效率和建立中长期的债务风险预警机制。

根据风险预警分析的结果，当债务风险预警分析呈现初级偿债风险状况时，政府债务主管部门应发出债务风险提示，启动偿债准备金，通过控制项目规模、减少不必要的项目支出、发行置换债券等方式化解风险。当呈现中级偿债风险状况时，省级主管部门应启动财政调整计划，省财政厅应向省级政府报告，经省政府授权责成有关市、县政府采取措施限期控制风险蔓延，进行资产抵押再融资或者实施政府债务的债转股工作。当发生严重债务风险时，由省政府成立债务处置领导小组，制订债务风险处置总体方案，迅速开展财政调整和债务重组，努力控制和降低债务问题对经济的冲击。对于发生严重债务风险的地区，应在风险应急处置后启动责任追究机制，对相关人员进行行政问责和法律问责。同时，各级政府和财政部门要对问题产生的原因、应急响应过程、应急措施的效果，以及对今后债务管理的持续性影响等情况进行综合评估和分析。

财政调整在短期内要看能否实现财政平衡或消减赤字，中期看是否能抑制通货膨胀，长期要看能否促进经济增长。实施财政调整需要解决四个问题：（1）测算财政失衡程度；（2）确定财政调整规模；（3）选择财政调整措施；（4）合理安排财政调整时序。高质量的财政调整措施包括以下内容：第一，培植收入来源，拓宽收入基础，缩小税收筹划和避税空间；第二，加强税收征管，简化征收方式，实现税收管理的信息化，促进依法纳税；第三，加强预算支出管理，优化支出结构，提高支出绩效；第四，精简机构，提高公务员职业水平和工作效率。

因此，为解决债务应急处理问题所进行的财政调整，一要制订增加收入和消减赤字的合理方案，着力调整财政支出结构，消减不必要的财政开支，提高公共资源的使用效率，通过增收节支的办法化解过高的财政赤字导致的过度债务。二要努力维护和提高政府信用，避免债务违约，畅通举债渠道，实现较低的债务融资成本。三要培植收入来源，推动经济健康成长，没有经济成长的基础，财政调整最多只能使债务在高位稳定而难以完全化解其内在的风险。

（二）债务重组、债务免除和债务置换

为了维护债权人合法利益并保持债权人未来借贷的积极性，除非在紧急状态下，地方政府应当慎重选择使用债务重组或债务免除。根据国际经验，政府制订的债务重组计划包括存量债券偿还计划、债务项目运营计划、公务员开支调整计划和特殊用途债务使用计划等，重组计划提出后，可由包括纳税人、银行、债券持有人等主体在内的债权人分组进行表决，满足一定条件的情况下由议会审议通过重整计划。债券持有人、企业雇员、居民和退休人员将共同承担债务成本，而政府需要开始严格执行包括消减不必要政府开支等内容在内的财政调整计划。一般责任债券被视为无担保债券，与所有其他无担保债券享有平等地位。在我国，由于制度体系的差异，地方债务重组除了要制订完善的债务偿还、项目运营、支出控制计划外，在具体的重组中，应首先保障个人债权人的本息清偿，债务调整与成本分担主要在金融机构、企业、投资基金等机构债权人之间安排。

免除债务需要借助司法手段，可以通过中央政府宣告接管地方政府债务并通过制订新的征税计划逐步偿还原有债务和中央政府垫付资金代为偿还进行应急处置，同时完善财政责任法规、重建财经纪律。需要说明的是，当中央政府宣布接管地方政府债务或者免除债务后，一方面，地方政府必须参与债务调整的过程，中央政府只是暂时接替政府债务的应急风险化解，而地方政府才是政府债务清偿的最终主体，只不过地方政府通过中央政府的垫付和担保延长了债务的偿还期限。地方政府需要加强债务项目道德建设和提高运营效率，在每年的财政预算中安排一定量的资金用于偿还债务本息，具体标准可以由中央政府确定。另一方面，为了减少地方政府对中央政府进行债务兜底的预期，中央政府需要建立完备的绩效考核和问责机制，对不能有效进行债务管理的地方官员进行约束，对于需要对债务偿还重大问题负直接责任的地方官员，不论其是否还在原地任职均应进行责任追究。

债务置换也是进行债务应急处置的重要举措，即上级政府还本付息负担较重，将成本较高、期限较短的债务大规模置换为成本较低、期限较长的债券可以减轻地方财政负担、增强债务可持续性。同时，债转股也是地方政府可以考虑使用的有效手段，即在可能发生债务偿还困难时将地方政府债券转换为股票，将债券持有人等从债权人转换为资本所有权人，以降低政府的资产负债率，为地方改善经济和财政状况创造条件。

（三）财政重建制度的选择与构建

由于地方政府的公共性和政府债务项目所具备的公益性特征，且我国的政治体系是单一制而非联邦制，中央政府不会放任地方政府主体资格的消亡，所以我国的地方政府不适用破产清理程序。地方政府因过度负债导致实际破产的法律机制所要解决的应该是地方政府的财政重建问题。对此，为落实地方负债"中央政府不救助"原则，有必要构建解决地方政府实际破产的处置和财政重建制度，可以包括重建启动、财政调整与债务重整和重建终结三个阶段。

第一步，重建启动。地方财政重建启动机制包括重建标准和启动程序两方面内容。中央政府应该根据债务风险预警指标衡量地方政府财政危机的严重程度，在具体制度设计中，可以根据偿债率、债务率、负债率、分期偿还利息率的不同，设置分级处置标准，处于不同级别风险区间的地方政府适用不同的风险处置机制，充分给予地方财政自我恢复的空间。

重建启动程序包括重建申请人资格认定和重建受理机构两方面问题，重建启动的申请人一定要由人民代表大会审议和人民法院通过、确认地方政府无偿债能力才能被赋予财政重组的权利。一般而言，地方政府破产的处理应由法院主导，如果债务危机不是特别严重，则用行政干预手段要强于使用司法干预方式，即由中央政府或上级政府接管可能更加有效。

第二步，财政调整和债务重整。在启动财政重建程序以后，地方政府即进入财政重建的实质性阶段，目的是恢复其财政的可持续性。这一阶段法律制度设置的关键在于两部分：财政调整和债务重整。

财政调整需要调整后的政府支出与财政收入一致、借款与偿还能力一致。综合各国实践经验，可根据我国的实际情况，综合使用消极调整和积极调整这两种方式。消极调整主要指减少政府支出或变卖政府资产，这种方式在实际使用上难度较大，因为在减少财政支出的过程中，地方政府要紧缩财政支出，同时降低公共服务的供给水平，但由于公共服务的刚性特征，可能引发社会不满，因此政府只能适当减少自身开支，调整余地不大，而引入市场力量共同完成公共服务的供给可能是更好的选择。变卖政府资产的方式一般只在财政遇到十分紧急的状况时才使用，否则不会轻易使用。

积极调整措施包括增加税收和增发债券等方式。一是增加税收及使用者收费，既可以通过开征新的税种，或者调高原有税种的税率，也可以在某些公共设施和公共服务中采用使用者付费或提升付费额度的方式。这种方式更容易被政府采纳，但这需要适当调整我国的分税制结构框架，允许地方政府拥有将地区建设和本地专享税收收入相结合的途径。此外，基于税收法定原则，采取这种方式还需要获得权力机关的授权或立法支持。二是政府发债融资。虽然地方财政重建后，自身信用评级会降低，但如果中央政府或上级政府给予担保并明确责任、保留追索权，地方政府还是可以争取向资本市场再融资的。

债务重整是地方政府与债权人之间就重组债务和潜在的债务救济进行协商，有时会有第三方机构参与。根据美国《破产法》的规定，对于做出受理裁定的重整案件，将立即启动一个被称为"自动冻结"的法律机制，临时禁止债权人采取措施收回破产申请之前他们拥有的资金或财产，同时也临时禁止对公司的任何法律诉讼。重整程序一经启动，对债务人的强制执行以及担保物权的行使等一律自动中止，给予了债务人强有力的保护。"自动冻结"机制相当于赋予了地方政府重新调整财政能力的机会，虽然我国不允许地方政府破产，但对于类似的债务重组机制以及"自动冻结"方式是可以嵌入债务危机管理机制的。

第三步，重建终结。地方政府的财政重建终结是指地方政府走出财政危机，实现良性运转，从而有关机构申请终结重建程序的法律状态。通过在重建期间实行的财政调整、债务重整以及债务免除等措施，地方政府清偿了全部到期债务，对未到期债务也有了较为稳妥的财务安排，于是可以申请终结重建状态，进而重新获得再融资、投资新的公共事业、购买一定的公共资产以及聘用一定的新公务人员等资格。只有结束重建状态，才能给予地方政府一定的财政自由度，否则地方政府仅仅只能维持提供基本公共服务的能力。

第六节　加快地方政府融资平台转型升级

地方融资平台转型是政府的一项重大改革。尽管目前经济下行压力较大，地方政府仍然将地方融资平台作为促进经济增长的重要抓手，推动地方融资平台转型是当前地方隐性债务风险防范的当务之急。2016年11月14日,《国务院办公厅关于印发〈地方政府性债务风险应急处置预案〉的通知》(国办函〔2016〕88号),再次强调对地方政府债务中央实行不救助原则,同时再次明确地方政府存量债务和相关方的责、权、利,从而倒逼地方政府规范举债。因此,地方政府应当认清地方融资平台转型的意义,从事关国家总体债务安全、事关区域系统性风险的战略高度切实推进融资平台转型。

一、制定专门法规统筹规范融资平台转型

由于地方融资平台多头监管,各部委对融资平台的管理还未能形成统一的意见,已出台的文件也相对分散,难以对融资平台进行全面、统一的规范。即使连最基础的对融资平台的认定,各部委都没有形成一致的意见,各部委发布的融资平台名单也存在一定的出入,如果名单都无法确认,更别提对融资平台进行规范和转型了;对公益性项目的认定,同样存在定义不明确的问题;在监管内容方面,中国人民银行、银监会文件针对融资平台银行信贷管理,发改委、证监会针对融资平台债券管理,财政部则重点关注由政府承担的部分债务管理。各部委对融资平台的管理形成共识是平台形成统一的运行规范的前提,因此亟须出台专门法规对地方融资平台转型发展做出统一部署、规范。

(一)统一融资平台认定标准

应通过制定统一的融资平台认定标准,对目前地方融资平台进行全面统计、细致认定,全面掌握地方融资平台的数量、区域分布、业务类型、运营状况、债务规模、政府隐性债务状况及比重、债务偿还安排等,并按照公益类、准公益类以及经营类进行分类管理。

(二)设定融资平台转型发展过渡期限

考虑到融资平台数量庞大、区域差异严重,给予融资平台一定的转型发展过渡期限,初步可以设定为5~8年。在过渡期内,明确相关监管部门的监管职责,在统一的法律法规框架下,财政部、发改委、人民银行、银监会、审计署等部委共同组建地方政府融资平台监管联席会议制度,明确对融资平台的监督、审计及稽查等责任,避免各部委各自

为政。

（三）对融资平台转型发展进展和最终成效进行鉴定

融资平台在当前转型过程中，多数通过简单的股权、资产重组进行名义上转型，实质上并未转型，而自己就对外宣称已经实现转型。融资平台是否转型，或者转型是否彻底，不能由自身或者当地政府来宣布，而是应该有一个融资平台转型鉴定机制，组织专门的机构或者委托独立的第三方市场机构对转型的结果进行鉴定，包括是否已经做到与政府信用脱离，是否已经成为真正的市场化主体，按照市场化原则开展经营等。

二、加大融资平台整合重组力度，不断减少融资平台数量

当前数量众多的融资平台和快速增长的融资规模给地方政府和银行系统带来了债务隐患，同时增加了转型的难度和复杂性。考虑我国地方融资平台数量巨大，而且大部分只是承担融资职能，运作不规范，因此地方融资平台的转型发展过程也就是融资平台清理、整合、减少的过程。未来应对融资平台的数量和融资规模进行一定的控制，严禁新设地方政府融资平台，同时加大对现有融资平台的整合力度，大幅缩减融资平台数量。根据政府级别以及地区经济财政实力的不同，确定其下属融资平台数量上限。

（一）严禁各地新设融资平台

根据融资平台的界定标准，禁止政府新设融资平台公司，对于地方政府新设从事公益项目的企业进行严格甄别，只有甄别认定后不符合融资平台标准的才允许成立，一旦发现承担政府投融资职责、符合融资平台标准的新设公司，坚决给予取缔。

（二）重组现有融资平台，大幅减少融资平台数量，重点清理区县级融资平台

根据区域或资源要素统一整合以及市场化原则，对现有的不同类别融资平台进行整合，对绝大部分融资平台进行清理、重组后给予退出，具体措施包括：

（1）整合具有相同或相似资源要素的融资平台，利用专业优势与集

中优势，提高资源利用效率。具体来说，主要根据"产业相近程度、业务相关度以及是否提高管理协同度"原则来对融资平台进行整合，通过横向整合和纵向重组，增强资本实力，提升各自的竞争力，同时减少数量，降低相互之间的竞争，避免资源浪费。

（2）对于符合法规允许通过转型后保留的融资平台，区县级融资平台可以合并为一家，对地级市以上级别的融资平台可以采取合并重组的方式，对负债较高和无投融资业务的平台进行合并，形成规模较大的融资平台，根据相邻区域的城市发展规划，进行跨区域的平台整合，促进城市群的协同发展。在整合的过程中，还须建立有效的资产重组及后续管理机制。

（3）对于无实际经营能力的空壳平台公司，直接给予清理退出，重点清理区县级融资平台。

三、按照经营业务类型进行分类管理，并制订转型方案

地方融资平台主要是为了满足地方政府在提供公共管理和服务中的融资需要，因此，在对待地方融资平台转型方面，也需要从融资平台从事的业务入手。如果是帮助地方政府提供公共产品和服务产生的债务，就应该纳入政府财政预算。如果不是帮助地方政府提供公共产品和服务产生的债务，都应该由融资平台自身来进行偿还，而不能由财政资金来偿还。因此，对融资平台的业务和经营进行界定和分类成为推动融资平台转型的关键。界定清楚之后，对于同一政府所属融资平台，应将所有从事经营性质的融资平台进行整合重组，与政府进行剥离，按照市场化要求开展业务。对于完全公益性质的融资平台，在初期允许其保留，但是需要制定专门的法规，并明确其债务就是地方政府的债务，将其债务纳入地方财政预算。待时机成熟后，逐步与地方政府剥离、退出。对于准公益性质、具有一定收益的融资平台，可以引进社会资本，进行混合所有制改革，推动融资平台逐步转型。

四、建立专门的融资平台信息披露制度，提高透明度

由于地方融资平台信息披露制度不够完善，甚至很多融资平台根本

就没有建立信息披露制度，导致信息不透明，信息披露质量不高，监管机构与市场难以判断其真实的经营状况，加大了外部对其监管与约束的难度。监管机构可以通过出台专门的法规要求地方政府融资平台定期披露信息，并且要保证披露质量，规范其信息披露制度，提高信息透明度；各监管部门要督促辖内各融资平台加大信息发布力度。另外，需要构建信息共享平台，增强监管部门、银行间的信息沟通，以对融资平台的债务和经营状况形成较为全面的了解。如由地方人民银行和银监局联合牵头各家商业银行组建融资平台信息共享平台，及时发布融资平台的债务规模、融资渠道、资金使用情况、担保情况、经营情况、项目进展等，使监管部门和银行可以随时查到相关信息。

五、加强融资平台存量债务管理

地方投融资平台负债规模大，增长速度较快，部分债务存在一定的偿还风险，对于这些存量债务的妥善处置，是融资平台实现轻装上阵、降低转型成本、顺利实现转型的核心环节。同时，这也关系到地方政府的声誉。

2014年《国务院关于加强地方政府性债务管理的意见》（简称43号文）和新《预算法》明确规定2015年以后政府不得通过城投公司举债，城投公司债务不再属于地方政府性债务。但2015年后，地方投融资平台事实上仍然在承担地方基础设施建设和公用事业发展任务。对存量债务的处理，需要厘清负债来源是经营性项目还是公益性项目所产生的。对于经营性项目所负债务，应依靠经营性收入来保障偿还；对于公益性项目所负债务，应当在政府的支持下妥善处理。对于存量债务的处理主要有以下方式：

（一）债务置换

在财政部甄别存量债务的基础上，把城投公司政府债务中原来短期限、高利率的理财产品、银行贷款、城投债置换成长期限、低成本的地方政府债券。

（二）资产盘活

通过出售、转让、拍卖、租赁、资产证券化等方式将存量资产盘活，迅速获得流动性，减轻债务负担，提高公司运营效率。

（三）引入社会资本

通过PPP模式或公私合作共同开发等方式引入社会资本，保证债务的顺利偿还。

六、促进融资平台业务的多元化

融资平台公司最初设立的目的是为城市基础设施建设或公用事业发展筹措资金，满足市政工程建设的需求等。融资平台公司，尤其是经营纯公益性项目的融资平台公司，由于承担项目的公益性质，往往经济效益低下甚至无收益。因此，需推动融资平台公司业务的多元化转型。在继续做好土地开发、基础设施建设等传统业务的基础上，大力开拓和加强其他商业性项目的经营工作。一方面，可进一步整合和开发公共资源。公共资源涉及国家自然资源开发，城市管网建设，垃圾和污水处理，机场、港口等公共交通设施的建设和管理等领域。公共资源具有公益性，有些也具有可经营性。公益性较强的项目包括社区建设等；可经营性公共资源的开发项目则涵盖天然气、水、电管网建设和供应，清洁能源开发，污水、垃圾处理，公共交通等项目。融资平台既是公共资源开发项目的建设主体，又是今后的运营主体，并可从中获取较为稳定的现金流。另一方面，可充分发挥融资平台在建设上的技术和管理优势，在参与民生项目建设的同时，积极开拓工程代建和项目管理等业务。在充分发挥融资平台专业优势的同时，以较低的启动资金获取较高的收益，实现融资平台公司经营业务的多元化。

七、推动融资平台转型需要配套措施，并提供必要支持

地方投融资平台转型面临较多的难题，尽管融资平台公司转型方向是要与政府信用脱钩，成为具有自主经营能力的市场化主体，但要实现成功转型仍然离不开地方政府的支持和做好配套工作。比如，在地方投融资平台转型过程中出台配套措施以做好职工的安置工作，对平台公司之间的重组整合提供政策上的支持，向平台公司注入具有盈利性的资产以提高平台公司资产的质量，对于转型参与PPP项目的融资平台转型，

给予税收优惠、财政补贴等支持，但其债务由企业自身来承担，不能纳入政府预算。地方投融资平台如果缺少地方政府的支持，自身既没有转型动力，又增加了转型风险。

八、推动地方融资平台转型还应遵循循序渐进、区别对待的原则

地方投融资平台转型是政府的一项重大改革，地方政府对地方投融资平台转型应当分清重点和难点、近期目标和远期目标，进行系统性规划，在转型中要采用循序渐进的方式，先易后难，同时要考虑区域差异，避免一刀切。一些经济发达地区有的投融资平台已由单纯的融资平台转变为城市服务运营商，有的转变为市场化投资公司，并具有了一定的市场竞争力，正在逐步向全国拓展业务，有的则肩负城市投资建设、城市运营服务、投资功能于一体等。而中西部地区很多投融资平台仍只是政府的纯融资性平台，经营性业务和经营性收入均很少，参与市场竞争的能力很薄弱。因而，在推动地方投融资平台转型过程中，要区别对待，因地制宜，防止一刀切。对于东部地区一些发展较好的投融资平台应给予支持，让其充分发挥自身优势，积极推动转型。对于中西部地区，应当根据地方投融资平台的实际情况实施差别化政策，对于发展较好的投融资平台可以推动转型，对于发展较差的投融资平台则通过循序渐进的方式推进转型。

第七节　积极推进公共服务领域政府和社会资本合作

2014年9月24日，财政部发布《关于推广运用政府和社会资本合作模式有关问题的通知》，明确提出要在全国推广运用PPP模式。同年10月，国务院出台的《关于加强地方政府性债务管理的意见》提出，应加快建立规范的地方政府举债融资机制，推广使用政府与社会资本合作模式，以拓宽地方政府融资渠道，完善财政投入及管理方式，进而化解地方政府性债务风险。

一、PPP模式及其特征

（一）PPP模式

PPP（Public-Private-Partnership）模式是指政府与私人组织，为了提供某种公共物品和服务，以特许权协议为基础，彼此之间形成一种伙伴式的合作关系，并通过签署合同来明确双方的权利和义务，以确保合作的顺利完成，最终使合作各方达到比预期单独行动更为有利的结果。在地方财政紧张的背景下，PPP被视为化解地方债务风险、为新一轮城镇化筹资的重要手段。

PPP模式有BOT（建设-经营-转让）、TOT（移交-经营-移交）、股权转让等多种具体形式，不仅适用于新建设施，也适用于已建设施。其中，由社会资本受让已建设施的方式，政府取得的转让资金可用于化解存量债务。目前推出的基础设施资产证券化，应该说也是一条可行的路径，但由于其实施时对资产质量要求严格，难以大规模推广。

（二）PPP模式的特征

PPP具有三大特征：第一个特征是伙伴关系，这是PPP最为重要的特征。政府购买商品和服务、给予授权、征收税费和收取罚款，这些事务的处理并不必然表明合作伙伴关系的真实存在和延续。比如，即使一个政府部门每天都从同一个餐饮企业订购三明治当午餐，也不能构成伙伴关系。PPP中民营部门与政府公共部门的伙伴关系与其他关系相比，独特之处就是项目目标一致。公共部门之所以和民营部门合作并形成伙伴关系，核心问题是存在一个共同的目标：在某个具体项目上，以最少的资源，实现最多、最好的产品或服务的供给。民营部门是以此目标实现自身利益的追求，而公共部门则是以此目标实现公共福利和利益的追求。形成伙伴关系，首先要落实到项目目标一致之上。但这还不够，为了能够保持这种伙伴关系的长久与发展，还需要伙伴之间相互为对方考虑，也就是具备另外两个显著特征：利益共享和风险分担。

第二个特征是利益共享。需明确的是，PPP中公共部门与民营部门并不是简单地分享利润，还需要控制民营部门可能的高额利润，即不允许民营部门在项目执行过程中形成超额利润。其主要原因是，任何PPP

项目都是带有公益性的项目，不以利润最大化为目的。如果双方想从中分享利润，其实是很容易的一件事，只要允许提高价格，就可以使利润大幅度提高。不过，这样做必然会带来社会公众的不满，甚至还可能引起社会混乱。既然形式上不能与民营部门分享利润，那么，如何与民营部门实际地共享利益呢？在此，共享利益除了指共享PPP的社会成果外，还包括使作为参与者的私人部门、民营企业或机构取得相对平和、长期稳定的投资回报。利益共享显然是伙伴关系的基础之一，如果没有利益共享，就不会有可持续的PPP类型的伙伴关系。

第三个特征是风险共担。伙伴关系作为与市场经济规则兼容的PPP机制，利益与风险也有对立性，风险分担是利益共享之外伙伴关系的另一个基础。如果没有风险分担，也不可能形成健康而可持续的伙伴关系。无论是市场经济还是计划经济，无论是私人部门还是公共部门，无论是个人还是企业，没有谁会喜欢风险。即使最具冒险精神的冒险家，其实也不会喜欢风险，而是会为了利益千方百计地规避风险。

二、PPP模式在实施过程中存在的问题

（一）缺乏完善的法律法规体系

目前，我国缺乏PPP专门立法，现行制度层级偏低、效力较弱，各方权益难以通过法律途径得到有效保障，社会资本对PPP项目长期合作心存顾虑。同时，价格、土地、融资等方面的配套政策有待完善，尚不能满足PPP项目发展需要。比如，污水、垃圾处理费开征率、征收标准和征缴率偏低，难以覆盖项目运营成本；PPP项目融资方式相对单一，现有金融服务与项目融资需求不匹配。此外，教育、医疗等社会领域公益属性较强，市场整体发育不足，推广PPP模式亟须加强政策指导。

（二）"伪PPP"成最大隐忧，变相融资扩大地方债风险

当前，全国PPP项目建设规模庞大，但在未经财政部示范和国家发改委推介的PPP项目中，有相当多的部分并未达到财政部对PPP模式的要求，存在"伪PPP"现象。比如，有些项目吸收社会资本的方式是银行直接借贷或政府财政补贴，缺少"社会资本共同参与"的核心要素。有的基金或信托公司的投资则是"明股实贷"，要求政府在一定时

期内（如 3～5 年）进行项目回购，其本质是 BT（Build-Transfer）项目，先期由社会资本垫资，期满后投资方撤资，没有实现长期的风险共担，整个项目的运营和经营风险最终完全由政府承担。可见，当前急需通过制度建设予以"去伪存真"，以更好地发挥市场在资源配置中的决定性作用，推进供给侧结构性改革。

（三）风险分担机制不合理

由于投资周期较长，PPP 项目在运营过程中存在着一定的风险。但由于公共部门与私人部门在投资和运营中的偏好不同，公共部门追求社会福利政绩最大化，而私人部门追求经济收益最大化，从而使得双方在承担风险时有一定的差异。公共部门，一方面，可能受政绩考核引导，向私人部门承诺风险由政府兜底，使政府单方面承担较多风险；另一方面，也可能把风险推向私人部门。由于二者之间缺乏合理明确的风险分担机制，一旦运营出现问题，将会阻碍项目的进展。

（四）融资以银行贷款为主，资产证券化程度不足

目前我国的 PPP 项目融资大部分来源于银行贷款，融资渠道较窄，资产证券化严重不足，从而使得项目风险过多地集中于银行，多层次的金融架构尚未建立。在一些 PPP 项目发展较早的国家，大部分都有完善的 PPP 金融服务模式，如英国财政部基础设施融资中心（TIFU）、澳大利亚的澳新银行（ANZ Bank）等，均为 PPP 项目融资提供了完备的融资结构。

究其原因，在于我国现行的金融体系尚不符合 PPP 项目融资的要求，这主要表现在四个方面：一是缺乏项目融资支持，项目融资是以项目的预期收益为基准获取资金的方法，但我国目前除了银行以外，鲜有金融机构提供项目融资贷款；二是融资手段缺乏多样化，我国金融市场尚不健全，金融监管比较严格，导致股票发行、私募基金、战略投资者参股、银行贷款债券发行等融资方式在 PPP 项目的融资比例中占比较小；三是缺乏中长期的资金来源，由于基础设施建设周期、投资回报期较长，对中长期资金需求较高，而养老保险基金、企业年金等最适合中长期投资的资金，由于受到相关监管部门政策的限制，对投入到 PPP 项目存在种种顾虑；四是资产证券化等投资退出渠道不完善，当前我国

PPP项目的退出审批严格、持续周期长，不能满足社会投资者退出的要求，在一定程度上制约了PPP项目参与者的投资积极性。

三、稳步推广PPP模式

（一）完善法律政策保障

坚持统一立法、统一市场的原则，积极推动出台PPP条例，厘清政府与市场的关系，从法律上增强各方特别是民营资本参与PPP的信心。尽快完善投资审批、价费机制、土地划转、资产管理等配套政策，优化项目流程，破除政策瓶颈，适应PPP项目发展需要。进一步拓宽PPP项目融资渠道，鼓励金融服务创新，发挥财政资金和PPP基金的引导作用，推动更多PPP项目落地。

（二）规范合作项目选择

PPP模式具有复杂性，一个拟采用PPP的项目必然涉及多方利益，如公众利益、投资者利益、公共部门利益等。PPP项目贯穿政府活动的各个层级，从中央政府到各级地方政府，项目涵盖以下领域：一是交通领域，如道路、桥梁、轻轨等；二是教育领域，包括新建或修缮学校，建设大学生宿舍等；三是医疗卫生领域，如新建医院和医疗卫生设施；四是公检法领域，包括监狱、法院和警察局等；五是国防工程项目，如要塞、营房、军事培训院校、模拟设施、塔克运输车等；六是其他项目，包括水工程、废物管理、街道照明、消防站、政府办公楼、福利住房等。作为国际公认的PPP运用最好的国家之一的加拿大，1991—2013年，启动PPP项目206个，项目总价值超过630亿美元，涵盖全国10个省，涉及交通、医疗、司法、教育、文化、住房、环境和国防等领域。

我国应该借鉴国际经验，谨慎选择合作项目。一方面，鼓励私人部门参与项目产出可以度量和定价、通过收费可以较快收回成本以及可以有效促进经济社会发展的项目；另一方面，在筛选和发起PPP项目时，应综合评估项目建设的必要性及合规性、PPP模式的适用性、财政承受能力等因素，确保PPP项目"物有所值"。其中，对于准经营性项目，双方应侧重对项目盈利和补偿机制达成共识；经营性项目应具有明确的收费机制以确保合理的投资回报率；公益性项目要准确评估和预测当期和未来政府的财政实力，确保政府购买能力。

（三）审慎控制 PPP 项目规模，甄别"伪 PPP"项目

根据国际经验，即使是在 PPP 应用比较成熟的国家，采用 PPP 提供公共产品的比例，在公共财政支出中的总量也极为有限，占比仅在15%～25% 之间。从长期看，地方政府投融资机制的完善，主要应该依靠不断健全税收制度，并以规范的债务工具解决跨期融资需求问题。在短期内，应不断完善财政承受能力论证，准确测算 PPP 项目的预算支出责任，实现对地方政府设立 PPP 项目内在动机的硬性约束，并合理分配不同行业之间的 PPP 项目，以防止过于集中于某一领域而导致系统性风险。

加大对 PPP 项目的甄别力度，避免使 PPP 模式沦为地方政府的融资工具。在立项上，应杜绝地方政府用"保底承诺、到期回购、明股实债"等方式吸引社会资本，而是以 PPP 项目名义立项。在财政补贴上，要将"伪 PPP"项目剔除在中央和地方财政的补贴范围之外，以保障各类专项资金投放到位。

（四）设计合理的风险分担机制

在项目建设、管理过程中，PPP 融资模式始终存在着各类风险，包括特许权经营公共部门的风险和私人部门的风险。风险分担原则，旨在实现整个项目风险的最小化，它要求合理分配项目的风险。一般而言，项目设计、建设、融资、运营、维护等商业风险原则上由社会资本承担，政策、法律和最低需求等风险由政府承担。

对 PPP 模式风险分担设定，需要考虑以下几点：第一，PPP 要求复杂的长期合约，因此具有潜在有效收益的项目更合适 PPP，这类项目一旦实行 PPP 后，可进行独立管理，从国际经验来看，很少会有多个 PPP 项目由同一个 SPV 建设、运营的情况出现；第二，PPP 在私营一方具有专业技能和创新能力时，更为合适；第三，PPP 可以视为长期内提供公共服务的方式，而不仅仅集中在基础设施的建设阶段；第四，对于私人投资者的补偿应该基于绩效和质量指标；第五，与取得绩效和质量目标相关的风险和责任应该一致；第六，承担责任和风险的各方应该获取相匹配的项目收益；第七，可利用的融资选项取决于项目的法律结构，在

项目的运营阶段所需要的结构性贷款工具或者债券再融资的决策需要在合同执行早期就确定。

一般而言，对于政治、法律、政策及其变更的风险，政府部门的控制力强于社会资本，应由政府部门承担；对于建造、运营、技术、融资以及市场风险等，社会资本更有控制力，而且与其收益相关，应由社会资本承担。对于无法预测的不可抗力风险应通过机制设计，如调价、变更特许期以及设立缓冲基金等方式共同承担。

（五）推动PPP项目资产证券化

针对PPP项目融资以及PPP项目投资后的资本流动性不足等问题，应大力发展PPP项目资产证券化。

一是加快发展PPP项目资产证券化为PPP项目融资。对于能产生稳定现金流的PPP项目，鼓励先行先试，对PPP项目进行资产证券化。对准公益性和公益性的PPP项目，鼓励开展大型、一体化的PPP项目，形成跨领域的收益项目，为打包项目资产做支撑。同时，提高社会资本参与PPP项目的积极性，将PPP项目投资所形成的收益或现金流（如收费、PPP项目每年产生的经营性收入）变成可投资的工具，形成可以上市交易的证券化产品，增强资本的流动性，让社会资本把握受益机会，提高其收益水平和投资的安全性，也方便其他社会资本参与方回购股权，实现PPP项目的全方立融资。

二是加快与PPP项目资产证券化相关的金融工具创新。例如，可以在PPP项目贷款基础上，开发出期限、利率不同的组合贷款产品，全程参与PPP项目的融资服务，并结合PPP项目的稳定现金流，推出项目收益债。可以根据PPP项目现金流特征，设计成合适的资产证券化产品，通过恰当的结构优化设计，使其满足不同风险偏好的投资者的需求。

三是加快PPP项目资产证券化相关制度创新。围绕PPP项目资产证券化所需要的条件，加快建立和完善PPP项目资产评估和信用等级等相关制度。与此同时，加快公共服务价格改革步伐，为PPP项目开展资产证券化营造良好的环境。运用好特许经营权，维护公共服务领域垄断竞争的市场结构，既能提高公共服务供给效率，又能给社会资本带来一定的利润，有利于社会资本对未来现金流形成良好的预期，从而增强PPP

项目对社会资本的吸引力。

第八节　地方政府性债务管理的配套制度建设

一、加强地方债的法律法规建设

（一）完善预算法律体系

1.建立预算的权威性

政府预算一经立法机关审议批准便具有法律效力，理应得到遵守，不得随意调整和变更。但现实中，由于政府预算的法律权威性不够，导致年度预算缺乏应有的刚性，预算超收和财政运行中的"暗箱操作"现象大量存在。年度超收规模过大，说明政府的收入机制不规范，预算的严肃性不够。年度预算超收收入尽管需要报人大备案，但其具体使用的自由裁量权往往由各级财政部门斟酌使用，极易脱离立法监督机构的审查和监督。在支出方面，不按预算办事的情况时有发生，预算指标到位率低，预算执行中的变动和调整频繁，使得预算失去了其法律意义上的严肃性。必须树立起预算实质上的权威性，使得预算制度成为约束官僚机构低效扩张和滥用公权的制度，这是减少财政机会主义行为的关键制度安排。

2.出台新《预算法》实施细则

2015年开始实施的新《预算法》规定，省级政府可以在国务院规定的限额内，通过发行地方政府债券的方式举债。省级政府依照国务院下达的限额举借的债务，列入本级预算调整方案，报本级人民代表大会常务委员会批准。

当年全国人大常委会批准地方政府的债务限额，正是首次落实新《预算法》针对地方政府债务所设定的监控机制。此举对于规范地方政府举债、防止地方债务增长失控、保障国家财政稳健安全等，无不具有深远意义。不过，要更好地控制地方政府性债务风险，还有必要在新《预算法》的基础上，出台相关实施细则，进一步细化相关制度。

新《预算法》在债务管理方面，仅仅将预算内的债务纳入余额管理制度,而未考虑广义的政府性债务,因而有必要在新《预算法》实施细则中,强调中央政府每年应对负有担保责任或可能承担一定救助责任的政府性债务进行统计,并向全国人大或其常委会报告,同时应当向全社会公布其规模、结构、期限等相关信息。针对违反新《预算法》的地方举债行为,应当进一步明确其法律责任。比如,对于地方政府违规举债或为他人债务提供担保以及挪用重点支出资金、在预算之外超标违规建设等行为,应责令改正,并追究责任人员和主管官员的行政责任。

《预算法》修正案的通过,在预算改革中迈出了重要一步,未来更重要的是如何实施。比如,地方债总额如何确定、各地的指标如何划分,都是亟待解决的难题。因此,需要出台相应实施细则,针对地方政府性债务管理进行制度设计,促进地方债的预算控制。

(二)构建债务全程监管体系

为加强地方政府性债务管理,应出台相应的法律法规,构建全流程的债务监管制度,包括发行、使用、偿还、监管等各个环节的监管制度。

1.地方政府债券的发行

地方政府债券的发行,是债务制度运行的起点。地方政府债务的举借范围,主要包括:一是地方政府按国务院和地方人大批准的规模发行地方政府债券,决定地方政府债券发行的类型。地方政府债券的发行和流通依据《证券法》及相关法律法规的规定进行,发行方式包括直接发行、承购发行和招标发行。二是地方公共机构及准公共机构按地方人大和政府批准的规模、范围和方式发行政府债券。

2.地方政府债务资金的使用

关于地方政府债务资金的使用,监管制度应包括以下内容:(1)对专项债券的用途做出相关规定,建立较为完善的使用管理制度。(2)提高债务资金的使用效率,保证专项债券资金的专款专用,债务资金的使用单位要编制详细的资金使用计划,要协调债务使用过程中人大、审计、财政及政府相关部门的职责,明确债务投资主体和资金使用主体之间的权利义务关系,使债务资金的拨付、项目投资上市和资金的使用纳入法制的轨道。（3）做好债务资金的保值增值，确保债务资金的有效利用。（4）规定违反有关债务资金使用法律法规的责任。

3.地方政府债务的清偿

关于债务清偿，监管制度应包括以下内容：（1）财政部门应当制订具体的债务偿还计划，明确地方政府债务的偿还期限和偿还责任；（2）明确地方政府偿债资金的来源和落实措施；（3）完善地方政府偿债基金管理，加强对偿债基金运行的监管；（4）地方政府可在人大批准的债务余额内实行债券置换，发行新债偿还旧债；（5）制定对债务违约可采取的具体措施，如债务重组等。

4.地方政府债务的信息披露

地方政府负债状况不透明加大了债务管理难度，对此，应制定有关地方政府性债务信息披露的法律法规，制度设计可以参照证券发行制度的规定。信息披露的具体内容应当具备真实性、准确性、完整性、及时性，披露方式可以采取报刊登载、网站发布、备案等。披露内容包括地方政府债务的举借方式、资金用途、资金总额、利率确定方式、还本付息的期限和方式、担保状况等。

5.地方政府债务的法律责任

任何一部法律的有效实施，都离不开法律责任的明确。关于法律责任，地方债监管制度应当规定以下责任：（1）应当针对地方政府债务举借、使用、偿还和监管的不同环节，对相关部门法律责任，分别予以列举和规定。如财政部门超越权限举借债务的责任，债务资金使用者违规使用债务资金的责任，对地方债负有偿还责任的机构拒不偿还或违反偿还约定的责任，监管部门未依法履行监管职责的责任等。（2）对于违规违法行为，应明确相关的行政责任、经济责任和刑事责任。

（三）明确监管机构及责任

目前我国地方政府性债务实行多部门监管体制，而政出多门影响了监督的强度和有效性。今后，在中央层面，一方面，应加强发改委、银监局、银行间交易商协会等监管部门的联系和沟通工作，厘清各部门的职责范围；另一方面，应对包括地方政府自行整理的债务数据以及国家审计署的审计数据等债务资料，进行整合归纳，并进行全面分析，从宏观上把握地方政府性债务的情况。

地方上的监管部门可由人大及其常委会设立。各级人大及其常委会作为我国的权力机关，不仅由其产生各级政府，还由其行使对政府的监督权。各地方人大及其常委会可以对地方政府性债务设立专门的管理委员会或由财经委员会履行相应的职能，主要任务包括：负责制定与本地方政府性债务管理相关的法规；要求所在地方政府对其债务必须履行信息披露义务，并规定违反该义务的法律后果；对每年地方政府性债务的各项数据进行统计研究，并发布年度报告；与中央监管各部门建立起互相交流、及时沟通、信息共享的合作关系。

（四）加强地方债法律体系与相关法律之间的协调

1.与《证券法》的协调

地方政府债券作为一种有价证券，拥有一般证券的基本特征，在交易规则和制度方面，地方债与一般证券具有很大的相似性。因此，《证券法》的一些基本制度也适用于地方政府债券的发行和流通。但是，由于发行主体的特殊性，地方政府债券也有其自身的特点，即便是美国，也在1933年《证券法》及1934年《证券交易法》的基础上，就政府债券的发行、交易及监管，专门制定了《证券法》的补充法——《政府证券法》。我国目前不大可能制定特殊的《政府债券法》，但是可以在相关法律法规中对政府债券的发行、监管做出特别规定。

2.与《担保法》的协调

我国《担保法》明确规定，国家机关不得作为保证人，但经国务院批准为国际经济组织贷款进行转贷除外。但实际上，我国地方政府为一些围绕公共项目开展活动的融资平台等提供了担保。未来可以借鉴其他国家立法的经验，允许一些地方政府为部分具有公益性质的项目债券提供担保，并对相关债券的发行资格和使用范围做出严格的限制。

二、深化财政体制改革

（一）适度下放举债权

在地方政府举债问题上，地方政府应享有一定的财政自主权。从我国的政府层级来看，市、县级政府是地方债的主体，这与其承担的市政建设任务密切相关，而新《预算法》仅赋予省级政府发债权。2015年3月，财政部先后出台《地方政府一般债券发行管理暂行办法》（财库〔2015〕64号）、《地方政府专项债券发行管理暂行办法》（财库〔2015〕83号），规定经省级政府批准，计划单列市政府可以自办发行一般债券和专项债券。

而在发达国家中，联邦制国家如美国，州及州以下地方政府和任何特税区或市政机构均允许发行市政债券。单一制国家如日本，地方债券的发行主体包括都、道、府、县以及市、町、村。

未来我国的改革方向，应当是按照"谁借债、谁受益、谁偿还"的原则，适当下放地方政府举债权至各市、县，构建以市政债券为主体的地方债券体系，从而使切实有举债需求和偿债能力的地方政府，成为真正意义上的信用主体。因此，我国地方政府债券发行主体应逐步向市、县级转移，其扩大方式可遵循"计划单列市→地级市→县（县级市）"路径，其进展速度应与我国资本市场的完善程度、财政管理体制的健全程度相适应。

（二）完善地方政府运行基本财力保障

地方政府举借债务本身具有合理性，但因为体制等因素导致地方政府财力不足，这非常容易放大政府财力缺口及对债务的需求，如果财力不足程度较为严重，更容易掩饰地方政府非社会理性的超常规举债行为。因此，建立和完善各级地方政府基本财力保障机制，主要是从体制上消除地方政府盲目举债的条件。合理控制地方政府债务规模，前提是要保障各级地方政府与支出责任相匹配的基本财力水平。换句话说，要在合理划分各级政府事权、财权的基础上，重新界定各级政府的支出责任，并以此为依据，通过不断完善转移支付制度和确定构成各地财政的主体税源，建立和完善各级地方政府的基本财力保障制度。这样能够降低地方政府支出需求对举借债务的过分依赖，即便在财力不足的情况下，中央政府也能准确掌握各级地方政府的财力缺口，便于合理控制地方政府债务规模。具体来看，完善地方政府运行的基本财力保障制度需要从以下方面着手：一是合理划分政府间事权与支出责任，重点是要确定政府间事权划分的基本原则，如技术原则、行动原则和收益原则，并在不同原则的引导下确定各项事权在政府间的分配关系；二是在明确地方政府事权和支出责任的基础上，围绕"保工资、保运转、保民生"目标，分别构建人员经费支出需求核算体系、公共经费支出需求核算体系、民生支出需求核算体系，从总体上核算各地公共支出基本需求；三是合理确定政府间税收分享体系，明确地方政府拥有的自身财源；四是完善政府间转移支付制度，重点考虑弥补地方政府收支缺口，尤其是要规范专项转移支付制度，要将专项资金配套要求纳入基本财力保障支出范畴。

三、完善地方政府性债务的行政制度

（一）转变地方政府官员政绩考核理念

长期以来，我国地方政府的政绩考核主要以GDP为标准。相关资料显示，包含GDP总量、GDP增长、人均GDP等与GDP相关的地方政府政绩考核指标权重达到60%以上。正因为如此，地方政府领导干部通过盲目扩张债务来创造GDP，这将带来至少两个方面的负面问题：一是效率低，即用大量的低配置效率债务资金规模换取有限的经济增长；二是风险大，即耗费了大量的债务资金，但并没有获得高效率的经济产出回报，无疑成为未来各届政府的"无谓"债务负担。出现这种现象的关键是地方政府官员的"唯GDP"政绩考核理念，并没有将创造GDP的外溢性成本纳入考核，从而导致地方政府盲目扩张债务来追求GDP。因此，就地方政府债务管理而言，转变地方政府官员的绩效考核理念，就是需要在考核指标中纳入这种具有外溢性的地方政府债务成本指标，包括债务效率和债务风险等，使地方政府在发展经济的同时具有债务责任意识。

（二）建立债务责任问责机制

地方政府性债务考核问责要取得应有的效果，必须落实到人，因此应建立债务的责任追究制度。债务的责任追究应根据不同层级、不同对象的职责，明确不同的责任。例如，对于债务规模超出限额、举债程序和资金使用不合法、债务管理不善引发地区财政金融系统性风险等，应

当追究当地政府主要领导的责任；对于违规通过地方融资平台举债融资、违规向债务人提供担保、债券发行弄虚作假、执行地方政府性债务管理政策法规不力等问题，应追究相关部门及领导的责任。对于债务管理中的严重问题，应实行责任人"终身负责制"，以有效约束和规范地方政府的举债和债务管理行为。

主要参考文献

[1]　李本松.论我国地方债产生的根源和新常态下的解决对策 [J].现代经济探讨，2015（5）.

[2]　孙克竞.地方政府债务成因的长期动态关系及其疏导 [J].经济管理，2015（5）.

[3]　罗洁丽，浅析我国地方政府债务问题发展现状、成因和对策 [J].经济研究参考，2014（8）.

[4]　王俊.地方政府"债务的风险成因"结构与预警实证 [J].中国经济问题，2015（3）.

[5]　王志浩.央地关系视角下的中国地方政府债务扩张 [D].南京：南京大学，2016.

[6]　刘子怡，陈志斌.地方政府债务规模扩张的影响研究——基于省级地方政府城投债的经验证据 [J].华东经济管理，2015（11）.

[7]　巴曙松.地方债务问题应当如何化解 [J].西南金融，2011（10）.

[8]　罗党论，佘国满.地方官员变更与地方债发行 [J].经济研究，2015（6）.

[9]　缪小林，伏润民.地方政府债务风险的内涵与生成：一个文献综述及权责时空分离下的思考 [J].经济学家，2013（8）.

[10]　缪小林.防范中国地方政府债务风险的制度思考——基于"权、责、利"关系的分析 [J].当代经济管理，2016（6）.

[11]　庞保庆，陈硕.央地财政格局下的地方政府债务成因、规模及风险 [J]. 经济社会体制比较，2015（5）.

[12]　刘纪学，李娜.地方政府债务风险评价体系研究 [J]. 现代管理科学，2014（1）.

[13]　邵雪亚."以地融资"视角下的地方政府债务及风险研究 [D]. 杭州：浙江大学，2014.

[14]　杨灿明，鲁元平.地方政府债务风险的现状、成因与防范对策研究 [J]. 财政研究，2013（11）.

[15]　王桂花，许成安.新型城镇化背景下地方政府债务风险动态管理研究——理论分析与模型构建 [J]. 审计与经济研究，2014（4）.

[16]　旅伟强.我国地方政府性债务的风险分析 [D]. 北京：中国财政科学研究院，2016.

[17]　梁丽萍，李新光.我国地方政府债务风险测度研究——基于资产负债表的视角 [J]. 宏观经济研究，2016（12）.

[18]　卢馨，欧阳渺，于晓曼.东部发达地区地方政府性债务风险评估——以地方政府资产负债表为基础 [J]. 管理现代化，2016（4）.

[19]　刁伟涛.国有资产与我国地方政府债务风险测度——基于未定权益分析方法 [J]. 财贸研究，2016（3）.

[20]　张同功.新常态下我国地方政府债务风险评价与防范研究 [J]. 宏观经济研究，2015（9）.

[21]　李腊生，耿晓媛，郑杰.我国地方政府债务风险评价 [J]. 统计研究，2013（10）.

[22]　陈棋.基于ICMV模型的我国地方政府债务风险评价 [D]. 厦门：厦门大学，2014.

[23]　赵锐.我国地方政府债务规模扩大的制度分析与研究 [J]. 商业天下（下半月），2012（7）.

[24]　刘冰.地方政府性债务风险传导路径与免疫机制 [D]. 重庆：重庆理工大学，2015.

[25]　高英慧.基于利益相关者的地方政府债务风险及其治理研究 [D]. 阜新：辽宁工程技术大学，2015.

[26]　李永.我国地方政府债务风险传导机制研究 [D]. 成都：西南交通大学，2013.

[27]　孙元强.基于土地财政的我国地方政府债务融资问题研究 [J]. 改革与战略，2016（9）.

[28]　吴守华.城镇化过程中地方政府融资机制研究 [J]. 金融教育研究，

2012（1）.

[29] 车继成. 我国地方政府性债务风险的形成机理与控制对策研究［J］. 科技创新与应用，2016〔18〕.

[30] 陈共荣，万平，方舟. 中美地方政府债务风险量化比较研究［J］. 会计研究，2016（7）.

[31] 陈诗一，汪莉. 中国地方债务与区域经济增长［J］. 学术月刊，2016（6）.

[32] 成涛林. 基于地方债管理新政视角的中外地方政府债务管理比较研究［J］. 经济研究参考，2015（7）.

[33] 程宇丹，龚六堂. 政府债务对经济增长的影响及作用渠道［J］. 数量经济技术经济研究，2014（12）.

[34] 邓超男. 市政债券的经济效应与风险管控［D］. 杭州：浙江财经大学，2016.

[35] 黄进. 地方债务影响经济增长的传递渠道及其支撑基础研究［D］. 杭州：浙江财经大学，2015.

[36] 雷立钧. 新常态下地方政府债务风险及管理［J］. 北方经济，2015（2）.

[37] 李斌，郭剑桥，何万里. 一种新的地方政府债务风险预警系统设计与应用［J］. 数量经济技术经济研究，2016（12）.

[38] 李爽. 新常态下地方政府债务风险评估与对策研究［D］. 重庆工商大学，2016.

[39] 李新光，胡日东. 地方政府债务影响因素及空间传染效应的实证［J］. 统计与决策，2016（16）.

[40] 廖家勤，伍红芳. 地方政府债务风险预警模型探索——基于28个省区市债务数据的实证分析［J］. 金融理论与实践，2015（10）.

[41] 路涛，闫丽琼，朱志斌. 国外地方政府债务管理和预警机制的借鉴［J］. 中国财政，2016（12）.

[42] 迪朗. 中国政府或有负债不断攀升［J］. 中国经济报告，2016（7）.

[43] 付文林. 经济新常态、财政支出扩张与地方债务风险［J］. 中国财政，2015（7）.

[44] 樊丽明，黄春蕾，李齐云. 中国地方政府债务管理研究［M］. 北京：经济科学出版社，2006.

[45] 海曼. 公共财政：现代理论在政策中的应用［M］. 章彤，译. 北京：中国财政经济出版社，2001.

[46] 赵璐. 地方债务风险分析与防范对策［J］. 经济研究导刊，2016（5）.

[47] 张海红. 地方政府债务问题研究［J］. 合作经济与科技，2015（4）.

[48] 田春丽.加强地方政府融资平台管理研究 [J].内蒙古科技与经济，2014（12）.

[49] 揭子平，杨蒙.我国地方政府债务问题研究 [J].武汉商学院学报，2014（12）.

[50] 苏博，刘树彬.地方政府债务问题研究 [J].城市经济，2014（2）.

[51] 张冬丽，李劲松.地方政府投融资平台债务风险研究 [J].新经济，2015（7）.

[52] 潘长风.地方政府融资平台债务风险的防范与化解 [J].闽江学院学报，2016（1）.

[53] 蒋利红.关于地方融资平台债务风险问题研究 [J].投资理财，2015（6）.

[54] 我国PPP与政府性债务问题的研究 [J].财经科学，2016（1）.

[55] 魏青琳.地方政府性债务的问题研究 [J].经营管理者，2015（6）.

[56] 李洋.地方政府债务风险与防范研究 [D].天津：天津商业大学，2015.

[57] 杨聪杰.地方政府债务管理的国际比较 [J].地方财政研究，2006（5）.

[58] 郭琳.中国地方政府债务风险问题探索 [D].厦门：厦门大学，2015.

[59] 苑梅.地方政府融资缺口与新型城市化融资（PPP）[M].大连：东北财经大学出版社，2017.

[60] 陈志勇，庄志强.地方政府性债务管理与风险防范研究 [M].北京：经济科学出版社，2017.

[61] 许安拓.走出地方经济发展的融资困境：转型时期中国地方政府性债务风险解析 [M].北京：中国市场出版社，2012.

[62] 邹婷.我国地方政府性债务风险现状与对策分析——基于对全国审计结果的思考 [J].中国商论，2015（5）.

[63] 李祺.后土地财政时代新型城镇化融资代偿机制再思考 [J].理论学刊，2015（6）.

[64] 李淑琴.我国地方政府性债务的潜在风险和风险防范对策 [J].经营管理者，2015（46）.

[65] 杨硕，叶世火.新型融资方式在天津开发区应用的探讨 [J].中国市场，2015（6）.

[66] 周碧华，张硕.我国政府债务风险及国际比较 [J].华侨大学学报，2015（6）.

[67] 金荣学，宋菲菲.地方政府性债务支出绩效评价方法比较 [J].当代经济，2015（7）.

[68] 蔡崇义.我国地方政府债务风险现状及对策 [J].时代金融，2015（6）.

[69] 四川银监局课题组，周静.地方政府债务现状、成因、风险、监管及规范

　　　　　——以四川为例［J］.西南金融，2015（7）.

［70］　何亮.地方政府债务风险管理及控制研究［D］.沈阳：沈阳大学，2015.

［71］　孙磊.新预算法与我国新一轮财税体制改革［J］.宏观经济研究，
　　　　2015（2）.

［72］　刘剑文.新《预算法》的得与失［J］.法商研究，2015（1）.

［73］　张俊萍.2015年新预算法执行中的利弊探析［J］.企业改革与管理，
　　　　2015（2）.

［74］　李经纬.新预算法及其配套政策法规实施背景下的地方融资平台转型与发
　　　　展［J］.中央财经大学学报，2015（1）.

［75］　夏先德.全面贯彻落实新预算法应把握的十大重点［J］.中国财政，
　　　　2015（4）.

［76］　江庆，徐杨.新《预算法》实施回顾与落实建议［J］.财政监督，
　　　　2016（8）.

［77］　张薇，罗黎平.PPP模式化解地方融资平台债务风险的研究［J］.财政监
　　　　督，2016（7）.

［78］　曹洪华，李艳，彭邦文.地方政府债务风险分析和PPP融资方式创新研究
　　　　［J］.宏观经济管理，2017（1）.

［79］　张金贵，许逸岑.地方政府债务风险预警研究［J］.财会月刊，
　　　　2016（11）.

［80］　张帆.美国州和地方政府债务对中国地方债问题的借鉴［J］.国际经济评
　　　　论，2016（3）.

［81］　尹启华，陈志斌.国家治理视域下我国地方政府债务管理制度的演进及启
　　　　示［J］.当代财经，2016（6）.

［82］　许安拓，邱通.PPP模式下地方政府债务风险及防范［J］.财会研究，
　　　　2016（12）.

［83］　徐忠.中国债券市场发展中热点问题及其认识［J］.金融研究，
　　　　2015（2）.

［84］　伍红芳.我国地方政府债务风险预警机制研究［D］.广州：暨南大学，
　　　　2016.

［85］　王颖.优化地方财政支出结构的策略［J］.知识经济，2016（22）.

［86］　王锋，段然，何晓玲.省域地方政府性债务规模的空间差异与影响因素研
　　　　究［J］.华东经济管理，2016（10）.

［87］　任晓聪，牛海鑫.基于协整与误差修正模型的中国国债规模适度性研
　　　　究［J］.兰州商学院学报，2016（6）.

［88］　人民银行唐山市中心支行课题组，胡继香，田希永.化解地方政府债务风

险问题研究 [J]. 河北金融，2016（4）.

[89] 齐红倩，庄晓季. 中国公共债务对经济增长的传导效应 [J]. 财经问题研究，2015（6）.

[90] 王永钦，等. 软预算约束与中国地方政府债务的违约风险：来自金融市场的证据 [J]. 经济研究，2016（11）.

[91] 杨灿明，鲁元平. 地方政府债务风险的现状、成因与防范对策研究 [J]. 财政研究，2013（11）.

[92] 杨大楷，汪若君，夏有为. 基于竞争视角的地方政府债务研究述评 [J]. 审计与经济研究，2014（1）.

[93] 罗林. 政府债务机制研究 [M]. 北京：中国金融出版社，2014.

[94] 陆小虎，张建芳. 地方政府债务与地方经济发展研究 [J]. 价值研究，2016（9）.

[95] 潘俊，王亮亮，沈晓峰. 金融生态环境与地方政府债务融资成本——基于省级城投债数据的实证检验 [J]. 会计研究，2014（6）.

[96] 冉茂林. 地方政府性债务与区域经济社会发展关系探究 [J]. 法制博览，2015（3）.

[97] 王桂花，许成安. 新型城镇化背景下地方政府债务风险动态管理研究——理论分析与模型构建 [J]. 审计与经济研究，2014（4）.

[98] 徐长生，程琳，庄佳强. 地方债务对地区经济增长的影响与机制——基于面板分位数模型的分析 [J]. 经济学家，2016（5）.

[99] 冼国明，冷艳丽. 地方政府债务、金融发展与FDI——基于空间计量经济模型的实证分析 [J]. 南开经济研究，2016（3）.

[100] 朱文蔚，陈勇. 地方政府性债务与区域经济增长 [J]. 财贸研究，2014（4）.

[101] 朱文蔚. 我国地方政府性债务与区域经济增长的关系研究 [D]. 深圳：深圳大学，2015.

[102] 张同功. 新常态下我国地方政府债务风险评价与防范研究 [J]. 宏观经济研究，2015（9）.

[103] 杨灿明，鲁元平. 我国地方债数据存在的问题、测算方法与政策建议 [J]. 财政研究，2015（3）.

[104] 辜胜阻，刘伟，庄芹芹. 新《预算法》与地方政府债务风险防控 [J]. 社会科学战线，2014（10）.

[105] 余应敏，王蓓. 政府债务规模与地方财政风险防范：以宁波市公债危局为例 [J]. 中央财经大学学报，2015（9）.

[106] 张业波. 我国地方政府债务与经济增长的关联性分析——基于经济新常态下

省级地方政府债务的数据 [D]. 济南：山东大学，2017.

[107] 李丹. 我国政府债务可持续性研究 [D]. 长春：吉林大学，2017.

[108] 李正宇. 地方政府债务的经济增长效应及其区域比较研究 [D]. 上海：东华大学，2017.

[109] 伏润民，缪小林，高跃光. 地方政府债务风险对金融系统的空间外溢效应 [J]. 财贸经济，2017 (9).

[110] Mayer E, Ruth S, Scharler J. Government debt, inflation dynamics and the transmission of fiscal policy shocks [J]. Economic Modelling, 2013 (33): 762-771.

[111] Taniguchi E. Vsions for City Logistics [R]. Maderia：Madeira Regency Hotel, 2003.

[112] Alesina F A, Tabelliri. External Debt, Capital Flight and Political Risk [R]. NBER Working Paper, 1988 (2610): 251-288.

[113] Antonio Estache. Infrastructures et Developpement：Une Revue Des Debats Recents et a venir [J]. Revue d' Economie du Developpement, De Boeck Université, 2007 (21): 5-53.

[114] Niall Ferguson. Debt Debate: China's View [J]. The Daily Beast, 2011 (8).

[115] Stacey L, Schreft, Bruce D, et al. The social value of risk-free government debt [J] Annals of Finance, 2008 (4): 131-155.

[116] Thierry Chopin. Schuman Report on Europe: State of the Union 2011 [M]. France：Springer, 2011.

[117] Thomas Krichel, Growth. Debt and Public Infrastructure [J]. Economics of Planning. 1995 (28): 119-146.

[118] Arrow K., Kurz. Public Investment, The Rate of Reture and Opti-mal Fiscal Policy [M]. Baltimore：John Hopkins University Press, 1970.

[119] Bietenhader D., Bergmann. Principles for Sequencing Public Finanzial Reforms in Developing Countries [J]. International Public Management Review. 2010 (11): 52-65.